U0919004

情商高就是会说话

潘鸿生◎编著

CFP 中国电影出版社
2018 · 北京

图书在版编目（CIP）数据

情商高就是会说话 / 潘鸿生编著. —北京：中国电影出版社，2017.9
ISBN 978-7-106-04785-6

Ⅰ. ①情… Ⅱ. ①潘… Ⅲ. ①语言艺术 – 通俗读物 Ⅳ. ①H019-49

中国版本图书馆 CIP 数据核字 (2017) 第 204088 号

策　　划：刘爱国
责任编辑：李清晨
封面设计：刘爱国
版式设计：博　文
责任校对：柴一兵
责任印刷：庞敬峰

情商高就是会说话

潘鸿生　编著

出版发行　中国电影出版社（北京北三环东路22号）邮编 100013
电话：64296664（总编室）　64216278（发行部）
64296742（读者服务部）　E-mail：cfpygb@126.com

经　　销　新华书店

印　　刷　香河利华文化发展有限公司

版　　次　2018年 1 月第 1 版　2018年 1 月北京第 1 次印刷

规　　格　开本/787 毫米 × 1092 毫米　1/16
印张/18　字数/262千字

印　　数　1–5000册

书　　号　ISBN 978-7-106- 04785-6/H・0036

定　　价　38.00元

前　　言

古人云：“一言而兴邦，一言而丧邦。”又有“三寸之舌，强于百万之师”之说。美国成功学大师戴尔·卡耐基曾说：“一个人的成功，约有15%取决于技术知识，85%取决于口才艺术。”说话大到关系国家的命运，小到影响普通人的生活状态，由此可见说话的重要性。

说话是一个人情商高低的直接体现。一个情商高的人，遇见陌生人时，知道如何说话能跟对方达成一种“一见如故”的默契；和同事共事时，知道如何说话能得到大家的欢迎；拜访客户时，知道如何说话能赢得客户的心，从而决定购买自己的产品；再如跟恋人或朋友说话时，知道怎样给对方带来乐趣，加深彼此间的感情……而那些情商低的人，笨嘴拙舌、言不及义，说出很多废话、蠢话，不能与别人进行有效的沟通，不仅会坐失良机，也很难在事业上有出人头地的发展，若言词不当还会立刻四面楚歌。真所谓“一句话能把人说得笑，一句话也能把人说得跳”。同样是说话，为什么会有如此大的区别呢？这其中的关键就在于前者情商高，一说话就惹人喜欢；而后者情商低，一开口就招人烦。

所谓情商高，就是会说话。在建立友谊、发展关系的过程中，说话扮演着重要角色，会说话能使人与人之间建立良好的人际关系，反之，不会说话则会破坏这种关系，使人在人际交往中举步维艰。

说话是一门技巧，也是一门艺术，更是一门关于情商的学问。古往今来，但凡不通说话之道者，都难成大事，而能成事者，一定在语言方面具有其独特的能力。一句恰到好处的话，甚至可以改变一个人的命运。人际沟通中怎样措辞？怎样把握说话的场合和时机？如何领略说话精髓，悟透说话之道，很快在众人中脱颖而出……本书从生活中的实际案例出发，通俗易懂地教你如何学会、掌握、运用高情商说话技巧，让自己的生活减少一些烦恼，增添一份满足。

目　录

第三章　言谈有道，情商高的人说话有技巧

第四章　妙言赞美，情商高的人善于赞美他人

第七章　有效说服，情商高的人总会影响和改变他人

第八章　嘴上留情，情商高的人说话有分寸

第九章　高效沟通，情商高的人用脑袋说话

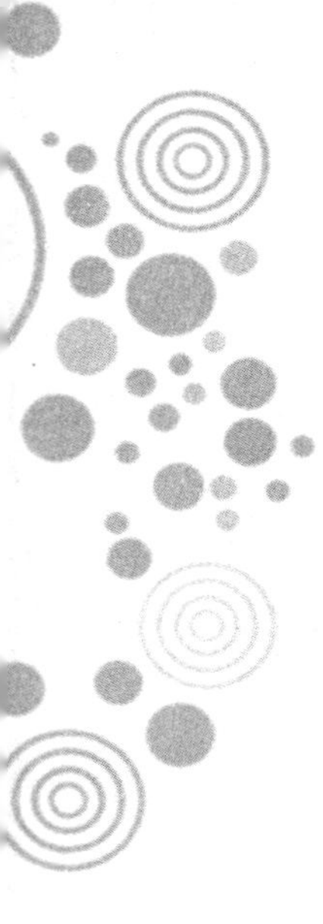

第一章 “言值”担当，所谓高情商就是会说话

情商高的人有“言值”，会说话走遍天下

我们知道，不管是在职场中，还是在人际交往中，一个人的情商起着决定性的作用。情商其实分为两个表现：一个是内化，一个是外化。情商内化核心指的是情绪；情商外化则表现在与人说话，个人谈吐。身处在如今的社会，说话的好与坏，甚至能给个人带来不同的机会与发展。

美国人类行为学家汤姆士指出：“说话能力是成功的捷径。会说话的人往往受人尊敬，得到爱戴和拥护。它使一个人的才学充分拓展，熠熠生辉，事半功倍，业绩卓著。” 生活中，人与人之间的思想交换、行为交往、语言交流、感情交融，大多是通过谈话的形式表达出来的，因此，从某种意义上，会说话，代表着一种个人的实力，尤其是在当今社会。

一个人的语言表达能力，可以彰显他的个人魅力，体现他的情商能力。情商高的人，说出话来总是让人感觉那么恰当得体，那么巧妙机智，让人听后如沐春风，这也是人生中的一大资本。这种无形的资本可以帮助我们在人生的旅途中挥洒自如，帮助我们顺利地走向成功的彼岸。

在一次旅游中，旅游车行驶到了一段坑坑洼洼的道路上。车上的游客纷纷抱怨。

这时候，导游微笑着说：“现在请大家一定要身心放松，因为我们的旅游车正在为大家做全身按摩，按摩时间大约为十分钟，不另收费哦。”

游客们都笑了起来，抱怨一下子烟消云散了。

后来，由于天气原因，游客乘坐的飞机改了航班，大家都很扫兴。

这时候，导游安抚游客说："这多好啊，咱们刚好可以利用这个机会去苏州。这样，大家的行程上就又增加了一个美丽的城市，在您的相册上和记忆中还可以留下'东方威尼斯'的丽影。"

此话一出，大家的兴致立刻高涨了起来。

最后，在游览杭州的时候，下起了绵绵细雨，游客们的情绪也随着阴沉的天空而低落。

导游见此情景，又开始发挥自己伶牙俐齿的好口才："真是天公作美啊。记得苏轼有一首诗说，'水光潋滟晴方好，山色空蒙雨亦奇。欲把西湖比西子，淡妆浓抹总相宜'。你们看，知道有远道而来的客人，老天连忙下起了绵绵细雨，好让大家感受苏轼曾经感受过的最美的西湖！"

情商高的人，说出来的话既能让人听着舒服，又能达到巧妙说服的目的。所以情商高、会说话的人总是很受人欢迎，在与人打交道和为人处世上风生水起。

无数事实证明：情商高、会说话的人，才是这个时代最受欢迎的人，事业也比较容易成功。不管你生性多么聪颖、接受过多么高深的教育、拥有多么雄厚的资产，如果你无法恰当地表达自己的思想，你仍然无法塑造出自己真正的影响力。

情商高的人与情商低的人在说话或处理事情时的态度是截然不同的，当然他们所得到的结果也是截然不同的。

古代有一位县官，某天晚上做了一个梦，梦见自己嘴里的牙齿全部掉光了。第二天他吩咐手下的人找来两个解梦的人。县官问道："你们说说，为什么昨日我会梦见自己满口的牙齿全掉光了呢？"第一个解梦的人不假思索地抢先答道："大老爷，您这个梦的意思是，在您所有的亲属都死去以后，您才能死，一个都不剩。”县官一听，勃然大怒，气急败坏地命人杖打了这个解梦人100大棍，然后把他赶了出去。县官又看了看第二个解梦的人，说：“你来说说。”第二个解梦的人不慌不忙地答道：“我至高无上的青天大老爷，您这个梦的意思是，您将是您所有亲属当中最长寿的一位呀！”县官听了很高兴，便拿出了100两银子，赏给了第二个解梦的人，并好吃好喝招待了他一番之后才命人送他回去。

同样的事情，同样的内容，为什么一个会挨打，另一个却受到嘉奖呢？其实，只因为挨打的人不会说话，受奖的人会说话而已。

通常来说，情商高的人大都是会说话的人，每当他们开口，总能用得体的言辞来抚慰别人，他们的妙语连珠，对听者来说是一种至上的享受，即便是谈天说地，也可以让人身心愉悦。

美国著名教育专家卡耐基非常强调口才的重要性，他说：“假如你的口才好……可以使人家喜欢你，可以结交好的朋友，可以开辟前程，使你获得满意的结果。譬如你是一个律师，你的口才便吸引了一切诉讼的当事人；你是一个店主，你的口才帮助你吸引顾客。有许多人，因为他们善于辞令，因此而擢升了职位……有许多人因此而获得荣誉，获得了厚利。你不要以为这是小节，你的一生，有一大半的影响，是由于说话艺术。”所以人不能仅仅满足于用口说话，而要善于说话，真正能言善语，生活会变得更加绚丽多彩。

一个穿着破烂不堪的青年走进了一家知名公司的老总办公室，以致老总见到他时十分震惊。老总有些不悦：“你没有预约，就这样擅自闯进我的办公室，你觉得我会给你机会吗？”青年有些抱歉地回答道：“十分对不起，我尝试过很多次，请求您的秘书帮我安排面试时间，但是都被拒绝了。无奈之下，我只好出此下策。”老总想了想，说道：“即使我可以原谅你的行为，但是无论从你的仪表还是简历上来看，我认为我都不可能给你机会。但鉴于你很有勇气走进我的办公室，我可以给你一分钟的自我推荐时间——我很好奇，你凭什么认为自己可以得到我的雇用。”青年十分诚恳地说：“今天如果您能给我一个机会，这对于您来说可能只是一个很小的善举，但对于我来说，这可能是决定我一生的机遇。”老总没有想到，青年并没有说自己的优点，而是说出这样一番令自己难以拒绝的话。最终，他答应让这个青年留在自己的公司。

上例中的老总之所以会被青年的话打动，不仅因为它令老总难以拒绝，重要的是它体现了青年的口才。即使青年在能力上有所欠缺，但他有一张会说话的嘴，这便是他的一项资本，也是他最有价值的地方。这位老总正是看到他的价值所在，所以给了他机会。

古代常用“三寸不烂之舌”形容口才的高超及富有魅力，口才的绝妙作用确实难以比拟。“欲审知其德，问以行；欲审知其才，问以言。”的确，口才就是这样奇妙非常，你既看不见，又摸不着，但举手投足之间，可以令风云变幻，这就是口才的特有魅力及其非凡的作用。

无数事实证明，口才创造的奇迹令人叹为观止，能把普通人变成有所成就的人，好口才确为不可或缺的一种资本。具备好口才的人，赢得的机会更多！口才已日益成为现代人的一种重要能力而在社会竞争中发挥着越来越重要的作用。可以这样说，在现代社会里，提高情商，培养口才，是社会发展的需要，更是当代人完善自我的需要。好口才总会带给你更多财气与运气：拥有一张会说话的嘴，就等于为自己赢得了一次成功的机会，就等于使自己拥有了一个美好的前程。

情商高的人说话时总是面带微笑

在这个世界上，有一种全人类的共同语言，它就是“微笑”。笑容是有魔力的，它会感染给身边的人，使得说话办事过程中，人与人之间的关系更加融洽。

微笑是人类最动听的语言。真诚自然的微笑，会让一个人变得魅力十足；它传达的是人们心中的一份自信和坦然，这样人们的气场就会传达出积极向上的能量，让人与人之间更亲近、真诚地沟通。

有一次，底特律的某个大厅举行了一次巨大的汽艇展览，人们争相参观。在展览会上人们可以选购各种船只，从小帆船到豪华的巡洋舰应有尽有。在这期间，一家公司有一宗巨大的生意差点丢掉，但第二家汽艇公司用微笑又把顾客拉了回来。

一位来自中东某一产油国的富翁，站在一艘参展的大船面前，对站在他面前的推销员说：“我想买艘价值2000万美元的汽船。”当然，这对推销员来说是天大好事。可是，那个推销员只是愣愣地看着这位顾客，以为他是疯子，不予理会，他认为这位富翁在浪费他的宝贵时间，看着推销员那没有笑容的脸，富翁便走开了。

富翁继续参观，到了下一艘陈列的船前，这次招待他的是一位热情的推销员。这位推销员脸上挂满了亲切的微笑，那微笑就跟太阳一样灿烂，使这位富翁感到非常愉快。于是他又一次说：“我想买艘价值2000万美元的汽船。”

“没问题！”这位推销员说，他的脸上挂着微笑，“我会为您介绍我们的汽船系列。”随后，便推销了他的产品。

在相中一艘汽船后，这位富翁签了一张500万美元的支票作为订金，并且他又对这位推销员说：“我喜欢人们表现出一种对我非常有兴趣的样子，你现在已经用微笑向我推销了你自己。在这次展览会上，你是唯一让我感到我是受欢迎的人。明天我会带一张2000万美元的保付支票过来。”言出必行，第二天他果真带了一张保付支票回来，购下了价值2000万美元的汽船。

这位热情的推销员用微笑把自己推销出去了，并且连带着推销了他的汽船。据说，在那次生意中，他可以得到20%的利润，这可以让他少干半辈子活。而那位冷冰冰的推销员，则让自己与好运擦身而过。

看，这就是微笑的魅力。一位学者说：“对人微笑是高超的社交技巧之一，也是获得幸福的保障。只要活着，忙着、工作着，就不能不微笑……”微笑是人类面孔上最动人的一种表情，是社会生活中美好而无声的语言，它来源于心地的善良、宽容和无私，表现的是一种坦荡和大度。微笑是成功者的自信，是失败者的坚强；微笑是人际关系的黏合剂，也是化敌为友的一剂良方。

微笑是世界上最美的表情，是最动听的无声语言，社交中最有力的武器。要想在社交中成为主角，就必须牢牢地把握住最有力的武器——微笑。无论你在什么地方，无论你在做什么，在人与人之间，简单的一个微笑是一种最为普及的语言，她能够消除人与人之间的隔阂。人与人之间的最短距离是一个可以分享的微笑，即使是你一个人微笑，也可以使你和自己的心灵进行交流和抚慰。

张芳在一列新开通的动车上做列车员。有一次，一名男乘客在列车上吸烟。她微笑地对对方说：“先生您好，本次列车不允许吸烟。”

听了她的劝告，这名乘客立刻将刚拿出来的烟收了起来。可张芳刚离开没多久，就发现这名乘客又拿出了烟，并且已经点燃了。她再次上前微笑着说：“先生您好，本次列车不允许吸烟！”这名乘客随后瞪了她一眼，将烟掐灭了。

大概过了一个小时，在两节车厢的交接处，张芳发现这名乘客又拿出了烟。尽管张芳对此特别不耐烦，但她仍然微笑着再次走到对方的面前说：“先生，对不起，本次列车不允许吸烟，希望您谅解。”这次吸烟的乘客不耐烦了，他生气地问道：“这我还真不明白了，你能和我说说为什么本次列车不能吸烟吗？我也不是没坐过火车，每次坐火车都可以吸，怎么就你这么麻烦？”

张芳没有任何不高兴的表情，仍然微笑着对乘客说：“本次列车和以往的列车有所不同，本次列车行进的时速太快，吸烟容易带来危险。所以，还是请您见谅。”解释完，她仍然微笑着看着对方。乘客一时间不知说什么好，只是无奈地说：“好，这次真不抽了。”“谢谢您的合作。”张芳继续微笑着答道。

试想一下，如果在对方不耐烦时，她当时不是微笑着解答疑问，那么也许对方就会和她争执起来。从张芳成功说服乘客不在列车上吸烟的过程中，我们不难发现，她最大的特点便是不管乘客的态度如何，她一直微笑着面对对方，进而让对方在她的微笑面前只能无奈地接受。

微笑是一种武器，是一种寻求和解的武器。微笑能将怒气挡在对方体内，阻止他的进攻。微笑是一缕春风，化开久冻得坚冰；微笑是一滴甘露，滋润久旱的心田；微笑是人们脸上高尚的表情，温馨而怡人。无论是生活，还是工作中，只要你不吝惜微笑，往往就能够左右逢源、顺心如意。这是因为微笑表现着自己友善、谦恭、渴望友谊的美好的感情因素，是向他人发射出的理解、宽容、信任的信号。

微笑是你接近他人最好的介绍信。微笑的表情，是一种诚意和善良的象征，是愉悦别人的一种良好形象，同时也是一种引起兴趣和好感的催化剂。但是在运用微笑传情达意的时候，要注意做到以下几点。

1. 要笑得自然

微笑是发自内心的，是美好心灵的外观。这样才能笑得自然，笑得亲切，笑得美好、得体。要注意不能为笑而笑、没笑装笑。

2. 要笑得真诚

微笑既是自己愉快心情的外露，也是纯真之情的奉送。真诚的微笑让对方内心产生温暖，有时候还可能引起对方的共鸣，使之陶醉在欢乐之中，加深双方的友情。

3. 要笑在合适的场合

微笑并不是不讲条件的，也并不是可以用于一切交际环境。它的运用是很有讲究的。当你面带笑容时，你的心情不会差到哪里去。当你面对一个笑容满面的人时，你也很难不对他报以微笑。微笑使人觉得自己受到欢迎、心情舒畅，但对人微笑也要看场合，否则就会适得其反。有时候，微笑让你看起来紧张、无助，特别是在笑得太夸张的情况下尤其如此。当你出席一个庄严的集会，去参加一个追悼会，或是讨论重大的政治问题，自然不宜微笑。当你同对方谈论一个严肃的话题，或者告知对方一个不幸的消息时，或者是你的谈话让对方感到不快时，也不应该微笑，或者要及时收起微笑。

4. 微笑的程度要合适

微笑是向对方表示一种礼节和尊重。但是如果不注意程度，微笑得放肆、过分、没有节制，就会有失身份，引起对方的反感。

5. 微笑的对象要合适

对不同的交际对象，应使用不同含义的微笑，传达不同的感情。不然难免会有适得其反的情况出现。

修炼情商，从帮人“打圆场”开始

有这样一个故事：

有一个理发师傅带了个徒弟。徒弟学艺3个月后，这天正式上岗。他给第一位顾客理完发，顾客照照镜子说：“头发留得太长。”徒弟不语。师傅在一旁笑着解释：“头发长使您显得含蓄，这叫藏而不露，很符合您的身份。”顾客听罢，高兴而去。

徒弟给第二位顾客理完发，顾客照照镜子说：“头发留得太短。”徒弟不语。师傅笑着解释：“头发短使您显得精神、朴实、厚道，让人感到亲切。”顾客听了，欣喜而去。

徒弟给第三位顾客理完发，顾客边交钱边嘟囔：“剪个头花这么长的时间。”徒弟无语。师傅马上笑着解释：“为‘首脑’多花点时间很有必要。您没听说：进门苍头秀士，出门白面书生！”顾客听罢，大笑而去。

徒弟给第四位顾客理完发，顾客边付款边埋怨：“用的时间太短了，20分钟就完事了。”徒弟心中慌张，不知所措。师傅马上笑着抢答：“如今，时间就是金钱，‘顶上功夫’速战速决，为您赢得了时间，您何乐而不为？”顾客听了，欢笑告辞。

故事中的这位师傅，真是能说会道。他机智灵活，巧妙地“打圆场”，每次得体的解说，都使徒弟摆脱了尴尬，让对方转怨为喜，高兴而去。他成功地“打圆场”的经验，给了我们诸多启示。

所谓“打圆场”，就是要我们在他人说话陷入僵局或困境时，主动地提供帮助，让其在众人面前顺利说话，摆脱尴尬的境地。这样对方不但会非常感激我们，而且当我们处于同样处境的时候，他也会帮助我们。

同事王老师前几天与爱人吵架，今早刚刚和好，不知从哪儿听说女儿受了委屈的丈母娘，一早便气势汹汹地到学校找女婿理论。见此情景，在场的齐老师赶忙打圆场说：“伯母，怎么您来时没碰到您的女儿啊？她说要到市场给王老师买一块西装料，还要买些肉请您全家吃饺子呢！”别的老师也随声附和，老太太一听，知道女儿女婿已经和好，也不好意思再闹下去，乐呵呵地走了。事后，王老师真的请岳母吃了饺子，还硬拉上齐老师，说要好好谢他呢！

让人尴尬的事总是突如其来，不管你与他是素不相识，还是相知好友，在别人突然陷入尴尬境地的时候，你都该尽可能地伸出援助之手，帮他解围。这是情商高、会说话的表现。

当我们下不了台的时候，是多么希望有个“打圆场”者出现啊！可情商低的人却往往抱着一副“事不关己，高高挂起”的态度，认为替人“打圆场”费时费力，还可能吃力不讨好。这样的人，不会出手援助别人，哪天等自己下不来台时，别人也往往以袖手旁观来回报之。而情商高的人，却明白帮别人“打圆场”，就是为自己赚“人情”，他们不失时机地为别人扶危解困，为自己赢得更多的友谊。

朱青青的哥哥朱东已经是“奔三”的人了，但是婚姻大事至今还没有完成。在长辈的眼中，朱东甚至成了一个“大龄剩男”。为了他的婚事，全家都操碎了心。还好，朱东最近交了一个女朋友，两人看起来很适合，彼此相处得也不错。

一次，朱青青全家聚会，朱东将自己的新女友温艳艳也带了过来。趁着朱东上厕所的时候，朱青青的“七大姑八大姨”开始轮番对温艳艳进行“轰炸”。这个说：“艳艳，我看你真是个好孩子，我们全家都非常喜欢你。你们考虑考虑，早点结婚得了，也好让我们了了这桩心事。”那个说：“艳艳，你找了我们家朱东算是找对人了。相信你在这些天的相处之中也看出来了，我们家朱东最懂事、最温和了，脾气好得那是没话说。”还有的说：“这都什么年代了，男的主动女的主动不都一样吗？我们家朱东脸皮薄，艳艳你就主动跟他提呗。这年头，女孩岁数大了就不好了。再说了，早点结婚还能早点给家庭打基础……”大家一阵“狂轰滥炸”，温艳艳显然有些承受不住，她毕竟是个女孩子，听到大家都劝她“主动”，脸上早就有点挂不住的神色了。朱青青看在眼里，也有点怨自己的“长辈”：女孩子第一次到男方家里，谁能承受得了这么多压力？况且还劝女孩主动呢？但是，自己又不好反驳姑姑和姨姨们的话，她想了想，开口对温艳艳说道：“对呀，我也觉得我哥对你挺认真的。你看见咱们家厨房的菜刀、炒锅什么的了吗？你就拿着它们，仿照清朝的‘十大酷刑’，看我哥求不求婚！”朱青青的话一出口，姑姑、姨姨们纷纷停止了“劝导”，哈哈大笑起来。她回过头去看温艳艳，她脸上尴尬、为难的神色也早就不见了，正跟着大伙一起笑呢！

朱青青两边都没有得罪，就轻松把尴尬的局面化解了。不仅温艳艳这个“未来嫂子”会对朱青青心生感激，全家人也都会因为朱青青的俏皮、幽默而感觉到她的可爱。

人际交往之中，人们随时可能因为某些言语上的不合而陷入僵局，这时“打圆场”就是一个行之有效的缓和气氛的办法。这样一来，个人的尴尬就可以得以解除，正常的局面也可以继续下去，甚至变得更加和谐、欢快。

现在造假的商品特别多，有些人就想利用这个空子占便宜。有一天，某家商场来了一位顾客，要求退回昨天刚买的一双皮鞋。按照商场规定，售出的皮鞋，在一周之内可以退换，那位顾客对年轻的售货员说："这双皮鞋是昨天买的，当时我的爱人没来，我觉得大小合适就买了。可是买回去一试，才发现这双小了一点，而且他昨天也买了一双，因此我们想把这双退了。"售货员仔细地检查了一下皮鞋，发现这双皮鞋并不是本商场售出的，而是一双假鞋。于是就跟那位顾客说："这双皮鞋不是我们售出的，这是一双假的，我们不能退换。"但是那位顾客坚持说就是在这里买的：怎么不能换呢？双方发生了争吵。那位顾客显得很愤怒，出言不逊，还发誓说就是在这里买的，引来了许多顾客围观。

这时经理闻讯赶来，又仔细检查了这双皮鞋，认定这双皮鞋确实是假货。这下意识到事态的严重性，商场一向是不售假货的，但是处理不好，围观的人这么多，一定会影响到商场的声誉。他想向顾客直接说明这一点，但是考虑到那位顾客在众多人的面前，是不会轻易认错的。他想了想，对那位顾客说："我想知道，你们家里是不是有一双与它相像的皮鞋，您有可能拿错了。我们这里曾经有过这种情况，有位顾客要求换鞋，但她却错误地拿了一双穿过好多天的皮鞋，我怀疑您是否也遇到了这种情况。您看，真皮与假皮仔细比较，还是能分辨出来的。"说着随手从货架上拿起一双皮鞋，比给顾客看。然后又说："我们这里货源都是有保证的，还没有出现过类似的情况。"那位顾客看了看，知道自己弄巧成拙，原来想拿一双假的骗点钱，在无可争辩的事实面前，不好狡辩，而且，经理又给自己准备了一个台阶，于是说："想必是我弄错了，我回去问问，如果没有弄错，我再来找你们。"说完，收起那双假皮鞋走了。

会"打圆场"是情商高、会说话的体现。这是因为，打圆场可以缓解僵持的气氛，将矛盾化解于无形，甚至调节、缓解整个局势。

在人际交往中，要想获得好人缘，就必须学会打圆场，采取息事宁人的态度来处理事情，这样你就可以在复杂的人际关系当中获得别人的支持和感谢。

帮别人“打圆场”，固然是积攒“人情”的好方法，也有利于挽救气氛，但作为“打圆场”的人，也有特别需要注意的地方。

“打圆场”要公平，不偏不倚，让双方都觉得你没有偏向，才能接受你的劝解和解围。要理解双方的心情，针对他们各自的优势都加以肯定，才能让双方都心情愉悦，满足了自我实现的心理。否则，无异于火上浇油，还不如不说。总之，打圆场需要我们用心去感受体会，从而从现场中找到化解的点，使双方都能放下，继续前进。

初次见面，说好第一句话

在生活中，我们时常都会遇到陌生人，飞机上的邻座，火车同一车厢上下铺的旅客，地铁或是汽车上站在你旁边的乘客，同乘一部电梯，同在一个屋檐下躲雨，同一考场的考生，参加同一次面试等等。常言说得好：“相逢即是有缘。”多个朋友，多条路，朋友多了好办事。把陌生人变成你的朋友，是一个人情商高的表现和反应。当你遇到陌生人的时候，你会不会与他或她交谈呢？想让他或她对你有一种相见恨晚的感觉吗？这就需要掌握和陌生人交谈的语言技巧。

正所谓“万事开头难”，和陌生人交往时，说好第一句话也是一件不简单的事情。这句话要传递出你的热情、友善，并且能激起对方的谈话兴趣。

这就为顺利进行交流奠定了良好的基础。

周立大学毕业以后，到一家中法合资企业应聘董事长助理的职位。他怀着试一试的心理，参加了面试。幸运的是，他通过了两轮面试。

关键时刻终于来临了，最后这一关，主考官是该公司董事长。不一会儿，他被叫进董事长办公室。刚进门，周立的视线就被董事长办公桌上的一盆花吸引住了，这是一簇橘黄色的非洲菊，插在玻璃花瓶中，散发出一丝法国情调的浪漫气息。周立不由自主地脱口而出："好美的花啊！好温馨的工作氛围。"董事长面带微笑地对他说："你好，年轻人，请坐。"周立顿时觉得有些不好意思，因为他只顾欣赏花，却忘记了与董事长打招呼。董事长似乎看出了周立的心思，对他说："没关系，年轻人，看得出来你也喜欢这种花。"周立坚定地点点头，说："是的，我非常喜欢，它叫非洲菊，通常白颜色的较多，这种橘黄色的却是很少见。"董事长显然对周立产生了好感，他对周立说："我很喜欢这种颜色，因为它与我头发的颜色很相像。在办公室里摆放这样一簇花，能渲染出浪漫气息，正好符合我们法国人追求浪漫的特点。"说罢，董事长自豪地笑了笑。

接下来的谈话显然轻松了许多，周立讲述了自己以前的工作经历，包括对职位、职责的理解。董事长也给他介绍了该公司的历史背景、规模、工作范围以及工资待遇等问题。当双方谈到中西方文化区别时，周立说："我认为，美国人总是精神激昂，富有信心和勇气；而欧洲人则显得非常绅士，含蓄且彬彬有礼。"董事长听后哈哈大笑起来，并对周立的话表示赞同。

面试持续了一个多小时，两人在浓郁的谈话氛围中握手道别了。两天后，周立接到了该公司董事长的电话，通知他次日到公司报道。

俗话说："酒逢知己千杯少，话不投机半句多。"说好你的开场白，能够赢得双方的好感，迅速地拉近彼此间的距离，甚至让对方对你产生一见如故的感觉。说好你的开场白，就相当于为双方有进一步的交往和交流开了个好头。

郑凯是一个情商高、人缘好的人。无论是与陌生人谈话，还是与熟人聊天，他都能制造出非常活跃的谈话气氛，并在交谈过程中，使双方友谊进一步加深，这就是他获得好人缘的重要原因。

有一次，郑凯参加一个同事的生日聚会。在会场上，他遇到了王强，便走上前，彬彬有礼地说：“您好！听说您和今天的寿星是老同学？”王强微笑地点头说道：“对！您是……”“我是他的同事，很高兴能认识您！今天还真是个好日子，不但能给同事祝寿，还能结交一个好朋友，真的很难得”，郑凯面带微笑地说着。王强也高兴地迎合着郑凯的话题，就这样两人高兴地聊了起来。生日宴会结束后，两人互留了联系方式后，依依不舍地分别了。

在这个事例中，郑凯与王强能成为好朋友，第一句开场白的作用很大。如果郑凯的第一句话没有吸引王强的注意，没有为交谈营造一个良好的气氛，那么两人的情况可能又会不同。

千里之行，始于足下。说好“第一句话”看似较为简单，实则至关重要。只有第一句话起到良好的开端作用，第二句、第三句等才能精彩地进展下去。与人交往，恰当的“第一句话”是不可或缺的。说好开场白的关键是给人亲热、友善、贴心的感觉，消除彼此间的陌生感。常见的有以下几种方法：

1．问候式

真诚的问候给人一种亲切、友善的感觉。问候是生活中不可或缺的因素，好的问候能快速拉近陌生人之间的距离。“您好”，是向对方问候致意的常用语，如能因对象、时间的不同而使用不同的问候语，效果则更好。对德高望重的长者，宜说“您老人家好”，以示敬意；对年龄跟自己相仿者，称“老×（对方的姓氏），你好”，显得亲切；对方是医生、教师，说“李大夫，您好”、“王老师，您好”，这带有尊重意味。节日期间，说“节日好”、“新年好”，给人以祝贺节日之感；早晨说“您早”、“早上好”则比“您好”更得体。

2. 敬慕式

对初次见面者表示敬重、仰慕，这是热情有礼的表现。用这种方式时必须要掌握分寸，恰到好处，不能乱吹捧，不说“久闻大名，如雷贯耳”之类的过头话。表示敬慕的内容应因人、因时、因地而异。例如：“您的作品我非常喜欢，每一本著作我都买来收藏，受益匪浅。今天能在这里见识您的风采，真是感觉很荣幸！”“今天是国庆节，在这个特殊的日子里，能够有幸采访您这位开国元勋，的确很荣幸。”“以前只在电视和杂志上见到过您的美貌，今天能一睹您的芳容，真是明白了何为倾国倾城啊。”

3. 攀亲认友式

这虽然不太被推崇，但实用性却非常强。通常，只要对一个素不相识的人做一番认真调查，都能找到或明或隐，或近或远的亲友关系，如果见面时再拉上这层关系，就能一下缩短心理距离，使对方产生亲切感。并且，任何两个人，只要彼此留意，就不难发现双方有着这样或那样的“亲”、“友”关系。譬如：“你是北京大学毕业生，我曾在北大进修过四年。说起来，我们还是校友呢！”“您是文艺界老前辈了，我也是个文艺爱好者，咱俩真是‘近亲’啊。”这种初次见面互相攀认式的谈话方式，很容易让人在短时间内产生一见如故的印象。

4. 扬长避短式

因为面子问题，多数人都喜欢别人赞美自己的长处。那么，跟初交者交谈时，应投其所好，以直接或间接的方式赞扬对方的长处作为开场白，就能使对方高兴，对你产生好感，交谈的积极性也就得到极大激发。反之，如果有意或无意地触及对方的短处，使对方的自尊心受到伤害，交谈的效果就可想而知了。

一个陌生人在你面前并不可怕，可怕的是你不能与他交谈。你只要主动、热情地通过话语同对方聊天，努力探寻与对方之间的共同点，就能拉近你们之间的距离，赢得对方的好感。

总而言之，初次见面的第一句话是打开两个陌生人心扉的一把钥匙，只要掌握了说话的技巧，只言片语就能给对方留下一见如故的好印象。

说话不自信，没资格要求别人信你

有这样一个小故事：

小泽征尔是世界著名的交响乐指挥家。在一次世界优秀指挥家大赛的决赛中，他按照评委会给的乐谱指挥演奏，敏锐地发现了不和谐的声音。起初，他以为是乐队演奏出了错误，就停下来重新演奏，但还是不对。他觉得是乐谱有问题。这时，在场的作曲家和评委会的权威人士坚持说乐谱绝对没有问题，是他错了。面对一大批音乐大师和权威人士，他思考再三，最后斩钉截铁地大声说：“不！一定是乐谱错了！”话音刚落，评委席上的评委们立即站起来，报以热烈的掌声，祝贺他大赛夺魁。

原来，这是评委们精心设计的“圈套”，以此来检验指挥家在发现乐谱错误并遭到权威人士“否定”的情况下，能否坚持自己的正确主张。前两位参加决赛的指挥家虽然也发现了错误，但终因随声附和权威们的意见而被淘汰。小泽征尔却因充满自信而摘取了世界指挥家大赛的桂冠。

看吧，这就是自信的力量！一个人只要有了自信，就能够做好他想做好的一切事情，他不会怀疑和否定自己，相反，他会坚持自己的观点，勇往直前，寻找一切有利的资料，去证明、去说服别人。这就是自信。

一个人是否拥有自信，特别在与人交流的时候，显得至关重要。通常情况下，一个说话自信的人，他知识广泛、头脑灵活、判断力强、信心十足，说话富有磁性而有吸引力，同时，他还能在各种谈话场合中，得心应手，滔滔不绝，赢得别人的认同和赞扬。

杨帆走进一家旅行社，想问问去北京郊区度周末需要花多少钱。他随手拿起一本介绍海南的旅游小册子，一位推销小姐立刻走了过来。

“您去过海南吗？”她问。

“只在梦里去过。”杨帆说。

“哦，是吗？我想你一定会喜欢海南的。”她说。杨帆可以感受到她眼神里那种兴奋的光芒，仿佛一个曾经去过海南的人，正在幸福地回味过去的感受。

当那位小姐给他看一些资料图片时，杨帆更是强烈地感受到她为自己服务时的热情。她甚至还画了一幅生动有趣的图画，图上显示出杨帆和太太是如何尽情地享受迷人的海滨沙滩。

“相信我吧，您一定能在那儿度过您一生中最快乐的时光，”她自信地说。

当谈到价格时，杨帆皱起了眉头，有些迟疑。这些细微变化都被小姐看在眼里，她平静地问：“杨帆先生，请问您最近的一次休假是在什么时候？”

“我记不太清了，”杨帆含糊地说，他不想承认那是很多年前的事了。

“那您就欠自己和夫人太多了，”她笑着说，“生命本来就很短暂，您不应该光顾着拼命工作，那样并不值得。另外，等您从海南放松回来之后，您可以把工作做得更好，赚更多的钱。我相信您一定需要度假来调剂紧张的生活。”

那位小姐说得如此自信，杨帆再也不迟疑了，当场决定赴海南度假。

美国作家爱默生说过：“自信是成功的第一秘诀。”在与他人沟通时，你的自我感觉会在很大程度上影响着别人如何看待你。如果你心里都觉得自己“不行”，那么你让对方如何赏识你，与你继续沟通下去呢？所以说，培养一种自信的感觉是非常重要的，它会让你在与人沟通的过程中受益无穷。

自信的人一般都比较善于表现自己，这一点在语言表达方面表现得更为突出。一个人只要有信心，就可以在公众场合做到侃侃而谈。同时，良好的口才反过来又能增强一个人的自信，提升他的自我成就感，让他在生活中尽情发挥自己的语言魅力，成就美好人生。

“清明节”假期期间，刘帅参加了同学聚会，当他见到10年未曾谋面的赵铭时，非常的惊讶。他认为以前与赵铭不沾边儿的词，现在用在他身上都毫不夸张，比如风流倜傥、绅士风度、从容大方等等，如今的赵铭仿佛重生了一次，除了容貌与同学们的记忆出入不大，气质、谈吐、态度都无一不在告诉大家，这个人已经不是当初那个不敢正眼看人、一说话就手足无措的赵铭同学了。于是老同学们便开玩笑说，肯定是有另外一个人的魂附在赵铭的身上了。

酒席间，赵铭自然成了主角，而他10年的经历也成了其中最独特的一道菜肴。下面是他给大家讲述的他脱胎换骨的故事。

赵铭现在是上海一家美国独资企业的销售总经理，手下有员工过百，说他是成功人士并不为过。赵铭说，其实他的改变和升迁只是近几年的事情，过去虽然他一直干活认真踏实，任劳任怨，成绩斐然，“但就是不能得到领导的青睐，最大的一次刺激是，有一天早晨我和公司副总同乘一辆电梯，我向他问好，他竟然不知道我是谁，更别说叫出我的名字了”。

通过这件事，他仿佛明白了自己多年来很努力却总是不被重视的原因：拘谨、内向、过分谦虚，结果悄无声息得让人忘了他的存在。

为此，赵铭去了一次职业咨询公司，该公司给赵铭开出的药方是自信、自信、再自信！

事实证明，这一药方对于赵铭来说实在是太对症了。从前的赵铭总觉得自己不如他人，公共场合很少发表个人见解。当看到别人伶牙俐齿、幽默善辩时，他就更感觉自己口拙嘴笨了，如此一来他愈加沉默少语。有时候，他也很想在这方面有所改善，但收效甚微。

“可能是切入点不对吧。后来从增强自信入手，也许自己的改变并不多，但感觉却完全不一样了。”有一次中午休息时，大家不知怎么就谈起了“存在方式”的话题，赵铭一不小心打破了一个茶杯，“咣”的一声，办公室一下子便安静了下来。然后，赵铭只是耸了耸肩，说：“这个茶杯想改变自己的存在方式。”大家便都轻松欢快地笑了起来。

赵铭改变的效果是立竿见影的。决定改变之后不到两个月的时间，公司总裁便来找他谈话，内容是要提拔他当销售经理，问他的个人意见是什么。赵铭当仁不让，立即将自己这么多年的一些思考和建议都陈述了出来，而这些想法赵铭一直没向任何人吐露过。“当时的感觉真爽。”他说。他的想法马上引起了总裁的兴趣，一周后，聘任书便到了赵铭手上。这在以前是无法想象的。

赵铭说，如果是两年前，他可能会说：“我没有管理经验，自己现阶段还不能胜任这个职位。××就比我合适。”“那样的话，也就没有这场谈话了。”赵铭这样认为。

后来，由于自己工作业绩出色，再加上销售总经理被派往法国工作，所以，他就被提拔成了销售总经理。

自信为赵铭扫清了沟通的障碍，为他赢得了尊重和信任，更为他赢得了辉煌的前程。

自信的语言是一种人格的魅力。没有信心，人们就无法开展有效的交流。而能否保持自信，能否有效地开展交流，决定了你能否拥有成功的生活，不管是在哪个方面，包括生意场上、家庭、朋友、事业等等。生活过得充实与否，回报率的高与低，将直接与你说话的自信度成正比。大凡有所成就的人，他们对自己了解相当清楚，并且肯定自己，他们的共同点是说话十分自信，时时刻刻都用积极的语言来表达自己，让自己自信起来。

以下是建立自信的几种方法：

1. 学会自我激励

学会自我激励，要给自己一个习惯性的思想意念。别人能行，相信自己也能行；其他人能做到的事，相信自己也能做到。平时要经常激励自己：“我行，我能行，我一定能行。”“我是最好的，我是最棒的。”特别是遇到困难时要反复激励告诫自己。这样，就会通过自我积极的暗示机制，鼓舞自己的斗志，增加心理力量，使自己逐渐树立起自信心。

2. 当众发言

在组织或团队会议中，很多人从来不发言，因为他们害怕别人觉得自己说的话让人觉得他们很笨。其实，这种恐惧的想法并不对。一般而言，人们的承受力比想象的更强。事实上，大多数人都在和同样的恐惧做斗争。只要努力在每个会议中大声说出自己的想法，你就可能成为一个更好的发言者，对自己的想法也会更自信。所以，不论是参加什么性质的会议，每次都要主动发言，也许是评论，也许是建议或提问题，都不要有例外。而且，不要最后才发言。要做破冰船，第一个打破沉默，也不要担心你会显得很愚蠢，不会的，因为总会有人同意你的见解。所以不要再对自己说：“我怀疑我是否敢说出来。”

3．昂首挺胸走路

不但你的声音要充满自信，你的形体姿态也应充满自信。一个腰板笔直、衣着得体、生机勃勃的人和一个耷着肩膀、衣着邋遢、不苟言笑的人相比，哪个更受人尊重和欢迎呢？答案不言自明。而且，形体的自信会强化自己的语言自信，帮助自己建立良好的自我感觉，越来越信心满满。

4．提升自己的外在形象

俗话说“人靠衣着马靠鞍”，一身光彩的衣着，是你建立自信的基础。一套笔挺的西装会使得一个男子汉庄重起来，一袭长裙会使得一个女性的举手投足都显得亮丽、迷人。因此，漂亮的仪表能够得到别人的夸奖和好评，提高人的精神风貌和自信心。所以，平时要学会多注意自己的仪表，保持发型美观，衣着整洁、大方。当你的仪表得到别人的夸赞时，你的自信心一定会油然而生。

总之，我们要时刻谨记，自信的语言能够帮助我们良好地表达自己的意愿，抓住机会的尾巴，得到领导的赞誉，它是打开成功大门的钥匙。

多给别人说话的机会，情商高的人善于倾听

生活中，很多人之所以不讨人喜欢，不能给人留下良好的印象，原因是他们不能耐心地做一个很好的听众。心理学研究表明，越是善于倾听的人，与他人关系就越融洽。因为倾听本身就是褒奖对方谈话的一种方式，你能耐心倾听对方的谈话，等于告诉对方“你是一个值得我倾听你讲话的人”。所

以，如果要别人喜欢你，原则是：首先做个好听众，并随时鼓励对方谈谈他自己的事。

韦恩是罗宾见到的最受欢迎的人士之一。他总能受到邀请。经常有人请他参加聚会、共进午餐、担任基瓦尼斯国际或扶轮国际的客座发言人、打高尔夫球或网球。

一天晚上，罗宾碰巧到一个朋友家参加一次小型社交活动。他发现韦恩和一个漂亮女孩坐在一个角落里。出于好奇，罗宾远远地注意了一段时间。罗宾发现那位年轻女士一直在说，而韦恩好像一句话也没说。他只是有时笑一笑，点一点头，仅此而已。几小时后，他们起身，谢过男女主人，走了。

第二天，罗宾见到韦恩时禁不住问道：

“昨天晚上我在斯旺森家看见你和最迷人的女孩在一起。她好像完全被你吸引住了。你怎么抓住她的注意力的？”

“很简单。”韦恩说，“斯旺森太太把乔安介绍给我，我只对她说：‘你的皮肤晒得真漂亮，在冬季也这么漂亮，是怎么做的？你去哪儿呢？阿卡普尔科还是夏威夷？’”

“夏威夷。”她说，“夏威夷永远都风景如画。”

“你能把一切都告诉我吗？”我说。

“当然。”她回答。我们就找了个安静的角落，接下去的两个小时她一直在谈夏威夷。

“今天早晨乔安打电话给我，说她很喜欢我陪她。她说很想再见到我，因为我是最有意思的谈伴。但说实话，我整个晚上没说几句话。”

看出韦恩受欢迎的秘诀了吗？很简单，韦恩只是让乔安谈自己。他对每个人都这样——对他人说：“请告诉我这一切。”这足以让一般人激动好几个小时。人们喜欢韦恩就因为他注意他们。

倾听是人际交往中一项很重要的制胜法宝。专注认真地倾听别人谈话，向对方表示你的友善和兴趣，这样做的最大价值就是深得人心，能使双方感情相通、休戚与共，增加信任度。

善于倾听是人不可缺少的素质之一，是人与人交往的一个必要前提，学会倾听能准确完整地听取自己所要的信息，而且还会给人留下认真、踏实、尊重他人的印象。一个时时带着耳朵的人远比一个只长着嘴巴的人讨人喜欢。

教育家卡耐基说："做个听众往往比做一个演讲者更重要。专心听他人讲话，是我们给予他的最大尊重、呵护和赞美。"一个在人群中滔滔不绝的人或许很容易得到大家的尊敬和钦佩，可是一个懂得倾听并善于鼓励别人的人，能更容易得到他人的好感和信任。

美国南北战争曾经陷入一个困难的境地，当时身为美国总统的林肯，心中有来自多方面的压力。他把他的一位老朋友请到白宫，让他倾听自己的问题。林肯和这位老朋友谈了好几个小时。他谈到了发表一篇解放黑奴宣言是否可行的问题。林肯一一检讨了这一行动的可行和不可行的理由，然后把一些信和报纸上的文章念出来。有些人怪他不解放黑奴，有些人则因为怕他解放黑奴而谩骂他。在谈了数小时后，林肯跟这位老朋友握握手，甚至没问他的看法，就把他送走了。这位朋友后来回忆说：当时林肯一个人说个不停，这似乎使他的心境清晰起来。然而，他在说过这些话后，似乎觉得心情舒畅多了。

当时遇到巨大麻烦的林肯，不是需要别人给他忠告，而只是需要一位友善的、具有同情心的听者，以便减缓心理上的巨大压力，解脱思想上的极度苦闷。可见，倾听能够减除他人的压力，帮助他人理清思绪。倾听对方的任何一种意见或议论都是尊重，以同情和理解的心情倾听别人的谈话，不仅是维系人际关系，保持友谊的最有效的方法，更是解决冲突、矛盾和处理抱怨的最好方法。

世界著名的记者迈克逊说：“不肯留神去听人家说话，是不受人欢迎的原因之一。通常，他们只关心自己该怎么说下去，根本不管别人要说什么。要知道，世界上多数人都喜欢乐于倾听的人，很少有人喜欢那些不停地说自己的人。”每个人都认为自己的声音是最重要的、最动听的，并且每个人都有迫不及待地表达自己的愿望。在这种情况下，友善的倾听者自然成为最受欢迎的人。

俗话说：“善言，能赢得听众；善听，才能赢得信任。”倾听是金，我们需要学会倾听，让倾听成为一种习惯，这也正是上帝赋予我们两只耳朵一张嘴巴的意旨所在。让我们养成倾听的习惯，做一名倾听者，听出教养，听出责任，听出诚意，听出信任，听出人类更加和谐美好的未来。

倾听并不只是单纯地听，而应真诚地去听，为了获得良好的效果，我们有必要了解一下倾听的方式。

1．专注认真地倾听

当别人对你谈话时，应该正视对方以示专注倾听，你可以通过直视的两眼、赞许的点头或手势，表示在认真地倾听，从而鼓励谈话者说下去。一个善于倾听的人，具有一种强大的感染力，他能使说话人感到自己说话的重要性。

2．适时适度地提问或插话

适时适度地提出问题是一种倾听的方法，它能够给讲话者以鼓励，有助于双方的相互沟通。如：“您说得对”“应该是这样”“您讲得有趣极了”“是吗？”“以后怎样了呢？”或采用“嗯”等副语言与讲话者相呼应。当对方要终止讲话时，而你又需要让对方继续下去，可选择对方常提出的某一地方、某一人，进行问询，使对方感兴趣。这样，谈话就会继续进行。

3．通过倾听捕捉信息

倾听是捕捉信息、处理信息、反馈信息的需要。一般来说，谈话是在传递信息，听别人谈话是接受信息。一个善于倾听的人应当善于通过交谈捕捉信息。听比说快，在聆听的空隙时间里，你应思索、回味、分析对方的话，从中得到有效的信息。

4．学会察言观色

在人际交往中，很多人口中所道并非肺腑之言，他们的真实想法往往隐藏起来，所以在听话时，你就需要注意琢磨对方话中的微妙感情，细细咀嚼品味，以便弄清其真正意图。

5．不要随便打断别人讲话

千万不要在别人没有表达完自己的意思时，随意地打断别人的话语。当别人流畅地谈话时，随便插话打岔，改变说话人的思路和话题，或者任意发表评论，都被认为是一种没有教养或不礼貌的行为。

6．用肢体语言做出反馈

倾听对方谈话的同时，通过微笑、点头、眼神等适当的身体语言，表示你对讲者所说内容的态度。反馈你赞同或持疑义的意见信息。最能调动说话者积极性的，莫过于让他感到别人对他的话感兴趣。而要让他有这种感觉，你就要对他的话有适当的表情。比如欣赏地点点头，适当地微笑，都可以作为正在用心地倾听的表现。恰当、得体地使用肢体语言做出得体的反应，不但表现出对他人的尊重，同时也能促使对方更全面地表达自己的需求和谈话重点。

总之，倾听是说话的一种技巧。学会倾听能正确完整地听取自己所要的信息，而且还会给人留下认真、踏实、尊重他人的印象。

好口才需要刻苦努力，不断学习

每个人都想拥有一个成功的人生，都希望能够在众人面前“语出惊人”，展现自己的风采，树立自己的形象。一个人具有了良好的说话能力，他就一定会展现出无穷的魅力，无论是立身处世，还是交友待人，都一定会挥洒自如的。

然而，能说会道的口才并不是一种天赋的才能，它是靠刻苦训练得来的。古今中外历史上一切口若悬河、能言善辩的演讲家、雄辩家，他们无一不是靠刻苦训练而获得成功的。

狄里斯在西欧被称为“历史性的雄辩家”。据说，他天生声音低沉，且呼吸短促，口齿不清，旁人经常听不到他在说些什么。当时，在狄里斯的祖国雅典，有很严重的政治纠纷，因此，能言善辩的人便格外受重视，引人注意。尽管狄里斯是一个知识非常渊博、思想十分深邃的人，很擅长分析事理，能预见时代潮流和历史发展趋势，但是，他认为自己缺乏说话的技巧，是容易被时代所淘汰的。于是他做了一番周密细致的思考，准备好了精彩的演讲内容，第一次走上了演讲台。不幸的是，他遭到了可怜的失败，原因就是他发出的低沉的声音、肺活量不足和口齿不清以至于听者无法听清楚他所言何事、何物。但是，狄里斯并不灰心，反而比过去更努力训练自己说话的胆量。他每天跑到海边去对浪花拍击的岩石放声呐喊；回到家中，又对着镜子观察自己说话的口形，做发声练习，一直坚持不辍。工夫不负有心人，狄里斯如此努力了好几年，当他再度上台演说时，博得了热烈的喝彩与激烈的掌声，并一举成名。

著名演讲家、英国前首相丘吉尔就是在演讲方面勤奋刻苦的典型代表。他的儿子伦道夫在一书中曾这样写道：“我的父亲之所以能成为世界上十大杰出的演讲家，就是因为他把毕生的精力都花在练习演讲、写演讲稿和记忆这些讲稿上了。”正是由于丘吉尔对演讲的酷爱和刻苦练习，才使他的演讲达到了炉火纯青的境界。直到今天，人们对丘吉尔那富于激情和鼓动性的演讲仍津津乐道。

我国早期无产阶级革命家、演讲家萧楚女，更是靠平时的艰苦训练，练就了非凡的口才。萧楚女在重庆国立第二女子师范教书时，除了认真备课外，他每天天刚亮就跑到学校后面的山上，找一处僻静的地方，把一面镜子挂在树枝上，对着镜子开始练演讲，从镜子中观察自己的表情和动作，经过这样的刻苦训练，他掌握了高超的演讲艺术，他的教学水平也很快提高了。1926年，他年方30，就在毛泽东同志主办的广州农民运动讲习所工作，他的演讲至今受到世人的推崇。

无数事实证明，口才的好坏，取决于后天的练习。任何一个有志于拥有好口才的人，哪怕是笨嘴拙舌、犯有口吃毛病甚至是有严重的生理缺陷的人，只要专心致志地练习，持之以恒地刻苦，那么我们每一个人都会成为说话技巧高超、口才水平出众的伶牙俐齿的人。

说话的天才，并不是天生的，而是从现实中锻炼出来的。如果你想拥有良好的口才，就要刻苦努力，不断地磨练自己。同时，你还要掌握一定的方法。因为科学的方法可以使你事半功倍，还能加快你口才的形成。只要选择最适合自己的方法，加上持之以恒的刻苦训练，那么你就能拥有良好的口才。

那么，我们应该怎样来具体学习、锤炼语言呢？下面介绍几种可行、有效的方法。

1．多读书，多看报

现代生活中，报纸、书籍已经成为人们生活的必备品。在读书看报时，备一支笔、一些卡片或一个本子，把所见到的好文章，或让自己心动的话语画出来，记下来。每天坚持做，哪怕一天只记一两句，也会有所收获。日积月累，在说话的时候，也许就会不经意地用上它们，从而使自己的讲话内容丰富起来。“熟读唐诗三百首，不会作诗也会吟”的经验之谈，是大家所熟悉的，它告诉人们要学习口语，提高说话的技巧，就应多读书，多看报。“穷书万卷常暗诵”，吟咏其中，则可心领神会，产生强烈的兴味。

2．善于学习

对于谈话的题材和资料，一方面要认真地去吸收，另一方面要好好地去运用。懂得如何运用，可以使一句普通的话发挥出惊人的效果。学习吸收的目的是为了更好地应用，不能应用的吸收毫无意义。

熟悉名篇佳作的精彩妙笔，则会获得丰富的词汇，自己演说和讲话时，优美的语言亦可随手拈来。只要我们潜心苦读，勤记善想，揣摩寻味，持之以恒，就能像郭沫若所说的那样“于无法之中求得法，有法之后求其他”了。

3．要注意搜集警句、谚语

在听别人的演讲或别人的谈话时，随时都可以听到表现人类智慧的警句、谚语。把这些话在心中重复一遍，记在本子上，久而久之，谈话的题材、资料就越来越多，说起话来也就越来越条理清楚，出口成章。

4．提高观察问题、思考问题的能力

提高自己的表达能力，就要不断提高自己观察问题、思考问题时的敏锐性，丰富自己的学识与经验，并增强想象力与敏感性。随着表达能力的提高，我们的生活也将丰富多彩，整个人的个性素质和各方面的能力都会提高，从而成为一个说话高手。

5．在实践中多加练习

人的认识依赖于实践，来源于实践。既然人的认识总是通过自己的感官从客观世界取得感觉经验开始的，而感觉经验又必须接触了某种事物才能产生，所以实践活动越多越深入，直接接触的事物越多，能提供我们说话的材料就越丰富。

6．扩大知识面

知识贫乏是造成语言贫乏，特别是词汇贫乏的一个重要原因。如果《红楼梦》的作者曹雪芹没有相应的词汇，就难以描写贾府上上下下的规矩、内内外外的礼教，王熙凤的泼辣、干练、狠毒性格就难以惟妙惟肖；如果《水浒传》的作者不了解江湖，不懂开茶坊的拉线及趁火打劫的种种口诀，他就不可能把那个成了精的媒婆王干娘刻画得绘声绘色。如今，人们都喜欢用“爆炸”这个词来形容某一方面的快速增长，比如：信息爆炸、知识爆炸、人口爆炸等等。特别是网络时代，新词语铺天盖地而至，令人目不暇接，大有“爆炸”之势。

词语是社会生活最敏感的反应器，新词爆炸反映了新生事物的层出不穷，反映了当今社会的迅猛发展，反映了当今生活在开放洪流中的日新月异，我们对这些新的词语应及时掌握，学会运用。

如果我们不想让自己做一个井底之蛙，就应静下心来努力学习，拓展自己的视野。若不想说话空洞无物，就应下决心积累大批的、雄厚的、扎实的本钱，武装自己的头脑，丰富自己的说话内容。

第二章　以礼待人，情商高的人说话有礼貌有修养

尊重别人，为自己赢得信誉

有道是：“尊人者，人尊之。”在人际关系越来越透明化、直接化的今天，尊重这一原则在沟通中显得越来越重要。只有尊重对方，才能得到对方的尊重，对方才愿意打开沟通之门，与我们坦诚沟通。

尊重原则就是说话人所表达的言辞要能尊敬、重视对方，而不能侮辱、歧视、损害对方。尊重原则的把握不仅是言辞表达的要求，而且体现着说话人的品格修养。

汉代徐干的专著《贵言》提出：“君子必贵其言，贵其言则尊其身，尊其身则重其道，重其道所以立其教。”事物都是相辅相成的，尊重别人，别人才会尊重你。俗话说，你敬我一尺，我敬你一丈，就是此理。你不尊重别人，别人也不会尊重你，结果，彼此都不沟通、合作，显然达不到交际的目的。

有一个老师在课堂上提问学生的例子。

老师：请张丽同学回答问题！

张丽：我不回答你！

老师：张丽同学，你既然不回答我的问题，必定有原因。你能告诉我是什么原因吗？既然你不肯说明，那让我分析一下：是不是我有什么地方做得不好，不能为人师表，不能让同学们信服，甚至玷污了人民教师的光荣称号，才使你这样呢？

张丽：老师，没有，没有的事。

老师：既然我还称职，我想你也不是有意让我难堪。那么，让我猜测一下你是怎么想的吧。我认为，不外有三种情况：第一，可能是我的启发式教学搞得不得当，问题提得过于浅薄，引不起你的兴趣，你不屑于回答，是这样吗?

张丽：不，不是。

老师 ：第二，是你能回答这个问题，但不想回答。如果是这样，你现在回答也不迟。

张丽：我……我……

老师：第三种情况可能是你不会回答，但又碍于情面，不肯承认自己不会回答的现实，忽然一时糊涂，想以强硬的态度搪塞过去。但我为什么要这样认真呢？因为我实在不愿看到你交不上答卷呀。

张丽：老师，您，您别说了……请告诉我这个问题该怎么回答……

上例中这位老师尊重自己的学生，并心平气和地耐心引导，消除了学生反感的情绪，终于打开心扉。试想如果这位老师居高临下，不管青红皂白，一通批评，学生的抵触情绪会更大，不会轻易地认错的，因为学生失了面子，老师势必没有达到规劝的目的，甚至可能连课也没法往下上了。

尊重是沟通心灵的桥梁。尊重他人，我们与人沟通就有了良好的开端。没有尊重的沟通是不可能持续下去的。只有相互尊重，才能相互认可，体验对方的心情，让对方乐于接受。

现实生活中，我们要学会尊重每一个人，无论一个人的身份和工作多么卑微，穿着有多么寒酸，我们都应尊重他，这是我们应该具备的良好品质。要知道，尊重没有高低贵贱之分，而且尊重别人就是在尊重自己。

有一个人想用零钱，就跑到卖报的老人跟前，扔过去一张百元大钞，漫不经心地说：“找钱吧！”卖报老人非常生气，说：“我可没工夫给你找钱。”说罢，就夺回了那人拿到手中的报纸。那人很生气，可也没有办法。

这时，第二位顾客也遇到了类似的情况，不过他比第一个人聪明多了。只见他笑眯眯地走到报摊前，对老人恭敬地说：“大爷，我碰到了一个难题，您能不能帮我一下？我现在只有一张百元钞票，可我真的想买份报纸，可以吗？”

老人笑了，他温和地说：“我刚来，确实没有零钱给你找，这样吧，报纸你先看着，有零钱再给我送过来吧。”说着，就把一份报纸塞到他手里。

第二位顾客之所以能成功拿到报纸，就因为他对卖报老人很尊重，所以打动了他。

这就是尊重的力量。有时候，人与人之间的关系不能仅仅用金钱来衡量，稍稍表示一下尊重，可能换得别人的热情相助。一句古语说得好：“君子敬而无失，与人恭而有礼。”只有尊敬别人才能换来别人对你的尊敬，只有互相尊敬才能互相受益。

“己所不欲，勿施于人”，是尊重他人的基本原则。心理学研究表明，人都有友爱和受尊敬的欲望，并且交友和受尊重的希望都非常强烈。人们渴望自立，成为家庭和社会中真正的一员，平等地同他人进行沟通。如果你能以平等的姿态与人沟通，对方会觉得受到尊重，而对你产生好感；相反地，如果你自觉高人一等、居高临下、盛气凌人地与人沟通，对方会感到自尊受到了伤害而拒绝与你交往。

67岁的玛格丽塔·温贝里是瑞典一名退休的临床医学家，住在首都斯德哥尔摩附近的松德比贝里。一天早上，温贝里收到邮局送来的一张请柬，邀请她参加政府举办的一场以环境为主题的晚宴。

温贝里有些疑惑，自己只是一名医务工作者，跟环境保护几乎没有什么关联，为什么会被邀请呢？温贝里将请柬仔仔细细看了好几遍，确认上面写的就是自己的名字后，放下心来："看上去没什么不对的，我想我应该去。"于是，温贝里满心欢喜地挑选了一套只有出席重大活动时才穿的套装，高高兴兴地赴宴去了。

赶到现场，温贝里不由得吃了一惊：参加晚宴的竟然都是政府高级官员。其中就有环境大臣莱娜·埃克，他们曾经在其他活动中见过面。看到温贝里后，埃克先是一愣，然后马上向她报以最真挚的笑容："欢迎你，温贝里太太。"接着热情地将温贝里带到相应的座位上。温贝里和政府要员们一起进餐，并聆听了他们对环境问题的看法和建议。

宴会结束后，按惯例要拍照留念，埃克邀请温贝里坐在第一排。就这样，温贝里度过了一个愉快的晚上。

几天后，温贝里浏览报纸时，看到了自己参加晚宴的合影和一则新闻报道："政府宴请送错请柬，平民赴约受到款待。"

原来，环境大臣埃克本来邀请的是前任农业大臣玛格丽塔·温贝里，由于工作人员的失误，把请柬错送到和农业大臣同名同姓的平民温贝里手中。对此，埃克表示："不管她是谁，只要来参加宴会，就应该受到尊重和礼遇。"

看到这里，温贝里不由得心头一热，敬重之情油然而生：埃克明知她是一个"冒牌货"，非但没有当场揭穿，反而给予了她大臣一样规格的礼遇，这样不动声色的尊重足以令她欣慰一生。

尊重的最高境界不是体现在轰轰烈烈的大事之中。有时候，越是微不足道的生活细节，越是不经意的自然流露，越发见得尊重的可贵。

哲学家威廉·詹姆士说过："潜藏在人们内心深处的最深层次的动力，是想被人承认、想受人尊重的欲望。"渴望受人喜爱、受人尊敬、受人崇拜，这是人类天生的本性。但是，有取必有予，我们希望获得些什么，也就必须首先付出些什么。我们希望获得别人的尊重，这就要求我们每一个人都要先学会尊重他人，这样我们才能获得别人的尊重。

我们活在这世上，人人都需要别人的尊重与认可，当你主动尊重别人，给人以真诚、温暖与鼓励的时候，他们也将用同样的方式对待你。

以礼待人，经常把礼貌用语挂嘴边

语言是思想的衣裳，它可以表现出一个人的高雅或粗俗。如果你要接通情感的热流，使社交畅通无阻，就应得体地运用礼貌谦词。

我国历来有“礼仪之邦”的美誉，礼貌待人是中华民族的传统美德，礼貌代表一个人的文明程度。尤其在当今社会，当你具备了很好的礼貌习惯，掌握了相应的礼貌知识后，你做事就很顺利，就能享受到生活的快乐和成功的喜悦；如果你没有很好的礼貌习惯，你就会被别人视为缺乏修养而排斥，甚至惹出不愉快的事情来，自己也得不到丝毫的好处。正如列宁所说：“礼貌是数百年来人们就知道的，数千年在一切处世格言上反复谈到的起码的公共生活原则。”因此我们必须养成礼貌待人的好习惯。

一天，两位年轻人去某村庄考察，遇到了个三岔口，不知该走哪条道。正巧迎面走来一位老人，于是其中一位非常傲慢地喊道：“嗨，问你一下，去×村庄怎么走？”老人环顾了一周，没有搭理他，只顾往前走。这位年轻人见老人不搭理他，又大声喊道：“哎，跟你说话呢，怎么不搭理人呢？什么素质。”老人听到这话后非常气愤，加快步伐前进。

另外一位年轻人追上去，非常有礼貌地说：“老人家，你好，我是××大学的学生，我们想去×村庄，到这迷路了，不知道走哪条道到那个村庄比较近些，您能帮助我吗？非常感谢。”老人停下脚步，看着这位非常有礼貌、懂事的年轻人，内心的怒火才得以平息，微笑着对他说：“小伙子，你非常有礼貌，态度真诚，我很喜欢与你说话。这样吧，你从中间这条道过去，直走，大概走上1000米就到那个村庄了。”正说着，刚才那位年轻人也走了过来，不好意思地对老人说：“老人家，我刚才有些失礼，非常抱歉，对不起。”

老人家见这位小伙子主动承认了错误，非常乐意地说：“要不这样吧，我带你们去那个村庄，正巧我也去那儿办点事，走吧。”说完，老人带领着两位小伙子走捷径去了那个村庄。

其实，求人帮忙得像个求人帮忙的样子，要表现得谦卑有礼，别人才会愿意帮助你。有位名人说：“生活中最重要的是有礼貌，它比最高的智慧、比一切学识都重要。”一个习惯于出言不逊的人，自然不会得到别人的喜欢。

礼貌是通过语言或行动表现出来的对他人的尊敬，反映了这个人的道德品质和文化教养，是内在美的表现，有的人相貌并不美，但很讨人喜欢，重要原因之一就是他对人态度优雅热情，说话文明和气，举止端庄大方，使人愿意亲近他。

《诗经》上说：“谦谦君子，赐我百朋。”只有懂得礼仪的人才能获得更多的朋友。礼多人不怪，人们都将一个人是否彬彬有礼作为其社会地位和受教育程度的检验标准。礼貌待人可以在人和人之间架起理解的桥梁，减少矛盾。文雅、和气、宽容的语言，不但沟通人们的心灵，而且反映了一个人的思想和文化修养。正如俗话说：礼到人心暖，无礼讨人嫌。

王某是某公司的最高领导，高级职员去见他时，他不但坐着不动，也不屑回应一声，而且不肯关注他人的陈述，来人只好站在旁边说话，有时碰到他不高兴，或认为他人说的话不对，他竟始终不开口，好像听而不闻，也始终不看人家，好像视而不见，让人落得一场没趣，只好悻悻退出。他对高级职员如此，对其他下属，当然可想而知。就是对待朋友，同样也是爱理不理的神气，实在令人难受。当他得势时，大家只敢在背后批评，当面还是恭维奉承，但心里都反感他。他制造了这种恶因，后来形势逆转，一时攻击他的人非常多，当然可能还有其他重要原因，然而平常待人傲慢无礼，至少是原因之一。

生活中有很多这样的例子：仅仅因为礼节上的疏忽，便使自己的形象在别人的心目中大打折扣。相反，一个有礼貌的人很容易就会被别人认可、接受，既可以给别人带来温暖，也会使自己变得十分愉快。学会礼貌，我们会觉得生活是和谐、有趣的，成功也会因之变得不再遥远。

歌德说："一个人的礼貌是一面照出他肖像的镜子。"一个人是否礼貌，绝不只是无足轻重的小事，它表明一个人是否具有道德修养。我们有了礼貌，就有了与人交往的亲和力。

一个新生来到北京大学报到，由于要到什么地方填表，随身的行李没地方放，感到非常着急。这时，他忽然看到一位踽踽独行的老人，于是，招呼都不打就说："帮我看着行李"，老人就这么看着这个行李，直到这个小伙子回来，没想到他轻松地拎起了行李，连个"谢"字都没说就走了。令他万万想不到的是，在开学典礼上，他又看到了这位老人，老人在台上看着莘莘学子们，主持人介绍说，这就是我国文化泰斗季羡林先生。

如果说在象牙塔某种无"礼"可以被宽容的话，走上工作岗位再习惯地做令人讨厌的事儿，恐怕就没有那么好运了。殊不知，礼貌是一种为人处世的基本态度，这种平和和内敛表达着对别人的尊重，也就自然地给自己扩宽了很大的回旋空间。这就是君子生活在人性丛林中必须遵守的法则。

礼貌待人并不只是一种外表形式，而是沟通人们之间友好感情的一道桥梁。如果大家能自觉地做到礼貌待人，不仅能使人与人之间的关系更加纯洁和美好，而且可以避免和减少某些不必要的个人冲突，使社会生活更加和谐安详。在这种美好和睦的环境中，人们就能增进友谊，加强团结，更好地学习、生活、工作，并从中感受到亲切、温暖、愉快和力量。

一位很有名的剧院经理来拜访大仲马。一见面，他连帽子也没脱下，就冒火地问这位剧作家为什么把最新的剧本卖给一家小剧院的经理。大仲马承认有这么回事。这位经理于是给出了一个远远胜于对手的高价，想把剧本买回来，大仲马笑了笑说："其实你的那位同行用一个很简单的方法，就以很低的价格把剧本买走了。"

"那是怎么回事？"

"因为他以与我交往为荣，并且一见面就脱下帽子。"

"敬人者，人恒敬之"。礼貌是一个人应有的基本修养，在和他人交谈的时候，在和他人交往的时候，要注意做到自己的一言一行都有礼貌。

称呼有风险，开口需谨慎

称呼是指人们在正常交往应酬中，彼此之间所采用的称谓语。在交际过程中，称呼往往是传递给对方的第一个信息。不同的称呼不仅反映了交际双方的角色身份、社会地位和亲疏程度的差异，而且表达了说话者对听话者的态度和思想感情，而听话者通过对方所选择的称呼形式可以了解说话者的真实意图和目的。恰当的称呼能使交际得以顺利进行，不恰当的称呼则会造成对方的不快，为交际造成障碍。

有个小伙子叫刘洋，为人热情开朗，乐于助人，然而，刘洋的人缘却很不好，一提起他，周围的人就直皱眉头，原因是他太不知天高地厚了。单位里的刘某已经37岁了，但还是一个小科员，刘洋见了他张口闭口地叫“哥们儿”。有一次刘某提醒他说：“我比你大十几岁吧，再怎么你也应该叫我一声‘刘哥’！”可刘洋却皮笑肉不笑地说：“得了！咱们都姓刘，又平级，我叫你‘哥们儿’里面不也有个‘哥’字吗？”刘某气得掉头就走。有位女同事比刘洋大三岁，刚结婚一年多，刘洋特喜欢跟人家开玩笑，那个同事姓林，他就管人家叫“林妹妹”，女同事抗议了几次，他却置若罔闻。有一天，刘洋逛街时……遇到了女同事和她的丈夫，他走上去一拍同事肩膀就问：“林妹妹，这位是谁啊！”女同事的丈夫脸色当时就变了。回家以后夫妻俩大吵了一架，丈夫指责妻子太随便，竟然让一个比她还年轻的人叫出那么肉麻的称呼。从那以后，女同事见到刘洋眼里就冒火。其他的同事也都对刘洋乱称呼的做法非常反感，他们建立了“攻守同盟”，故意冷落刘洋，和刘洋作对……没几个月，刘洋就自动辞职了！

刘洋之所以人缘这么差，都是由于他不注意对别人的称呼引起的。由此可见，称呼是否得体在一定程度上决定了人们交往活动的成败。心理学家认为，得体的称呼能使人身心愉悦，增强自信，有助于形成亲密和谐的人际关系。而良好的人际关系能使人精神振奋、提高工作效率。而且，得体的称呼也能缩短人和人之间的心理距离。所以在人际交往中，我们要学会正确称呼他人。

王女士今年快六十岁了，由于日常保养得很好，看上去比实际年龄要年轻些。一次，她去菜市场买菜，一个新来的年轻姑娘热情地说："老奶奶，我们家的菜可新鲜了，看看您需要点什么？"

但让这位年轻姑娘感到奇怪的是，王女士听了不但没有搭理她，反而很生气地离开了她的摊位。这种奇怪的举动让这位姑娘感到很纳闷，她不明白是怎么回事。旁边的人悄悄对姑娘说："她不喜欢别人叫她老奶奶，你得叫她阿姨，她就对你热情了。"

原来，这王女士虽然年纪有点大了，但是却不愿意别人叫她"奶奶"。她经常来这个菜市场买菜，大家都认识她，而这个姑娘是新来的，对此当然不知道。

第二天，王女士又来买菜，那个姑娘亲热地叫了一声："阿姨，看看我们家的菜吧，便宜又新鲜。"王女士高兴地凑了上去，看看这个，瞅瞅那个，选了不少菜。

因此，在人际关系中的相互称呼一定要符合文明礼仪的要求，要尊重对方，千万不可轻视对方或使用对方难以接受的称呼。这样不但很容易让他人产生反感，甚至记恨在心，久久无法释怀。

既然称呼如此重要，那么在交往当中就要注意慎重地选择称呼。一个会说话的人，在对别人的称呼上是绝对不能马虎的，总结起来大概有以下几个原则需要引起注意：

1. 选择正确的称呼方式

（1）根据对方的年龄特征称呼，称呼长者，一般都用尊称，例如"老爷爷"、"老奶奶"、"叔叔"、"阿姨"等。

（2）根据对方的职业特征称呼，称呼工人、司机、理发师、厨师等用"师傅"，称呼教师为"老师"，称呼医生为"大夫"。

（3）根据对方的身份特征称呼，有时候因为年龄问题，别人可能不愿意接受你的称呼，最好的办法就是名字加称呼。

（4）根据你和别人的亲疏关系称呼，在与多人同时打招呼时，要注意亲疏远近和主次关系。一般来说先长后幼、先上后下、先女后男、先疏后亲为宜。

（5）根据说话场合称呼，在日常生活中，对领导、对上级最好不称官职，以“老李”、“老张”相称，使人感到平易近人，在正式场合下最好称呼职称，这样才能体现工作的严肃性。

（6）根据对方的语言习惯，在一些地方称呼尼姑是小师傅，假如你叫当地一个女孩为“小师傅”她肯定会跟你发火，就像当今社会“小姐”这个称呼一样，你要是随便叫一个女孩为小姐，她同样会生气。

2．称呼的禁忌

我们在使用称呼时，一定要避免下面几种失敬的做法。

（1）错误的称呼

常见的错误称呼无非就是误读或是误会。

误读也就是念错姓名。为了避免这种情况的发生，对于不认识的字，事先要有所准备；如果是临时遇到，就要谦虚请教。

误会，主要是对被称呼的年纪、辈分、婚否以及与其他人的关系做出了错误判断。比如，将未婚妇女称为“夫人”，就属于误会。相对年轻的女性，都可以称为“小姐”，这样对方也乐意听。

（2）使用不通行的称呼

有些称呼，具有一定的地域性，比如山东人喜欢称呼“伙计”，但南方人听来“伙计”肯定是“打工仔”。中国人把配偶经常称为“爱人”，在外国人的意识里，“爱人”是“第三者”的意思。

（3）使用不当的称呼

工人可以称呼为“师傅”，但如果用这些来称呼其他人，还会让对方产生自己被贬低的感觉。

（4）使用庸俗的称呼

有些称呼在正式场合不适合使用。例如，“兄弟”、“哥们儿”等一类的称呼，虽然听起来亲切，但显得档次不高。

（5）称呼外号

对于关系一般的，不要自作主张给对方起外号，更不能用道听途说来的外号去称呼对方，也不能随便拿别人的姓名乱开玩笑。

总之，称呼他人为一门极为重要的事情，若称呼的不妥当则很容易让他人产生立即的反感，甚至嫉恨在心久久无法释怀。一个热情、友好而得体的称呼，如春风拂面，使对方顿生亲切、温馨之感。

学会自控，别让情绪控制你的语言

情商的一个重要的内容就是掌控情绪。掌控自我情绪是一种重要的能力，也是人区别于动物的重要标志。

两个人的沟通，70%是情绪，30%是内容。情绪不对，内容就会被扭曲。纵有一肚子的情愫，没有良好的情绪，说得再多也只是发泄。心里想着沟通，语调却阴阳怪气，不知道是沟通还是挑衅。嘴上喊着沟通，脾气却比谁都大，不知道是沟通还是吵架。所以说，情绪会影响沟通效果。

曾经有一位美国经理负责管理印度尼西亚海洋的石油钻井台，一天，他看到一个印尼雇员工作表现比较糟糕，就怒气冲冲地对计时员说："告诉那位混账东西，让他搭下一班船滚开！"这句粗话使这位印尼雇员的自尊心受到极大刺伤，他被激怒了，二话不说，操起一把斧子，就朝经理杀来。经理见状大惊，连滚带爬地从井架上逃到工棚里。那位雇员紧追不舍，追到工棚，恶狠狠地砍倒了大门。这时，幸亏钻井台的人及时赶到，力加劝阻，才避免了一场恶战和灾祸。

这位美国经理掌控不住情绪，不管三七二十一发泄一通，结果搞得场面十分难堪。

带着情绪沟通常常无好话，既理不清，也讲不明，尤其是情绪激动时，很容易冲动而失去理性。不要在情绪激动时做出冲动性的决定，这很容易让事情不可挽回，令人后悔莫及。

良好的情绪状态，是保证社会交往活动正常进行的必要条件，举止得体、情绪稳定，让人感到易于接近、感情容易沟通；否则，喜怒无常，则成为人际交往的障碍。

某公交集团有一位出了名的售票员，大家都唤她王姐。她所服务的公交车创下了几十年没有乘客闹事、投诉的纪录。当被问到工作诀窍时，王姐腼腆地笑着："我没有什么诀窍，就是脾气好而已。"

王姐经常向新参加工作的售票员讲述这样一个故事。在某年的十一黄金周，火车站客流量激增。每天上车的人很多，售票员都要不住地劝说："门口的乘客请往里挪一挪！"又一次，在王姐服务的车上，车门关上的一刹那，突然跑来一个乘客。车门一关，那个乘客的脚就被夹在门缝里。

王姐急忙开门，那乘客一上来就对司机火冒三丈地嚷："你怎么开车的，人还没上完就关门，找投诉的吧？"

车里的气氛顿时紧张起来，眼看一场唇枪舌剑的争辩就要爆发。然而，王姐的举动却出乎所有人意料，她走到这位乘客身边，态度和善地道歉："非常抱歉，由于我们的失误让你受伤了。"

那乘客还是不依不饶，不但占用了王姐的售票员专用座，还一定要王姐在下一站带他去医院检查。面对乘客的无礼行径，王姐没有生气，依旧和颜悦色地说："请您谅解，等我跑完这趟之后，就立马陪您去医院！”

一路上，王姐不停地询问乘客的伤势。等到站时，那位乘客有些激动地说：“其实，我的脚一点问题都没有，只是一时生气想发泄一下。你态度这么好，我就不为难你了。谢谢你的服务，下次见吧。”

在与乘客的关系中，王姐成功地控制住了自己的脾气，看似出于被动地位，其实事事主动。没有人在和气的公关下不屈服的，也没有烦恼不会融化在和颜悦色中。所以，王姐正是成功地操控了自己的情绪，才操控了整个车厢的气氛。如果王姐没有和颜悦色地安抚乘客，结果可想而知，这位愤怒的乘客肯定会拨打投诉电话，王姐将会因此受到处罚。

所以说，沟通是对等的交流，就像台球碰撞一样，不同的力度和角度会产生不同的结果，不同情绪产生的说话效果也是完全不同的。

米开朗琪罗曾说：“被约束的力才是美的。”对于情绪来说也是如此，一个人的情绪如果不能得到有效的调控，那么，人就有可能成为情绪的奴隶，成为情绪的牺牲品，说出一些不合时宜的话，甚至伤害别人。所以当陷入消极情绪而难以自拔时，应有意识地用理智去控制。

在人际交往中，一个人的情绪变化会直接从他的面部表情、语言、身体行为等方面反映出来，如果情绪上有变化，沟通方式上就会有不同的表现。所以，如果想得到好的沟通效果，你就要控制好自己的情绪，沟通时尽量做到语气委婉、表情亲切、情绪平稳，对方才会有好的反馈，才会收到好的效果。如果反之，则会产生不同的反应，甚至恶语相向，反目为仇。

在拿破仑·希尔事业生涯的初期，他就曾受到个人情绪的困扰。有一次，拿破仑·希尔和办公室大楼的管理员发生了一场误会。这场误会导致了他们两人之间相互憎恨，甚至演变成了激烈的敌对状态。这位管理人员为了显示他对拿破仑·希尔一个人在办公室工作的不满，就把大楼的电灯全部关掉。这种情形已连续发生了几次。一天，拿破仑·希尔在办公室准备一篇预备在第二天晚上发表的演讲稿，当他刚刚在书桌前坐好时，电灯熄灭了。

拿破仑·希尔立刻跳起来，奔向大楼地下室，找到了那位管理员并破口大骂。他以无比激烈的词来对管理员痛骂，直到他再也找不出更多的骂人的词句了，只好放慢了速度。这时候，管理员直起身体，转过头来，脸上露出开朗的微笑，并以柔和的声调说道："你今天早上有点儿激动，不是吗？"管理员的话似一把锐利的剑，一下子刺进拿破仑·希尔的身体。拿破仑·希尔的良心受到了谴责。待他控制了愤怒的情绪后，他平静了下来，他知道，他不仅被打败了，而且更糟糕的是，他是主动的，又是错误的一方，这一切只会更增加对他的羞辱。于是，拿破仑·希尔歉意地说："对不起！我为我的行为道歉——如果你愿意接受的话。"管理员脸上露出那种微笑，他说："凭着上帝的爱心，你用不着向我道歉。除了这四堵墙壁以及你和我之外，并没有人听见你刚才说的话。我不会把它传出去的，我也知道你也不会说出去的。因此我们不如就把此事忘了吧？"

拿破仑·希尔向他走过去，抓住他的手，使劲握了握。拿破仑不仅是用手和他握手，更是用心和他握手。在走回办公室的途中，拿破仑·希尔感到心情十分愉快，因为他终于鼓起勇气，化解了自己做错的事。

之后，拿破仑·希尔下定决心，以后绝不再失去自制。因为当一个人不能控制自己的情绪时，另一个人——不管是一名目不识丁的管理员还是有教养的绅士——都能轻易地将自己打败。

由此可见，在与人沟通时，我们要控制好自己的情绪。如果不能控制自己的情绪，就不要和任何人沟通，因为这个时候不是在沟通而是在发泄自己的情绪。沟通的目的就是让别人知道并理解你的意图，当你带着情绪与别人沟通的时候，别人往往会记住你的情绪而忽略你讲的内容，更严重的是你的情绪会影响他的情绪，两个有情绪的人不是在沟通而是在吵架。所以，学会控制自己的情绪，是高情商的表现，对于每个人而言都是相当重要的，它能够避免人与人之间的误会和冲突。

一字之差显情商，多说“我们”少说“我”

在人际交往中，也许你会发现，那些社交经验丰富的人们，一般很少直接跟你说“我怎么着怎么着”，都是说“我们怎么怎么样”。这样虽然有拉关系、套近乎的嫌疑，但是，这招很有效，简直可以称得上是人际交往的“助推剂”。

亨利·福特二世描述令人厌烦的行为时说：“一个满嘴‘我’的人，一个独占‘我’字，随时随地说‘我’的人，是一个不受欢迎的人。”的确如此。在人际交往中，“我”字讲得太多并过分强调，会给人突出自我、标榜自我的印象，这会在对方与你之间筑起一道防线，形成障碍，影响别人对你的认同。而“我们”这个词却可以制造彼此间的共同意识，拉近双方的距离，对促进人际关系将会有很大的帮助。

经常听演讲的人，大概都有过这样的经验，就是演讲者说“我们是否应该这样”比“我这么想”更能拉近与听众的距离。因为“我们”这个字眼，也就是要表现“你也参与其中”的意思，所以会令对方心中产生一种参与意识，按照心理学的说法，这种情形是“卷入效果”。

“我”和“我们”从字面来看只有一字之差，但在沟通过程中所达到的效果却截然不同，这主要在于听者的感受。“我们”表明说话的人很关注对方，站在双方共有的立场上看问题，把焦点放在对方，而不是时时以自我为中心。

有个工厂的厂长，在上级领导人来工厂检查工作开座谈会的时候，他认认真真地汇报了工厂的宏伟规划和目前存在的困难。他说："我今年的产值一定要超过多少万元，我的利润一定要达到多少万元……但我的困难很多……我……我……我……"汇报时还有他的副手、中层骨干和工人在场。

汇报以后，上级领导人征求人家的意见，没有一个人作声。等了好大一会儿，一个工人没头没脑说了两句这样的话："我们没意见。领导怎么说我们就怎么干。"这使所有在场的人都感到十分尴尬。

这个工人之所以对厂长使用"领导"这个不太常用的称呼，是因为厂长把工厂、大伙、集体都称为"我的"、"我"。对厂长这个常挂在嘴边的别扭的"我"字，工人们早已很反感。

人际沟通中，如果一个人总是提到"我如何如何"，那么必然会引起他人的反感。如果改变一下，把"我"改为"我们"，就可以巧妙拉近双方距离，使对方更容易接受你和你的话。经常使用"大家"、"我们"等这类字眼，会使人感觉到大家均是同路人，是生命共同体。因此善用"我们"来制造彼此间的共同意识，对促进人际关系将会有很大的帮助。

事实上，一个高情商善于沟通的人，在语言传播中，总会避开"我"字，而用"我们"开头。现在就开始培养自己多用"我们"的说话习惯吧。

首先是尽量少用"我"字或尽量省略主语。比如："我对我们公司的员工做了一次调查统计，（我）发现有四成的员工对公司有不满情绪，（我认为）这些不满情绪来自于奖金的分配不公，（我建议）是不是可以……"第一句用了"我"，便让主语十分明确，那么后面几句中的"我"不妨通通省去。如此一来，句子的意思表达丝毫不受影响，却能让语句显得很简洁，避免了不必要的重复，同时还使得“我”字不至于太过突出。

其次，提及“我”字时，要用平稳和缓的语调以及自然谦和的表情动作来表达。例如，“我”不要读成重音，也不要拖长语音；目光不要咄咄逼人，表情不要眉飞色舞，神态不要洋洋得意，语气也不要过分渲染；要把表达重点放在事件的客观叙述上，而不要突出做这件事的“我”，更不要使听者感觉你高人一等，或者你是在吹嘘自己。

再次，用“我们”一词代替“我”。以复数的第一人称代替单数的第一人称，可以缩短双方的心理距离，促进彼此的情感交流。例如“我建议，今天下午……”可以改成“今天下午，我们……好吗？”

试着这样去做吧，不久你就会领略“我们”这个词的奇特魅力了。

用真诚来表达你自己

口才的技巧固然很重要，但真诚也同样不能被忽视。中国的孔夫子曾经说过：“巧言令色，鲜矣仁。”如果一个人长于辞令，可是表现得却过于油嘴滑舌，那么他说得再好也不会受到别人的重视，因为在旁人眼中，这个口才出众的人没一句真话，不值得信赖。所以说，要想在语言上征服别人，首先必须要让别人对自己的话充分信任，如果做不到这一点的话，你就是说得天花乱坠，也不会有丝毫效果。

人与人交谈，贵在真诚。有诗云：“功成理定何神速，速在推心置人腹。”与人交流时你如果拥有一颗恳切至诚的心，一颗火热滚烫的心，怎能不赢得别人的信任。

北宋词人晏殊素以说话真诚著称。他14岁时参加殿试，真宗出了一道题让他做。晏殊看过试题后说："我10天以前做过这个题目，草稿还在，请陛下另外出个题目吧。"真宗见晏殊这样真诚，感到他可信，便赐他"同进士出身"。晏殊在史馆任职期间，每逢假日，京城的大小官员常到外面吃喝玩乐。晏殊因为家贫，没有钱出去，只好在家里和兄弟们读书写文章。

有一天，真宗点名要晏殊担任辅佐太子的东宫官，许多大臣不解。真宗对此解释说："近来群臣经常游玩饮宴，只有晏殊和他的兄弟们闭门读书，如此自重谨慎，正是东宫合适的人选。"晏殊向真宗谢恩后说："我也是个喜欢游玩饮宴的人，只是家里穷而已，如果我有钱，也早就参与宴游了。"真宗听了，越发赞叹他的真诚，对他更加信任。

真诚，是通往人们心灵的桥梁。著名主持人李静，被问及要成为一位知名的主持人难不难时，回答得非常干脆："不难。""其实所谓口才，在我的理解当中就是把自己内心最真实的想法用真诚的语言表述出来。从这个意义上而言，绝大多数人都有具备口才的条件。"李静如是说。

说话的魅力并不在于你说得多么流畅，滔滔不绝，而在于你是否善于表达真诚。最能推销产品的人并不一定是口若悬河的人，而是善于表达真诚的人。当你用得体的话语表达出真诚时，你就赢得了对方的信任，建立起人际信赖关系，对方也就可能由信赖你这个人而喜欢你说的话。

成人教育之父卡耐基是著名的企业家、教育家和演讲口才艺术家，他在年轻的时候曾经应聘国际函授学校丹佛分校的销售员。当他的考官丹佛分校的经理约翰·艾兰奇第一眼看到卡耐基时，他感到十分失望，因为卡耐基是一个面色苍白、身材瘦弱的人，他不认为卡耐基能够成为一名成功的销售员。通过交谈他发现卡耐基甚至没有销售经验，他对卡耐基就更加没有信心了。

对于约翰·艾兰奇的态度卡耐基十分清楚，但是他觉得只要自己态度真诚，即使自己没有销售经验也一定能做好工作。

约翰·艾兰奇说："你能告诉我，你认为推销员推销的目的是什么吗？"

卡耐基答道："想顾客所想，站在顾客的立场上想想他们需要什么，帮助他们了解商品，然后购买商品。"

约翰·艾兰奇又问："那么你想要怎样向消费者推销？"

卡耐基说："首先我想和他们愉快地交谈，了解他们需要什么，而不是告诉他们我想要卖给他们什么。"

约翰·艾兰奇询问了卡耐基最后一个问题："如果是你，你能够想办法把一台打字机卖给一名农场主吗？"

卡耐基说："我无法保证，因为一名农场主也许并不需要打字机，如果是这样的话，我不能推销。"

卡耐基的回答让约翰·艾兰奇非常高兴，也许一个有技巧的推销员很容易找到，但是一个真诚可靠的人就很难得了。他当即就录取了卡耐基。

很多销售员都有自己的营销方法，他们确信自己能够将一台打字机卖给一位农场主，但是这仅仅是体现了他们的销售技巧，而不是他们坦诚和为人着想的态度。但卡耐基做到了，也因此获得了约翰·艾兰奇的赏识。

说话真诚的人，总能得到别人的信任。把你的真诚注入日常交流之中，把自己的心意传递给对方，当听者感受到你的诚意时，他才会打开心门，接收你讲的内容，彼此之间才能实现沟通和共鸣。

心理学家认为，人与人之间存在"互酬互动效应"，即你如果真诚对别人，别人也以同样的方式给予回报。

有位教员写了一本“思想政治工作方法”的书，出版社让他推销一千册。对他来说，这远比讲课要难得多。为了把书推销出去，他在学员中搞了一次演讲，他说：“……当老师的在这里推销自己写的书，总不免有些尴尬。不过，如今作者也很难，写了书，还得卖书。出版社一下压给我一千册，稿费一文没有，所以我不推销不行。这本书写得怎样，我自己不好评说。不过有两点可以保证：第一，这本书是我用三年时间完成的，是我心血的结晶；第二，书的内容绝不是东拼西凑抄下来的，是我自己长期思考的见解。前不久，这本书被思想政治工作研究会评为社科类图书的二等奖，这是获奖证书。说实话，对于我们这些教书匠来说，搞推销比写书还觉得难，只是硬着头皮来找大家帮忙。不过，买不买完全自愿，决不强迫。如果觉得这本书对你有用，你又有财力就买一本，算是帮我一个忙。谢谢。”他的这次演讲立即产生了效果，一次就卖掉了300多册。

这位教员不是专职推销员，但是他却获得了成功。从某种意义上说，他的成功就在于他恰到好处地表达了自己的真诚，赢得了听众的信赖。这再一次说明，在讲话中学会表达真诚要比单纯追求流畅和精彩更重要。

真诚是沟通心灵的最好方式，把话说到对方的心里，调动对方的感情让对方产生共鸣，这就达到了心灵沟通的效果。美国第16任总统林肯曾经有过一句名言：“你可以在所有的时候欺骗某些人，也可以在某些时候欺骗所有人，但你不可能在所有的时候欺骗所有的人。”这就是说，我们在与人交往的时候一定要真诚，如果说话只注重语言上的华丽而缺乏真情实感，那么，即使我们能暂时欺骗别人的耳朵，也永远无法欺骗别人的内心。所以说，我们要想打动对方，就必须先问问自己：我的心是真诚的吗？

简单一句“谢谢”，拉近人与人之间的距离

在任何一部汉语词典里，很少有词语一讲出就能立刻赢得一个人的好感。然而，“谢谢”这个词却有这个魔力。“谢谢！”这一深涵文明、礼仪的词语，让人欣喜，让人心仪，让人感动。对于他人的给予和帮助，我们送上一个笑容和一句真诚的发自内心的“谢谢”，这不仅是感谢别人的方式，更是促进人与人之间和谐的礼仪。

当年，顾雯还是山东省某实验中学高三的学生，参加了中国海洋大学首次自主招生考试。面试结束以后，顾雯走出考场。这时，两名门卫帮她拉开了大门。顾雯很自然地向门卫点头致意，并说了声“谢谢”。

这时候，中国海洋大学的教务处处长看到了这一幕。他走过来，对顾雯说：“你很有礼貌，在今天下午已经结束考试的80多个考生中，你是第一个向门卫说谢谢的考生。”后来，顾雯成功进入中国海洋大学，成为这里的一名学生。

原来，在面试当天，这个教务处长一直在考场外观察考生。看了半天，他发现，竟然没有一个考生对主动开门的门卫致意，或者说声“谢谢”。直到顾雯的出现，才让这位教务处长眼前一亮。

因为一句话，顾雯在关键时刻充分展示了良好的个人形象和修养。最终，她得到上帝之手的帮助，走向了成功。

世界上没有无缘无故的爱，也没有无缘无故的恨。成功看似偶然，却隐

藏着必然。一声“谢谢”，虽然微不足道，却体现了一个人的情商和素养，也许能够在关键时刻改变人的命运。在接受别人帮助时，道一声感谢，是对别人行为的一种肯定，同时也体现了一个人的教养。

一句“谢谢”，是对别人所付出劳动的一种肯定，是对别人所付出劳动的一种鼓励，更是对别人所付出劳动的一种最起码的尊重。虽然只是一个简简单单的词语，就足以让他人内心充满暖意，足以代表你的真诚。所以，我们要时刻怀着感恩的心，学会道谢，并让道谢成为一种习惯。

得到别人的帮助，一定要记得表达你的谢意。特别是领导对你的帮助。真诚地向他人表达你的谢意，是职场中的基本礼节。

小李毕业后在一家电脑公司做编程员，一天，小李在工作中遇到了一个难题，怎么也解不开，正在发愁之际，他的经理路过看见了，问明情况后经理一句提醒的话让小李一下子茅塞顿开，找到了思路，很快就顺利地完成了工作。为了向经理表示感谢，小李专程请经理吃饭，在饭桌上，他说：“经理，非常感谢您在那天的工作中对我的帮助！”

自此以后，小李和经理的关系变得比以前近了很多，小李也因此在工作中获得了很大的成绩和收益。

看到小李在这么短的时间里做出如此大的成绩，同事们都很羡慕，小李感触地说：“从小我的父亲就教育我要有一颗感恩的心，也正是感恩的心态改变了我的一生。我对周围任何人的点滴关怀和帮助都抱有一颗感恩的心，所以，在我工作中遇到困难的时候，大家都愿意帮我，这也正是我进步大的一个重要原因。”

无论你在哪一家公司工作，如果你能够对帮助和指导过你的领导说一声“谢谢”，他一定会在心里觉得你是个懂得感恩的人，这会有助于拉近你和领导之间的距离。反过来说，如果领导对你提供了帮助和指导，你却从未对他表达谢意，领导在心里会觉得你是个不懂得人情世故的人，有可能就会因此慢慢疏远你了。

“谢谢”是一种礼貌、一种习惯。说“谢谢”，反映了一个人的态度：感恩、谦卑。对帮助过你的人表示感谢，会让对方很受用，从而拉近你和对方之间的距离。

在一个小县城的一所中学开家长会，来了几十位家长。几个女同学负责接待。有些孩子，根本不懂接待是什么意思，她们只是把家长们迎进来，让座、倒茶。空下来的时候，就开始窃窃私语。交头接耳的女孩子们把眼光集中在了一个人身上。那是转学来的一位同学的母亲，来自北京。她的容貌并不漂亮，衣着和发式也并不显得很时髦，可是女孩子们用她们仅有的词汇得出了一个一致的结论：她最有风度。

其中的一个女孩子去给那位母亲倒水，回来时，脸颊红红的。她迫不及待地对自己的同学们说：“你们猜，我倒水时她对我说什么了？”不等同学们猜，她就说了出来：“她说，谢谢。”

女孩子们面面相觑。在她们这样的年纪，在她们这么偏远的小县城里，没有谁用过、听过“谢谢”这两个字。这是一个多么新鲜、温暖的词汇啊。

女孩子们开始争先恐后地去倒水，然后一个个脸红红地回来。轮到去倒水的女生甚至会有点儿心跳，她们总是害羞地走到那位“最有风度”的母亲面前，轻轻地加满水，红着脸听人家说一声“谢谢”。那个时候的她们，还不会说“不客气”。

那次家长会后，那个转学来的同学成为所有同学羡慕的对象。大家都认为，她拥有一个最最幸福的家庭。从那次家长会后，那些窃窃私语的女孩子们学会了一个极温暖的词汇：谢谢。

由此可见，学会说“谢谢”，善于表达感激，能帮你打造最佳形象、提升你的个人魅力，创造良好的人际关系。

学会说声“谢谢”，其实不难，不要觉得难为情，不要觉得谢谢起不了什么作用。学会说谢谢，将会成为你人生道路上的“润滑剂”，将会减少人际摩擦，滋润人际关系，有助成就事业。所以，对于不管什么人给予自己的哪怕是再微不足道的帮助和关怀，也不要忘记说声“谢谢”。

不过，我们在表达这种“谢谢”的时候，感情应该是发自内心的。要做到这一点，需要注意以下几点：

1．大声说出感谢

当你对他人说“谢谢”时，切勿不好意思，以极小的声音说。因为这么一来，对方会以为：他为你做的事是不值得感谢的，你只是在情面上敷衍他，随口说一声谢谢而已，这样也就达不到拉近你和对方之间距离的目的了。因而，当你想“谢谢”对方时，必须清晰愉快地说出来。

2．表达感谢时要直视对方

专家说，在互相注视的时候，交流通常比较容易进行。所以，表达你的感激的时候，最好是专注地注视对方，这样你的话才显得是出于真心，你的感情才显得真挚。

3．要有具体所指

在说谢谢的时候，一定要具体说出对方在哪一方面帮助了你。如：“我真的非常感谢您为我介绍了不少客户。”

总之，当别人给予你帮助之后，千万不要吝惜“谢谢”这两个最温馨的字眼，从心底说出来，这种温馨便会印刻在对方的心底，从而起到促进沟通、拉近距离的作用。

主动道歉不输面子，还会赢得人心

每个人都难免犯错误，与人交往更是难免不说错话。如果你的言行出现了错误，给他人带来了精神上的巨大痛苦和经济上的巨大损失，你就应及时地向对方承认错误，真心道歉，以求得对方的谅解和宽恕。固执己见，从不认错道歉的人，很难在社会交往中受到尊重，更不会有真心的朋友，甚至有时还会受到道德舆论上的谴责和人格、形象上的损害。

在飞机起飞前一位乘客因吃药向空姐要一杯水，空姐承诺在飞机进入平稳飞行状态后会立刻把水送过来。但是飞机进入平稳飞行状态后很长一段时间里，空姐还没有把水送来，那位乘客再次按响了服务铃。一听到铃响，空姐立刻意识到自己工作的失误，便很快地端着一杯水来到那位乘客面前，微笑着向乘客道歉："先生，实在对不起，由于我的疏忽，延误了您吃药的时间，我感到非常抱歉。"但这位乘客并没有接受她的解释，并拿定主意要投诉这位服务员。

事后，为弥补自己的过失，这位空姐每次去客舱给乘客服务时，都会真诚地对这位乘客说一句"对不起"，而且始终面带微笑地询问他是否需要水或其他服务，这位乘客都没有理睬。飞机到达目的地之前，那位乘客要求空姐把意见登记簿给他送过去，空姐以为他会投诉她，但当所有乘客离开后，她打开一看发现那位乘客这样写道："在整个过程中，你表现出的真诚的歉意，特别是你的微笑和'对不起'，深深打动了我，使我最终决定将投诉信写成表扬信！你的服务质量很高，下次如果有机会，我还将乘坐你们的这趟航班。”

据这位乘客说，在空姐第二次向他道歉时，他认为这是应该的，没有什么特别的感觉；但在服务员第三次向他道歉时，他投诉的念头有点动摇了，开始想原谅这个空姐工作中的疏忽；在空姐第四次向他道歉时，他已经彻底原谅了她；在空姐第五次向他说“对不起”时，他开始怀疑自己先前要投诉的想法是不是有点太过分了。所以最后在下飞机之前，这位乘客在意见登记簿上表扬了那个服务员的“优质”服务。

学会道歉是一种礼貌，也是一个重要的社会技能。生活中，做错了事就要道歉，这是理所应当的事情，任何人都不例外。美国公关专家苏珊亚各贝曾说：“学会道歉是一个重要的社会技能，真诚的道歉将会使人们感受到人与人之间最美好的情感。”

但在现实生活中，却有一些人不愿放下面子主动去道歉，有可能是受了传统观念的影响，也可能是对道歉的理解存在误区，而最主要的原因，可能是不少人从小就没有建立起向别人道歉的习惯。

闹哄哄的早市上，一个妇女正在路边的肉摊前买肉，突然有一辆电动车失去控制，冲到妇女身边，将她撞倒在地上。这时电动车停了下来，车上的青年笑着跟旁边一个认识的摊主说道：“这车，不听使唤了，呵呵。”说完，青年推起电动车就要离开。妇女摇摇晃晃地站起来，一看这个情景顿时觉得很生气，一把抓住了电动车的把手，对青年喊道：“你这人怎么这么没礼貌，撞了人就想走？”青年看着妇女，说道：“那你想怎么样呢？我看你也没事啊！”妇女更加生气了：“什么叫我想怎么样？你撞了人，都没有看一眼、问一声，就要急着走，这种行为说得过去吗？”两人越吵越凶，青年说什么也不肯道歉，妇女则一直拦着电动车不让其离开。

在人多的地方磕碰一下是难免的事情，甚至可以说是芝麻小事，两人互相致歉一下就过去了，很多人就是因为不肯先松口，才将事态扩大化，给自己和他人造成不良的影响。可见，很多大的矛盾其实都是由鸡毛蒜皮的小事累积、升级而来的，如果平日能够在自己做错的时候多说几句“对不起”，那么就能将小的矛盾及时化解，而不至于越积越深，最后酿成大祸。所以，当做错事情的时候，一定要学会道歉。如果我们每个人都能做到犯错后及时承认并道歉，不必要的矛盾、纠纷就会大大减少，整个社会的人际关系也会和谐很多。

2003年，日本丰田汽车公司在中国媒体投放了两则广告。其一是“霸道”广告：一辆“霸道”汽车停在两只石狮子之前，一只石狮子抬起右爪做敬礼状，另一只石狮子向下俯首，背景为高楼大厦，配图广告语为“霸道，你不得不尊敬”；其二为“丰田陆地巡洋舰”广告：画面上，一辆“巡洋舰”汽车在雪山高原上以钢索拖拉一辆绿色国产大卡车。

这两则看似平常的广告一时之间激起轩然大波，很多中国网民认为狮子是中国的图腾，有代表中国之意，而绿色卡车则代表中国的军车，因此丰田公司的两则广告是对中国人的侮辱，伤害了中国人民的感情。

面对“问题广告”，丰田方面很快做出正式回应，对这两则广告引起的误解和不满情绪表示诚挚的歉意。一汽丰田总经理古谷俊男在面向新闻界的道歉会上不住地鞠躬致歉：“这完全是我们工作不周造成的，非常对不起。”同时，丰田立即停止了这两则广告的刊发，并就此事向工商部门递交了书面解释，在更大范围内积极主动地寻求问题解决的途径。刊登“丰田霸道”广告的《汽车之友》杂志也率先在网上公开刊登了一封致读者的致歉信。

丰田公司及时而真诚的道歉取得了中国媒体和公众的谅解，使得一场危机很快消弭于无形。在此次事件中也展现出了丰田公司卓越的危机公关能力，在致歉的同时适时地表达了自己的主观无过错性，说明错误的产生并非故意，但确实是由自己的疏忽使得公众产生了“理解歧义”，因此必须道歉，同时将采取相应措施，坚决杜绝类似事件的发生。这样的道歉也体现了丰田公司的责任感和希望弥补错误的诚意，因而才能够在最短的时间取得消费者的谅解和信任。

知错就改，敢于道歉，才会赢得别人的尊重。本杰明·狄斯拉里说：“世上最难做的一件事，便是承认自己错了。要解决这种情况，除了坦白承认错误，没有更好的办法。”倘若你发现自己错了，不及时向别人道歉，甚至千方百计找借口为自己辩解，会让事情变得更糟。这时，你不仅得不到别人的谅解，相反，还会受到道德上的谴责和人格、形象上的损害，甚至激化你和别人之间的矛盾，让你成为众矢之的。因此，任何人都不能小看了道歉的作用。

但是，道歉不仅仅只是说句“对不起”，如果道歉的方式欠妥，反而会错上加错，甚至会造成不堪设想的严重后果。所以，我们必须掌握道歉的艺术，因人、因事解决问题，化解矛盾。

1．实话实说

当错误发生的时候，当事人应态度端正地向对方承认错误，并做出郑重的道歉，令对方能将怒气渐渐平息下来。然后可以再从客观条件分析，向对方说明自己出现错误的原因，并阐述自己的实际困难。一般情况下，对方都会理解你的难处，原谅你的过失。

2．道歉要抓住时机

道歉要善于把握适当的时机，应选在对方心平气和、心情较好的时候。这时，他更容易接受我们的道歉。当然，时间宜早不宜迟。最好不要拖延时间，要马上道歉，越早越好。如果错过时机再道歉，不仅难以启齿，而且会让听者认为你没有诚意，失去应有的效果。

3．道歉要有诚意

只有态度诚恳，人们才会接受你的道歉。如果你只是迫不得已，敷衍了事，那么道歉就不会起到好的效果。所以向对方表示歉意时要有诚意，当你道歉之后，对方的怒气或怨气肯定还没有完全消除，这时，你要耐心倾听对方的诉说，让对方重复发泄内心的不满。从不满到谅解总需要一个过程，切不可操之过急。如果你耐不住性子地说一句："我都道歉了，他还没完没了，那就是活该！"这样不仅会前功尽弃，还会重新激化矛盾。

4．道歉要堂堂正正，不能躲躲闪闪

道歉是一种光明正大的事情，所以没必要躲躲闪闪，羞羞答答。但是也没必要夸大其词，一味往自己脸上抹黑，这样别人不仅感受不到你的真诚，反而会觉得你很虚伪。

5．先通过第三者转达歉意

当对方正处在火头上，好话歹话都听不进时，最好先通过第三者转达歉意，待对方火气平息之后，再当面道歉。如双方僵持不下，势必两败俱伤。如一方先主动表示歉意，就有可能打破僵局，化紧张为和谐，乃至化"敌"为友。

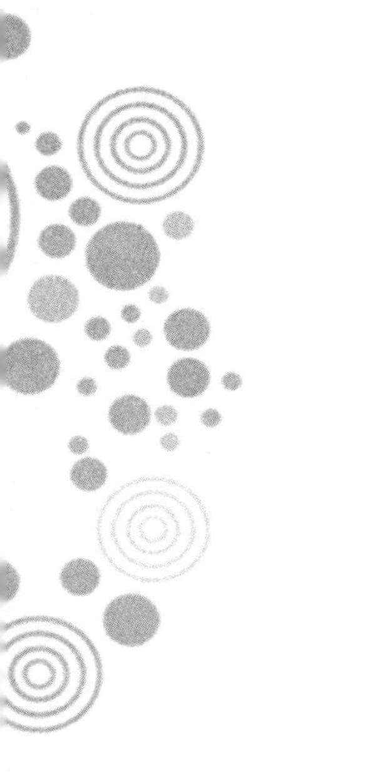

第三章　言谈有道，
情商高的人说话有技巧

看人说话，到什么山唱什么歌

俗话说得好："见什么人说什么话。"情商高的人说话因人而异，会察言观色。这是说话的一个技巧，也是一个原则。有一则笑话，颇能说明这一点。

说是某人擅长奉承，一日请客，客人到齐后，他挨个问人家是怎么来的。第一位是坐出租车来的，他大拇指一竖："潇洒，潇洒！"第二位是个领导，说是亲自开车来的，他惊叹道："时髦，时髦！"第三位显得不好意思，说是骑自行车来的，他拍着人家的肩头连声称赞："廉洁，廉洁！"第四位没权也没势，自行车也丢了，说是走着来的，他也面露羡慕："健康，健康！"第五位见他捧技高超，想难一难他，说是爬着来的，他击掌叫好："稳当，稳当！"

看完这则笑话，不知你是否悟出了一点"见人说人话，见鬼说鬼话"的奥妙之所在。

生活中，人是各种各样的，他们的心理特点、脾气秉性、语言习惯也各不相同，由于这个缘故，就决定了他们对语言信息的要求是不同的。所以，在与人交谈时，情商高的人不会用一种说话方式来交流。与不同的对象谈话，就要采用不同的谈话方式，"见什么人说什么话，到什么山头唱什么歌"。

一天，孔子带着他的几名学生出外讲学、游览，一路上十分辛苦。这天，孔子一行人来到一个村庄，他们在一片树荫下休息，正准备吃点干粮、喝点水，不料，孔子的马挣脱了缰绳，跑到庄稼地里去啃人家的麦苗。一个农夫上前抓住马嚼子，将马扣下了。

子贡是孔子最得意的学生之一，一贯能言善辩。他凭着不凡的口才，自告奋勇地上前去企图说服那个农夫，争取和解。可是，他说话文绉绉，满口之乎者也，天上地下，将大道理讲了一串又一串，尽管费尽口舌，可农夫就是听不进去。

有一位刚刚跟随孔子不久的新学生，论学识、才干远不如子贡。当他看到子贡与农夫僵持不下的情景时，便对孔子说："老师，请让我去试试看。"

于是他走到农夫面前，笑着对农夫说："你并不是在遥远的东海种田，我们也不是在遥远的西海耕地，我们彼此靠得很近，相隔不远，我的马怎么可能不吃你的庄稼呢？再说了，说不定哪天你的牛也会吃掉我的庄稼哩，你说是不是？我们该彼此谅解才是。"

农夫听了这番话，觉得很在理，便没有了责怪的意思，于是将马还给了孔子。旁边几个农夫也互相议论说："像这样说话才算有口才，哪像刚才那个人，说话不中听。"

可见，说话要看对象，否则，你再能言善辩，别人不买你的账也是白搭。说话要看对象，即要针对不同的人，说不同的话，这样才能有利于创造一种和谐、融洽的气氛。

所谓"射箭要看靶子，弹琴要看听众"。生活中，每个人的身份、职业、经历、文化教养、思想、性格、处境、心情等都不相同，情商高的人要针对不同对象和对象的不同情况，采取不同的策略，用不同的言语表达，这样才能达到有效的说话的目的。

《世说新语》中有这样一个故事：

有个叫许允的人在吏部做官，提拔了很多同乡人。魏明帝察觉之后，便派人去抓他。他的妻子在他即将被带走时，赶出来告诫他说："明主可以理夺，难以情求。"让他向皇帝申明道理，而不要寄希望于哀情求饶。因为，依皇帝的身份地位是不可能随便以情断事的，皇帝以国为大，以公为重，只有以理断事和以理说话，才能维护好国家利益和作为一国之主的身份地位。

于是，当魏明帝审讯许允的时候，许允直率地回答说："陛下规定的用人原则是'唯贤是举'，我的同乡我最了解，请陛下考察他们是否合格，如果不称职，臣愿处罚。"魏明帝派人考察许允提拔的同乡，他们倒都很称职，于是将许允释放了，还赏了他一套新衣服。

说话要考虑对方的身份地位，许允提拔同乡，根据的是朝廷制定的荐举制度。不管此举妥不妥当，它都合乎皇帝在其身份地位上所认可的"理"。许允的妻子深知跟皇帝难于求情，却可以"理"相争，于是叮嘱许允以"举尔所知"和用人称职之"理"，来规避提拔同乡、结党营私之嫌。这可以说是善于根据说话对象的身份地位选择说话方式的绝好例子。

著名语言学家吕叔湘曾说："此时此地对此人说此事，这样的说法最好；对另外的人，就应该用另一种说法。"可见，与人交谈不仅要注意场合，更要注意谈话的对象。人的性别、年龄、民族、文化程度和生活经历有所不同，所能接受的说话方式和能理解的说话内容也是有差别的，因此，我们在说话时，如果已经知道对方的一些信息，就要尽可能地采用对方能够接受的说话方式，谈论对方感兴趣的话题。

全国人口普查时，一个青年普查员向一位70多岁的老太太询问"有配偶吗？"老人愣了半天，然后反问"什么配偶？"普查员又解释：

“就是你丈夫。”老太太这才明白。

这位普查员说话不看对象，难怪会闹笑话。所以，欲收到理想的表达效果，就应当看对象的身份说话，对什么人，说什么话。如果不看身份说话，人们听起来就会觉得别扭，甚至产生反感，那势必要影响交际效果。

说话要看对象，语言要灵活多变，要注意同对方的互动性，这样才能做到心灵上的沟通。战国时期著名的纵横家鬼谷子曾经精辟地总结与各种各样的人谈话的方法：“与智者言依于博，与博者言依于辩，与辩者言依于事，与贵者言依于势，与富者言依于豪，与贫者言依于利，与战者言依于谦，与勇者言依于敢，与愚者言依于锐。说人主者，必与之言奇，说人臣者，必与之言私。”因此，在与人交谈时，一定要对其情况作客观的了解。只有知己知彼才能针对不同的对手，采取不同的说话技巧。

针对不同的对象谈话应考虑以下几个方面：

（1）性别差异。对男性需要采取较强有力的劝说语言，对女性则可以温和一些。

（2）年龄差异。对年轻人应采取煽动的语言；对中年人应讲明利害，让他们斟酌；对老年人应以商量的口吻，尽量表示尊重的态度。

（3）地域差异。生活在不同地域的人也应有差别。如：对北方人，可采用粗犷的态度；对南方人，则应细腻一些。

（4）职业差异。要运用与对方所掌握的专业知识关联较紧密的语言与之交谈，对方对你的信任感就会大大增强。

（5）性格差异。若对方性格豪爽，便可单刀直入；若对方性格迟缓，则要“慢工出细活”；若对方生性多疑，切忌处处表白，应不动声色，使其疑惑自消等等。

（6）文化程度差异。一般来说，对文化程度低的人采用的方法应简单明确，多使用一些具体数字和例子；对文化程度高的人，则可采用抽象说理的方法。

（7）兴趣爱好差异。凡是有兴趣爱好的人，当你谈起有关他的爱好这方面的事情来，对方都会兴味盎然，同时对你无形中也会产生好感，为你与之建立关系打下良好的基础。

总之，话是说给别人听的，至于说得好不好，是否有口才，不仅要看话语能否适当地表达自己的思想感情，也要看别人能不能理解并乐于接受。如果你说的话别人听不懂，或者别人根本就不乐于听，那么这样的谈话还有什么意义呢？所以与人交谈之前，还是见什么人说什么话的好。

投其所好，谈对方感兴趣的事

在人际交往中，我们怎样做才最能打动人心呢？最佳的方法莫过于投其所好了。谈论对方感兴趣的事物，他会认为我们是一个善解人意的人，从而对我们产生好感。著名口才大师卡耐基说："即使你喜欢吃香蕉、三明治，但是你不能用这些东西去钓鱼，因为鱼并不喜欢它们。你想钓到鱼，必须下鱼饵才行。"情商高的人在与他人说话的时候，懂得迎合别人的嗜好，这样能让对方感觉到受重视、受尊重。

投其所好是说话的一个技巧。通过谈论对方感兴趣的话题，是为了与对方找到共同话题，为自己后来要说的话做铺垫。只要双方有话可谈，再不失时机地进行适当的赞美，就会对你产生好感。

刘海跟自己的同学合伙开了一家建筑公司。有一天，他通过熟人介绍认识了当地一家大公司的董事长赵某。赵某那时正要找公司承建两栋办公大楼，有很多建筑公司在暗中竞争，而刘海也很想抓住这个机会。

于是，刘海通过方方面面的渠道打听，知道赵某出身书香门第，儒雅清高，酷爱书画和古玩，便想出了一个计划。

刘海特地到新华书店买回一大堆关于书画和古玩方面的书籍，闭门苦读、刻苦钻研起来。过了一段时间，他俨然就像博古通今、学贯中西的书画艺术家了。之后，他又到古玩市场买回几件瓷器、陶壶和几幅名家书画，陈列于公司办公室。

一天，刘海邀请赵某来公司参观、指导，赵某一进大门就被挂在墙上的字画所吸引——一幅是郑板桥的书法，一幅是金农的画。赵某看了好一阵后，惊喜不已地说："刘总，你也喜欢'扬州八怪'的作品？"

刘海说："哈哈，那是几年前我一个朋友送的，我非常喜欢。清代中期，一个弹丸之地的扬州，居然出现金农、郑板桥、李鳝、黄慎、李方膺、汪士慎、罗聘和高翔八位大家，真是奇迹，前无古人后无来者啊。"

赵某见遇到了知音，说："他们当中，我更喜欢板桥和金农的作品，他们以极端的方式标新立异，冲破传统流派的清规戒律，拓宽了表现主义的意境，不仅有深刻的思想，而且有鲜明的个性和浓烈的情调。金农的书画继承了杨无咎、王冕、陈宪章的传统，又自成一家，更加古拙简奇。板桥多画兰，也善画竹，尤擅长画风竹，笔墨浑厚飞动，风格狂倔恣肆；他更精书法，曾创'六分半书'，名著一时。他也是官场中人，曾经当过县太爷，后来觉得官场险恶便专事书画了。你看这幅字，运笔潇洒自如，笔意沉雄稳健，结构舒展多姿，显得凝重而飘逸，富有力感和质感，具有一种超凡脱俗、大拙大雅的境界。"

"是啊。"刘海不停地附和着，气氛非常活跃。

最后，刘海跟赵某提到了承建办公楼的事，赵某说："你我是知音，我自然会考虑你，放心吧！"

由此可见，投其所好，谈论别人感兴趣的话题，常常可以把两个人的情感紧紧地连在一起，而且还是打破僵局，缩短交往距离的良策。

在与人交谈的时候，聪明的人会找对方感兴趣的事或物交谈，使谈话的气氛友好而和谐，而愚蠢的人则对自己感兴趣的事情或自己的爱好大肆吹嘘，使对方感觉到谈话乏味无聊，当然不同的谈话形式带来的结果也不会相同。

曾经拜访过罗斯福的人，都会惊叹他的博学。不论你是什么职业、什么阶层的人，他都能针对你的特长侃侃而谈。其实这个道理很简单，当罗斯福知道访客的特殊兴趣后，他会预先研读这方面的资料以作为话题。因为罗斯福知道，打动人心的最佳方法，就是谈论对方所感兴趣的事情。

李林在推销策划案这一方面特别厉害，一般只要他认为是好的策划案，他总能找尽各种办法来说服对方公司的领导接受他的策划案。但这一次，他却碰到钉子了。对方公司新换了领导，新来的经理是一个比较冷硬死板的人，每次李林满怀期待地打电话过去询问他是否需要这个策划案时，得到的总是冷漠的拒绝。

不过李林没有放弃，他想总有办法能打动经理。既然靠策划案本身的优势无法推销出去，那么就只能从这个经理身上下手了。李林把这个经理的行程打探清楚，发现他经常参加书法活动，是书法协会的会员，因为书法了得，还当选为书法协会的主席。为此李林开始了解书法方面的知识。

在一次书法展览会上，李林看到那位经理正在专心致志地看一幅书法作品，便走到他旁边说："这幅作品笔触苍劲，挥洒自如，一勾一划之间都充满无穷韵味。"经理转身看了看，原来是之前一直来找他推销策划案的李林。

经理一脸惊奇："你对书法也有研究？"

李林谦卑地笑笑，说道："没什么研究，只是平时没事喜欢看看而已。"

于是，两人开始谈论展会上的书法作品，再接着聊到书法协会的事情。没想到一向沉默寡言的经理，聊起书法来居然滔滔不绝。两人聊了好久，感觉都意犹未尽。那天李林一句有关策划案的话都没提。

可是第二天他就接到对方公司的工作人员打来的电话，让他把策划案的详细资料送过去。李林的策划案本来就做得不错，加上经理在书法展览会上和他聊得很投机，所以李林很快收到了对方公司的答复，经理接受了李林的策划案。李林听到这个消息，高兴地笑了，自己花了这么长时间来研究经理的兴趣，现在总算有收获了，自己的努力总算没有白费。

一次谈话，不仅谈成了生意，而且拓展了潜在的业务。上例中李林的成功之处就在于发现了对方的兴趣爱好，找到了与领导说话的共鸣点。所以说，要使对方喜欢你，原则上是要拿对方感兴趣之事当话题，让他感觉到自己的重要。在满足对方的自尊心之后，很多事情都迎刃而解了。

古人说："话不投机半句多"，只要抓住了对方的兴趣，投其所好，不仅不会"半句多"，而且会千句万句也嫌少，越谈越投机，越谈越相好。美国纽约银行家杜威先生说道："我仔细研究过有关人际关系的丛书，发现必须改变策略，我决定去找出这个人的兴趣，想办法激起他的热忱。"所以，如果你希望别人喜欢你，就要抓住其中的诀窍：了解对方的兴趣，针对他所喜欢的话题与他聊天。

克理斯是美国一家煤炭商店的推销员。这家商店虽然生意不错，但相邻的那家规模庞大的连锁商店，宁愿跑远路到别的煤炭商店去买煤，也不愿从克理斯的店中进煤。这一情况，使克理斯百思不得其解，每当他看到连锁商店的运输卡车，拉着从别家店中购买的煤炭从自己的店门口飞奔而过时，心中便泛起一种说不出来的滋味和苦恼。"这样下去不行！连紧邻的关系都打不通，我怎能算得一个推销人员！"于是，克理斯暗下决心，要在这家连锁商店推销出自己的煤炭。

一天上午，克理斯彬彬有礼地出现在连锁商店总经理的办公室里。“尊敬的总经理先生，”克理斯说道，“今天来打搅您并不是为了向您推销我店的煤炭，而是有一件事想请您帮忙：最近我们打算以‘连锁商店的普及化将对我国产生的影响’为题，开一个讨论会，我将要在会上发言。你知道，我在这方面是个外行。因此，我想向您请教关于这方面的一些知识和情况。因为除了您，我再也找不到其他比您更合适、能给我以指点的人了。我想您绝对不会拒绝我的请求吧！”

结果如何呢？事后，克理斯这样说道：“本来，我和这位经理约定，只打扰他几分钟。这样，他才同意接待我。结果，我们谈了将近三个小时。这位经理不仅谈了他本人经营连锁商店的经过，他对连锁商店在国家商业中的地位与作用的认识，而且还吩咐一位曾写过一本关于连锁商店的小册子的部下，送给我一本他写的书；他又亲自打电话给全美连锁商店工会，请他们给我寄一份有关这个问题的讨论记录稿副本。谈话结束，我起身告辞，这位经理笑容满面地把我送出来。他祝我在讨论会上的发言能赢得听众，又再三叮嘱我一定要将讨论会的详情告诉他。临别时，他对我说的最后一句话是‘有空请你再来找我。从春季开始，我想本店的用煤由贵店来提供，不知行不行？’”

经理觉得遇到了能够理解自己的知音，一个长时间没能解开的死结，被克理斯用两三小时的谈话解开了。克理斯在与经理的谈话中，没有选择别的内容，单单挑选连锁商店这个话题，这是由于他看准了连锁商店的经理出于职业习惯，肯定会对连锁商店这一问题感兴趣。克理斯投其所好谈起相关问题。不出所料，经理一听到这个话题，顿时谈兴大发，双方竟交谈了两个多小时。双方的芥蒂也在不知不觉中冰释瓦解了，克理斯也达到了自己的目的。

每个人都有自己在意或者热衷的事情。在日常沟通中，如果能够找到对方的兴趣、爱好，然后巧妙地投其所好，很快就会让双方的关系变得和谐起来！

一个人若想赢得他人的赞许，打动他人的心，最佳的方式是投其所好，即迎合他人的兴趣。这就要求我们必须首先了解他人。

了解他人，主要是了解对方的价值取向和兴趣点，就是了解对方对什么事情最关心、最有兴趣。一件事对某个人来说很重要，但对另一个人来说却未必重要，也许是小事一桩，甚至不值一提。如果你不了解对方的兴趣点，只顾自己自说自话，根本就引不起他的兴致，这就起不到沟通的作用。所以，你一定要了解他人的兴趣点，必须把对方认为重要的事情摆在如同他对你一样重要的位置。你关心他的兴趣所在，这体现出你对他的了解和理解。

每个人都有自己感兴趣的事物或话题，所以，与人沟通的诀窍就是：迎合对方的兴趣说话。一旦你能找到其兴趣所在，并以此为突破口，那你的话就不愁说不到他的心坎儿上。

换位思考可以使沟通更顺畅

与人沟通是一门艺术。在沟通的过程中，适当地运用换位思考，可以使沟通更顺畅，更容易达到沟通的目的。

换位思考在人际沟通上是非常重要的，因为不了解对方的立场、感受及想法，我们无法正确地思考与回应。换位思考到底是什么呢？其实就是“理解”别人的想法、感受，从对方的立场来看事情。对此，美国前总统林肯曾这样说：“我会用三分之一的时间来思考自己以及要说的话，花三分之二的时间来思考对方以及他会说什么话。”

现实生活中，每个人在社会上都扮演着一定的角色，在交际过程中，人们都是以具体角色出现的。由于长期习惯于从自己角色出发来看待自己和别人的行为，就使认识带有不同程度的片面性。例如，顾客认为营业员都不尽职责，营业员却觉得顾客总是在找麻烦；做领导的觉得下属不服从管理；做下属的觉得上级不了解实际情况……因为角色不同，人际间总是发生冲突，不能相互理解，造成沟通障碍。

如果你要想克服这种沟通障碍，就要进行换位思考，即设身处地为对方着想，假使自己处在对方的位置上会做何感想，这样，就会通情达理地谅解对方的行为和态度。

迈克毕业于美国南部一所著名大学的商学院。刚毕业时，迈克意气风发、踌躇满志，立志要干一番事业，做成功人士。可刚工作三个月，他就觉得自己已经无法在现在的公司生存下去了，决心辞职。这件事情被他的好朋友杰夫知道了。

“你们公司很有名气，我觉得你在公司的发展空间很大，为什么一定要辞职呢？”杰夫问道。

“我们部门的同事都是小心眼，个个鼠目寸光。所有的同事都看我不顺眼，处处跟我过不去。最重要的是，经理是个无能之辈，在他手下，我没有出头之日，迟早要被废掉！我已经忍无可忍了，要是不辞职的话，迟早要崩溃。”迈克愤愤地说。

“为什么这么说呢？”杰夫问。

“经理总是把活都给大家，自己什么都不干，你说他有什么本事？同事总是给我很多的活，这明明是欺负我嘛！还有，他们老是嘲笑我，你说，我能不辞职吗？我要是再干下去，要不了多久就会崩溃！”迈克说。

“如果你是经理，你会怎么做呢？”杰夫说。

“我不知道，我也没必要知道，我又不是经理，”迈克说。

“从商学院毕业，你应该明白，作为管理者，他的主要任务不是冲锋到一线去，而是要解决下属工作中的困难，为本部门争取到更多的资源。他要像其他人一样什么都干，那么，他就不是管理者了，他变成了员工。这是经理所扮演的角色决定的，”杰夫说。

“可是，他总不能什么事情都让我们干吧？”迈克语气虽然有些缓和，但还是一脸的不服。“那你说他每天都是干些什么？是喝茶、看报纸、聊天吗？我想不是。你得站在他的位置上想想，为了协调部门内部的工作，他需要做些什么；为了协调部门间的工作，他又需要做些什么；为了解决下属遇到的问题，他需要采取什么措施；还有，他还要预测工作中将会出现的问题，这些都是他的职责，他怎么能啥都没干呢？”杰夫反问道。

迈克开始沉默。慢慢地，他意识到了自己的错误，坦诚地对杰夫说：“谢谢你，杰夫，我决定继续在这个公司做下去！”

换位思考是人与人之间的一种心理体验过程，当人们做到将心比心，设身处地为他人着想的时候，那么就可以避免抱怨情绪的恶性循环。换位思考是人类经过长期博弈、付出惨痛代价后总结出的黄金法则。当人们学会站在对方的立场上体验和思考问题，与对方在思想上进行沟通，那么我们就能够学会理解他人，宽容他人，遇事化干戈为玉帛，化消极为希望。

其实，人的认识难免受到主观认识等诸多条件的限制，如果不能冲破这些条条框框的限制，就很难得到正确的认识。以“换位思考”的方式与人进行沟通就可以帮助我们在一定范围和条件下克服这种局限性，即跳出原有的认识圈子，站到对方角度和立场上去观察、体会和分析问题，从而转变原有不正确的认识。

李楠到公司上班的第一天，同事们就争着向她介绍主管的各种毛病，让她在还没见到主管之前，主观上就已经受到了同事的影响。

果然，主管在上班后半个小时才出现，并让李楠去他的办公室。当李楠忐忑不安地来到主管的办公室之后，主管只是简单地交代了一下李楠的工作内容，不过在李楠已经形成的坏印象的影响下，主管的每一个字听起来都非常严肃、可怕。在以后的很长一段时间里，李楠一直小心翼翼地工作，生怕自己一不小心得罪了这位喜怒无常的主管。

有一天下班时，李楠发现自己的车出了毛病，刚好碰到正要离开公司的主管。主管主动上前邀请李楠搭自己的便车回去。两人在车上的简单交谈改变了李楠对主管的看法。原来，主管每天迟到半小时是因为要先到总部去了解一天的工作计划。而他的冷酷，是因为这个部门有好多年轻人，有时候说话不得不严肃一点。最后主管问李楠："如果你是主管，你会怎样做呢？"

李楠仔细地想想，最后她笑了。自己如果做主管，可能会得到比他更糟糕的评价。

从这件事之后，不管是什么事情，李楠都学会了先从对方的角度着想。结果发现原来很糟的事情也变得可以理解了，李楠也因为善解人意获得了同事和主管的友善与信任。

换位思考的前提是相互理解，只有在理解对方的基础上，才能更好地掌握其思路。在与人沟通的过程中，如果你能恰当地运用换位思考的技巧，许多问题就可以迎刃而解了。

世上任何事物都是相对的，站在一个角度看是一种感觉，换一个角度就会变成另外一种感觉。因此在人际交往中我们不能过于片面地看待问题，尤其不能只站在自己的角度看问题，而应调整好自己的参照点和观察点，多站在对方的立场上进行观察，以便形成良好的感觉和积极的心态，得出更具体全面的结论，这样你就会得到更多的启迪和智慧。

说话不能只用嘴，肢体语言也可以达意

在日常的生活中，为了进行有效的交流和沟通，我们一定要注意用一些身体语言帮助交流，否则，就算你口头已传达了正确的信息，也无法将自己所要传达的信息全部准确送出。

沟通不仅指语言上的沟通，还包括肢体上的沟通。所谓肢体语言又称身体语言，是指经由身体的各种动作来传达人物的思想，从而代替语言以达到表情达意的沟通目的。它是一种双向的表达和沟通方式。恰当得体地运用表情和肢体，能够配合语言表达人们的思想、感情和态度。

国际肢体语言专家阿尔伯特·麦拉宾有这样的研究结论，人在彼此交流中，一条信息产生的全部影响力有7%来自语言（仅指文字），38%来自声音（包括语音、音调等），而55%来自无声的身体语言。有专家还有这样的观点：话语（指文字）的主要作用是传递信息，而身体语言左右着人与人之间思想的沟通。

在某些情况下，肢体语言甚至可以取代话语的位置，发挥传递信息的功效。美国作家威廉姆·丹福思曾有这样一段描述："当我经过一个昂首、收下颚、放平肩膀、收腹的人面前时，他对于我来说，是一个激励，我也会不由自主地站直。"这段话道出了身体语言对他人产生微妙影响的玄机。即便在你沉默不语的时刻，你的姿态、神情，已经在无声地告诉人们你是谁，并且一定程度地决定了人们将如何对待你。肢体语言成为我们不得不学习和掌握的一种沟通方式。

在中国历史上，毛泽东无疑是一位领袖级人物，他丰富的肢体语言无时

无刻不吸引和影响着人们。

1927年的一天，毛泽东带领的部队遭到了武装袭击而被打散了，最初收集到的部队只有40多人，情况非常糟糕。大家又饥又饿，无精打采，稀稀落落地散坐在地上。由于炊事担子跑丢了，大家只能从竹箩里用手抓饭吃。毛主席一吃完，立刻站起身来，朝中间空地上走几步，双脚并拢，身体笔挺，精神抖擞地对大家说："现在来站队！我站第一名，请曾连长喊口令！"这种坚强镇定的精神，立刻强烈地感染了战士们，提着枪站起来，向排头看齐。

1944年8月，美军观察组组长戴维·包瑞德上校访问延安。在《美军观察组在延安》一书中回忆了他听毛主席演讲时的所见所感："他总是神态自如。当他清楚地、有效地提出他的观点时，他并不咆哮如雷，也没有看天空、敲桌子等不自然的表情。他引用的幽默辛辣的民间谚语，不时引起听众一阵阵大笑。如果有过一位演讲家通过手势吸引他的听众，那么他正是毛泽东。"

从上面的事例可以看出，通过身体语言的合理利用，因势利导，能够更好地影响和带动他人。在人际交往中，如果你想增强个人气场，提高口才能力，其关键就取决于你能不能运用恰当、自信的肢体语言，包括恰当的站姿、立姿、坐姿、体态、手的姿势、表情和语调。

李主任在某公司人事部工作，因为工作需要经常要找下属谈话，本想借此机会多了解一些员工的情况和思想动态，可下属好像都不愿意敞开心扉，每次谈话总是草草收场，就连平时下属也不太愿意和他交流。为此，李主任常常很委屈地说："其实我很注意和下级的交往，从来不打'官腔'，力争平等地对待每一个下属，也很愿意和下级沟通思想，可是为什么大家对我还是有这么强烈的生疏感呢？"

事出必有因。原来，正如李主任自己所说的那样，对来谈工作的部属，无论职务的高低，他都是热情接待，可是当开始交流的时候，李主任就显得有点“心不在焉”了，下级汇报工作的时候，李主任很少把目光投向下属，虽然也在认真地听，可手边总是“不闲着”，一会批批文件，一会看看电脑，有时下属的话还没有说完，李主任就会打断，表明下属的意思他已经明白了。于是，和他谈工作的下属的反应也是“言简意赅”地把事情说完，就匆匆离去。

看来，能否恰当地运用身体语言是沟通的关键。在日常的生活中，如果你善于运用身体语言，就能把你的尊重、理解、支持和关爱无声地传递出去，收到意想不到的效果。反之，则会造成沟通的障碍。所以，在与人交谈时，为了更加接近彼此之间的距离，我们有必要了解和运用肢体语言在沟通中的作用。

1. 目光与表情

眼睛是心灵的窗户，是透露一个人心灵最好的途径。一切喜怒哀乐都可以从一个人的眼中流露出来。我们经常说“眼睛会说话”、“眉目传情”、“暗送秋波”等，都说明了目光在人们情感的交流中的重要作用。

因此，我们在听人说话的时候，要关注对方的眼睛。一方面，是出于礼貌，我们表示对他人的重视，另一方面，我们可以收集到对方内心的一些信息；同时，在自己说话的时候，我们也可以用眼睛说话，比如当你说完最后一句话的时候，将目光移到对方的眼睛，表示一种询问“你认为我的话对吗？”或者暗示对方“现在该轮到你讲了”。对方就会接过你的话题，继续讲下去。

表情，一般指的是面部表情，是另一个可以实现精细信息沟通的身体语言途径。从一个人的面部表情可以看出他的肯定与否定、接纳还是拒绝、厌恶还是高兴等。任何一种面部表情都是由面部肌肉整体功能所致，但面部某些特定部位的肌肉对于表达某些特殊情感的作用更明显。比如，嘴、颊、眉、额是表现愉悦的关键部位；鼻、颊、嘴表现厌恶；眉、额、眼睛、眼睑表现哀伤。

微笑是一种积极的面部表情，它带来快乐，也创造快乐。微微笑一笑，双方都从发自内心的微笑中获得这样的信息："我是你的朋友"、"我是善意的"、"我喜欢你"等等。所以，要处理好人际关系，就需要经常微笑——对自己微笑，对他人微笑。

2. 身体动作与接触

身体动作是最容易被觉察到的一种肢体语言，因为身体动作更容易引起人们的注意。比如一些聋哑人通过自己的手势语言，实现了与人沟通；当你躲闪某个事物的时候，可能是感到害怕或是厌恶；当你拥抱他人的时候，表示你对他人的喜爱、同情或是感激；当你不由自主地拍拍自己的脑袋时，往往代表着你有某种自责或是懊悔情绪，等等。

触摸则是人际沟通中最有力的一种方式。因为每个人都有被触摸的需要。心理学的研究表明，人们不仅对舒适的触摸感到愉快，而且会对触摸对象产生情感依恋。如果你谈过恋爱，你会发现，你和恋人关系的进步往往取决于身体接触的一瞬间，哪怕是牵手的一瞬间，你们的情感也会发生质的变化。

与领导沟通要做到"不卑不亢"

在职场中，有些人和领导交谈时，总是毕恭毕敬、唯唯诺诺，甚至是点头哈腰，这种奴相简直是令人反感。不仅得不到领导的尊重，也会令其他同事看不起。

与人交谈，首先应该是人对人、人格对人格、思想对思想、情感对情感的交流，是彼此平等的。不管在跟比自己地位高出多少的人交谈时，你都应该既尊重对方，又要不卑不亢、落落大方。应该与同常人交谈一样，表情自然、态度和善、言辞妥帖，尽量地发挥你的聪明才智和独到的见解。

宋代有一位大臣，为官公正，为人刚正不阿。他年轻时四处游学，机缘巧合，竟然认识了微服私访的当朝皇帝。皇帝心血来潮，写字、画画儿去卖，只可惜水平实在不高。这位为官者告诉皇帝，他的画儿只值一两银子。皇帝听了既不服气又生气，但也不好发作。

来年，这位青年进京赶考，高中状元，成了天子门生。觐见皇帝时才发现，原来当年卖画儿的老兄竟然是皇帝，皇帝也认出了他。皇帝屏退左右，只将这位大臣留了下来，拿出当年只值一两银子的那幅画，问道："卿家认为这幅画价值几何？"

这位大臣赶紧前进一步说道："这幅画如果是陛下送给为臣的，那就价值万金，因为无论陛下送的何物，对为臣来说，都是无价之宝。但如果拿去卖的话，这幅画就值一两银子。"皇帝听了，不禁拍掌大笑，知道自己有了一位才学渊博、品行端正的忠心之士。

这位大臣在这里并没违背自己的本意，而是讲了真话，这种不卑不亢的巧妙表达，也使皇帝觉得在理，因而也非常高兴。

与领导沟通的过程中，学会尊重领导是第一要务，但同时也要保有独立的人格。在职场中，真正能走到最高处的人都是那些说话办事有分寸，始终保持不卑不亢作风的人。

郑爽在一家广告公司做设计，她工作认真，为人谦虚好学，对自己的设计稿更是精益求精，每次都会在细节上更改无数次，直到满意为止。但郑爽的领导却是一个脾气很坏的人，动不动就针对一个小问题大发雷霆，而且属于那种突然爆发式的，常常一下子就把人说晕。

有一天在部门设计汇报中，郑爽陈述完自己的创意后，领导看到其中的一个LOGO很模糊，马上冲郑爽大吼：“你怎么能用像素这么低的图呢？这样的东西怎么见人！要是我没有发现难道就这样给人了吗？都像你这样公司还赚什么钱！”郑爽平静地看着领导，微微点点头不作声。

会开完后，郑爽敲开了领导办公室的门，看到领导的火气消了些，郑爽关上门，告诉领导自己一早就联系对方要他们公司的LOGO，但很不凑巧，那边的设计说负责批准他们把LOGO给其他公司的领导出差了，明天才能回来，而他也不敢擅自把自己公司LOGO的矢量图给别的公司，尽管郑爽在做着他们公司的设计方案。那边表示理解但无奈规矩无法违背，只好提供了一个像素低的小图先让郑爽“顶”一下，说那边领导一回来，马上就给她。她已经把能做的事都尽力做好了，不应该受到这样的指责。听到这里，领导面有愧色，因为事先的沟通工作是她在做，两边设计人员出现问题说明她的工作做得不细致。

接着，郑爽面容严肃地说：“我来到公司是展示自己的才华和技能的，而不是来出卖人格尊严的！我没有在大家面前反驳您，是出于对您的尊重，以后也请您尊重我的人格！”说完之后，郑爽大步走出了领导的办公室，留下领导目瞪口呆地愣了半天。

同事们听说这件事后，都为郑爽暗暗捏了一把汗，有些好心人还让她做好找新工作的准备。因为据大家对领导的了解，郑爽这次的状况很“危险”。

但出乎大家意料的是，第二天中午，领导郑重地请郑爽去喝咖啡，并真诚地向她道歉。这之后，领导的“臭脾气”居然消失了……

郑爽并没有因为自己的职位低而屈从于领导的“淫威”，反而敢于对领导不合理的训斥说“不”。这样做既维护了自己的人格尊严，更赢得了上司的尊重，还让上司开始反思自身的“问题”，整个部门的同事都获得了“解脱”。

和领导沟通持有一种尊重和真诚的态度是必要的，但是不能过于谦恭，这样往往会让你的观点失去锐气，让领导产生反感。和领导沟通，言谈举止之间做到不卑不亢，从容对答，会给领导留下自信、大度、中肯的印象，从而成为领导心目中的可造之材。

战国时候，一次齐王派淳于髡到楚国去献一只鹄。没走多远，不小心让鹄飞走了。

淳于髡还是去了楚国，对楚王说：“齐王派我来献鹄，到了河边，我看这鹄很渴，便放它出来饮水，没想到它竟然飞走了。为此我很难过，我想自杀，又怕世人议论齐王，说他因为一只鹄而使一个臣子死了。我想干脆逃到别的国家去，可那样齐、楚两国就没有使者联络了，弄不好还要产生误会。思来想去，还是空着手来了，向大王请罪。”

楚王听了，不但没有责备他，反而大大夸奖了他一番。

面对自己的失误，淳于髡没有逃避，而是勇敢地到楚国请罪。在向楚王陈述时，淳于髡善于分析事理，从楚国的利益角度出发，不卑不亢地向楚王说明了事情的经过，最终获得了楚王的谅解和夸奖。

不卑不亢只是一种说话手段，运用它的关键是理直而气壮，只有在领导面前大胆地说出应该说的话，才能不致弄巧成拙，惹领导不快。

在与领导沟通中，没有必要过于谦恭、胆小、拘谨、服从甚至唯唯诺诺。要知道，你和领导不过是工作中的上下级关系，并不表示你在什么方面都要矮他一截。所以，要改变诚惶诚恐的心理状态，要活泼、大胆和自信。在保持独立人格的前提下，你应采取不卑不亢的态度。在必要的场合，你也不必害怕表示自己的不同观点，只要你从工作出发，摆事实，讲道理，别人一样会尊重你。

引起他人共鸣，讲话富有感染力

有这样一个故事：

一位衣衫褴褛的盲老人，在繁华的巴黎街头乞讨，身旁写了一块牌子："我什么也看不见"，过往的人很多，但没有人注意他。中午，法国著名诗人让·彼浩勒经过这里，见到牌子上的字，问盲老人，老人家，有人给你钱吗，老人茫然地摇摇头，脸上的神情十分悲伤。让·彼浩勒听了，悄悄地在那行字的前面加上了"春天来了，可是——"就匆匆离去了。傍晚，诗人又来到这里，问盲老人下午的情况，盲老人笑着回答说，"先生，不知为什么，下午给我钱的人多极了！"让·彼浩勒听了以后，摸着胡子满意地离开了。

同样的意思用不同的话来说，效果就不同，同样的话，从不同人的口里说出来，所达到的效果也不同，同一个人，由于环境不同，即便说的是同样的话，可是含义会发生很大的变化。这就是语言的妙处。情商高的人总是善于掌握这种语言的技巧，因此，他们一开口就显得不同凡响。

美国石油大王洛克菲勒的儿子小洛克菲勒，在1915年处理一起工业大罢工时，就是运用诚恳的演说，解决了与工人之间的矛盾。

科罗拉多州煤铁公司的矿工为要求改善待遇，进行了罢工，因为公司方面处理不善，这次罢工又演变成流血的惨剧，劳资双方都走了极端。这次罢工持续了两年之久，成为美国工业史上一次有名的大罢工。小洛克菲勒最初使用军队镇压的高压手段，酿成了流血惨剧，不仅没有解决问题，反而使罢工时间更延长下去，使自己的财产受到更大损失。后来他改变方法，采用柔和手段，把罢工的事情暂时置之不谈。他深入到工人当中，亲自到工人家中慰问，使双方的情感慢慢转好。然后他叫工人们组织代表团，以便和资方洽商和解。他看出工人们已经对他稍稍释去了敌意，于是对代表们做了一次十分恳切的演说。就是这次演说，解决了两年来的罢工风潮。

在演讲中，小洛克菲勒说："在我有生之年，今天恐怕要算一个最值得纪念的日子。我十分荣幸，因为能和诸位认识。如果我们今天的聚会是在两个星期之前，那么，我站在这里就会是一个陌生人了，因为我对于诸位面孔的认识还只是极少数。我有机会到南煤区的各个帐篷里看了一遍，和诸位代表都做了私人的个别谈话；我看过了诸位的家庭，会见了诸位的妻儿老幼，大家对我都十分客气，完全把我看作自己人一般。所以，今天我们在这里相见，我们已经不再是陌生人而是朋友了。现在，我们不妨本着相互的友谊，共同来讨论一下大家的利益。这是使人感到十分高兴的。参加这个会的是厂方职员和工人代表，现在蒙诸位厚爱，我才能在这里和诸位相见并努力化解一切矛盾。这种伟大的友谊，我是终生不会忘掉的。大家的事业和前途，从此更是展开了无限的光明。今天虽然是代表着公司方面的董事会，可是，我和诸位并不站在对立的地位。彼此有关的生活问题，现在我很愿意提出来和大家讨论一下。让我们一起从长计议，获得一个双方都能兼顾到的圆满解决办法，因为，这是对大家有利的事。"

这段讲话虽没有华丽词藻，但话语诚恳，具有感染力，引起了矿工的广泛共鸣，小洛克菲勒一下子使自己摆脱了困境。反之，如果一个人在语言上不遵循"诚能感人"的原则，就会失信于众，轻则影响个人的形象和声誉，重则危及组织的前途和生存。

善于发表饱含理性、充满激情、富有感染力的讲话，是一个人说话水平的重要标志，也是其个人魅力的重要体现。美国著名演讲大师卡耐基曾经说："假如一个演讲者用坚信的语气诚恳地诉说，那他就不可能失败，无论他讲的是政治还是经济政策，或者自己的旅行感触，只要他确实有将心中所想告知于你的冲动，那么他的演讲就会有强大的感染力，足以打动你的心。"

无论是日常说话还是在公开场合发表讲话，只有提升讲话的感染力，使讲话简明扼要、通俗易懂、新鲜活泼、生动形象又富有变化，才能激发起听众的兴趣，才能赢得听众的赞许，从而增强讲话的效果。否则，不但吸引不了群众的兴趣，反而会使大家产生反感。所以，我们要不断提高自己的表达能力，一般应在以下四个方面加强锻炼。

1. 发音标准，吐词清晰

清晰的表达能够让他人听清楚你说的是什么，这是说话的一项最基本的要求。发音一定要标准，吐字一定要清晰。语言表达是否清晰，普通话是否流利和标准，都会直接影响讲话的感染力。

2. 掌握节奏，语速适中

讲话的语速也会影响声音的感染力。如果说话的语速太快，别人可能还没有听明白，你就已经说完了；反之，如果你说得太慢，就会让别人失去了倾听的耐性。因此，最恰当的做法应该是根据具体情况，来调节自己的语言节奏，以做到恰到好处的停顿，从而取得良好的谈话效果。

3. 情理交融，声情并茂

讲话时，要把声调、表情、遣词用语所要表达的内容配合起来，一致起来。例如，在讲到爱护集体利益的行为事例时，以高兴的感情，使用称赞、欣赏的词句，就会使大家在认识到这种行为能给集体带来好处的同时，产生一种荣誉、向往、羡慕的体验；在讲到不守纪律的行为事例时，以厌恶的感情，使用指斥、责备的词句，就会使大家产生一种羞耻、鄙视、不满的体验。这样就会有感染力，号召力，使听者有了鲜明的情感倾向，甚至给人摩拳擦掌的鼓动作用，去改正自己的不好行为，多做些有益的事情。

4. 思维敏捷，语言流畅

讲话还要注意语言的流畅性。语言是思维的外在表现，一个说话很流畅的人，通常被人认为是个思维敏捷的人，或者可以反过来说，正因为他的思维敏捷所以他才能如此流畅。而且，语言流畅也可以很好地增加自己的自信心，同时也能获得别人的好感与信任，让人相信你的能力。

安慰别人，用你的温暖抚慰对方的心

人人在生命中都有低潮期，每个人也都有他脆弱的时候，以真诚的安慰来抚平别人受伤的心灵，能让别人永远记住你的好，一句发自内心的话，往往会胜过平时的千言万语。

在日常生活中，我们常常得到别人的安慰，反过来，我们也要懂得怎样去安慰他人。安慰他人是自己应尽的义务，也是一种获取人心的最好方法。

有一次，吉布提向一位朋友诉苦，说他历经十年的笔墨生涯，至今还无力购置一张宽大的书桌，使他能舒适地工作。吉布提的朋友听了，却安静地说了一句比单纯的同情更为诚挚的话，他说，世界上的伟大杰作都是从小书桌产生的。这寥寥几个字，使吉布提立刻觉得无限的安慰，他使吉布提不再因书桌狭小而沮丧，还暗示吉布提的未来有着无穷的希望，也许会完成一部不朽的著作。吉布提至今还认为这是他所听到过的最好的一句安慰话。

人人都有遭受挫折、情绪低落的时候。当他人遭受挫折或者不幸的时候，你应该及时地去安慰他，给予适当的鼓励，使其振作起来、渡过难关。就算只是给对方一点真诚的掌声，但是这份善意，价值远远地大于金钱和任何物质上的东西。

俗话说："你也许会忘记与你一起笑过的人，但不会忘记与你一起哭过的人。"当对方遭遇工作上和生活上的困难时，你若能敏感地发现，并及时给予热情地关心，想方设法排忧解难，使他脱离困境，对方对你自然充满感激。

有人去探望一年中因旧病频频复发而第五次住院的老朋友，以自己战胜病魔的经历，做风趣的现身说法：

"这家监狱(医院)我非常熟悉，因我曾经是这里的'老犯人'，'被关押'在此总共12个月，对这里的各种'监规'了如指掌。我'沉着应战'，毫不气馁。有时，我自己提着输液瓶上厕所，被病友称作是'苏三起解'；有时三五天不吃饭，被医生称作为'绝食抗议'；有时接连几天睡不着觉，就干脆在床上'静坐示威'。300多个日日夜夜，我就这样'七斗八斗'斗过来了。如今我不是已经'刑满释放'了嘛！你尽管是'五进宫'，只要像我这样'不断斗争'，就一定会大获全胜！"

这番话说得老朋友和同室病人都乐了，大家的心情也都轻松起来，老朋友的病也似乎感觉轻了几分。

当一个人生病或遇到困难时，他时常处于孤立无援的境地，产生灰心丧气、郁闷烦躁、凄凉痛苦等失意情绪，其心理落差很大，对人情冷暖有了深刻的体验。此时，你不能袖手旁观，而应该及时地去安慰他，给予适当的鼓励，使其振作起来、渡过难关。这样，不仅可以赢得对方的信任与感激，而且可以密切相互之间的关系，创造一个融洽的氛围。

上大三的小江恋爱两年了，不久前女朋友不知何故跟他吹了。他很伤心，整天精神恍惚。他的老师马老师知道此事后，特地赶来做他的工作。马老师一见面就说：

“我知道你失恋了，是来向你道贺的！”

小江很生气，转身就走。

“难道你不问问为什么吗？”小江停下来，等着听马老师的下文。

马老师说：“大学生都希望自己快点成熟起来，失败能使人的心理、思想进一步成熟起来，这不值得道贺吗？大学生的恋爱大多属于非婚姻型，一是大学生在学习期间不大可能结婚，二是很难预料大家将来能否在一个地方工作。这种恋爱的时间又不长，随着知识的积累，人慢慢成熟了，就有可能重新考虑对方，恋爱变局也就悄悄发生了。应该说，这是大学生心理成熟的一种重要标志，你这么放任自己的感情，是心理成熟还是不成熟的表现呢？另外，越到高年级，大学生越倾向于用理智处理爱情。这时，感情是否相投，性格是否和谐，理想和追求是否一致，学习和工作是否互助互补，都会成为择偶的标准，甚至双方家庭有时也会成为重点考虑的条件，这就是择偶标准的多元化。这种标准多元化更是大学生心理逐渐成熟的表现，也符合普遍规律。你女朋友和你分手是不是出于择偶条件的全面考虑？你全面考虑过你的女朋友吗？如何处理你目前的感情失落，你该心中有数了吧？”

马老师开门见山地说出——“祝贺你失恋”这种打击人的话，设置了悬念（按理说去安慰别人的时候是没有人打击被劝者的），把小江从感情的泥沼中“唤”了出来，然后通过合情合理的分析，唤醒他的理智，多次用“大学生失恋不是坏事，而是心理成熟的标志”的观点来加以点拨。马老师就是通过一步步唤醒小江的自我意识，使他认为该用理智来处理感情问题，从而约束自己的感情，恢复心理平衡。

失意者的心中往往憋着一股劲儿，想要摆脱这种心理状态。只要你唤醒他们的自我意识，就会使他们走出低谷，走向成功。

有时候，人在最软弱最需要安慰时，几句贴心的话，会使彼此的感情融洽。但在安慰时，一定要注意各种安抚技巧的运用，从而达到理想的效果。

1. 针对不同的情况给予不同的安慰

如果对方面临事业上的不如意，你就需要对其强烈的事业心给予充分理解、支持。这个时候，理解应多于抚慰，鼓励应多于同情。你就不必劝慰对方忘掉忧愁、痛苦，更不能说服对方随波逐流，放弃他的理想、追求。最好的安慰，就是帮助对方总结经验教训，分析所面临的诸多有利不利条件，克服灰心丧气的情绪，树立必胜的信念，并共同探讨通向事业顶峰的光明之路。

如果对方失恋或离婚了，这时，作为朋友的你应该耐心地听他倾诉，但不要轻率地指出两人中的任何一方有什么不对之处，就是你最应该做的。你的倾听就是对他的安慰，要知道或许过多地参与评判也许正好刺到对方的痛处。当然，如果失恋或离婚的是你的女性朋友，不妨邀请她跟你一起逛街。开始可以借口请她帮你挑一条裙子，后来她通过买衣服，坏心情就转好了，或者你也可以请她吃东西，美味的食品能很好地调适内心的沮丧，或者请她帮忙，让她有事情干不至于闲着想那些事情。

如果对方受到批评时，千万不要幸灾乐祸，或仍兴高采烈地说笑，这是对方最反感和恼火的。本来挨了批评，心中很不高兴，你却在旁边无动于衷，依旧说笑，这两者之间的反差，会使对方的心理更不平衡。对方会认为你对他缺乏感情，这样他对你的印象之坏就可想而知了。此时，你应对他表示同情，或者附和他的观点，显出一副鸣不平的样子，以使他的心灵得到安慰，也使他觉得自己有“知音”；或者对他进行劝解，如说“不要和他一般见识”、“宰相肚里能撑船”等宽慰的话，以消他的火气。

如果对方不幸身患重病，应不必过多谈论病情。你应该多谈谈病人关心、感兴趣的事情，以转移对方的注意力，减轻精神负担。如能尽量多谈点与对方有关的喜事、好消息，使他精神愉快，更有利于早日康复。

2．要注意语气的运用

安慰他人的时候要注意自己的身份，不能太过随意，也不能使用怜悯的语气，这会让对方感到自尊心受挫，还会误以为你在嘲笑他，看他的笑话。安慰时，最好语气委婉一点，音量要适中，音量太大了，会让对方觉得烦躁；太小了，又听不清楚。

3．安慰是同情，但不是怜悯

同情是一种真心实意的善良心情，彼此应站在完全平等的地位上交流思想感情，给对方精神上、道义上的支持，并分担对方的感情痛苦。与之相对的是，怜悯不是平等的思想感情交流，不是精神上、道义上的敬赠，而是一种上对下、尊对卑、强者对弱者、胜者对败者、幸运者对不幸者的感情施舍。

说出同情的话语，有劝慰也有鼓励，语气低沉而不乏力量，而且尽量不当面说出“可怜”等词语。怜悯的话语，只有一味的悲伤，语气低沉、无力，仿佛在欣赏、咀嚼对方的痛苦。所以，你应该记住的是，安慰需要同情，但切不可怜悯。

4．运用善意的谎言进行安慰

善良的谎言，有时胜过不该说的真话。在安慰别人时，适时的谎言往往就能起到意想不到的作用。这里所说的谎言，当然是指善良的谎言，即为了减轻不幸者的精神痛苦，帮助不幸者重振面对生活的勇气。如对于本来就感情脆弱、意志薄弱、身体虚弱的不幸者，其心灵已经伤痕累累，不堪重负。如果再如实地将他所面临的噩耗讲出来，对方就有可能因承受不住沉重的打击而一蹶不振，甚至危及生命。所以，这种特殊情况下，与其立即如实相告，还不如暂时隐瞒真相。当事人以后明白了真相，只会感激、不会埋怨。即使当时半信半疑，甚至明知是谎话，通情达理者仍感到温暖、宽慰。因为他是被关怀、爱护，而不是被欺骗、愚弄。

5．和对方一起发牢骚

如果对方感到委屈，要发泄发泄自己心中的不满，而且还当着你的面，此时，适当附和一下是必要的，这并不是推波助澜、火上加油，而只是对他的一种同情。往往附和之后，对方的气就消了，因为他发牢骚的目的，是想把心中的不快“吐”出来，即“一吐为快”。现在“吐”出来了，而且又得到了他人的认可，心理上自然也就平衡多了。

和对方一起发牢骚是有讲究的，你只能做配角，协助对方消气，否则，做得太过，就会给对方一种虚假的感觉。当然，附和要注意适当，以达到尽快消气为目的，不可添油加醋、挑拨离间，防止使问题复杂化或引起领导更大的烦恼。

总之，在对他人进行安慰时，一定要掌握说话的技巧和方法。这样才能达到安慰他、鼓励他的目的，也才能让对方感受到你对他的关心，拉近彼此的关系，走进对方的内心。

第四章　妙言赞美，情商高的人善于赞美他人

恰到好处的赞美，是情商高的表现

大文豪马克·吐温曾经说过：一句美妙的赞语可以使我多活两个月。细想起来，这句话不无道理。马克·吐温坦诚地倾吐了我们人类所共同需要的精神食粮——赞美。

在生活中，几乎每个人都希望获得赞美。当一个人受到别人真诚的赞美时，就会产生积极的心理效应，如性格会变得活泼、热情、积极、乐观，愿意与人接近等。而我们则可以利用人们的这种心理，在谈话中多赞美对方，这样就能够收到比较好的效果。

小王大学毕业以后，决心自谋职业。偶然的一天，他在一份报纸的广告里看到了某公司征聘一位具有特殊才能和经验的专业人员。小王非常希望加入这家公司，但他没有盲目地去应聘，而是先花费了很多精力，广泛收集该公司经理的有关信息，详细了解这位经理的奋斗史。

不久后的一天，小王得到了这家公司的面试通知，那天见到公司经理后，小王这样说道："我很愿意到贵公司工作，觉得能在您手下做事，是我巨大的荣幸。因为您是一位依靠奋斗而取得事业成功的传奇人物。我知道您28年前创办公司时，只有一张桌子、一位职员和一部电话机，经过您的艰苦奋斗，才有了今天的大业。您这种精神令我钦佩。我正是奔着这种精神才前来接受您的挑选。"

所有事业有成的人，大多都乐于回忆当年奋斗的经历，这位经理也不例外。小王一下子就抓住了经理的心理，这番话引起了经理的共鸣。因此，经理先生乘兴谈论起他自己的成功经历。小王始终在旁洗耳恭听，以点头来表示钦佩。最后，经理向小王很简单地问了一些情况，随即拍板："你就是我们所需要的人。"

上例中的小王用自己真诚的赞美打动了公司经理，并获得了认可，由此也为自己打开了职场之门。

赞美之所以对人的行为能产生深刻影响，是因为它满足了人的自尊心的需要。赞美是对个人自我行为的反馈，它能给人带来满意和愉快的情绪，给人以鼓励和信心，让人保持这种行为，继续努力。

在现实生活中，不管是小孩儿还是大人，不管是青年还是老人，不管是平凡的人还是伟大的人，都渴望受人尊重，被人赞扬。每个人都希望自己受到同事、上级、家人的认可和称赞，获得荣誉和赞赏对每个人来说都是件高兴的事。

比恩·崔西是美国的一位图书推销高手，他曾经说："我能让任何人买我的图书。"他推销图书的秘诀只有一条：善于赞美顾客。一次，他去推销自己的书，遇到了一位非常有气质的女士。这个时候，比恩·崔西刚刚开始运用赞美这个法宝。当这位女士听到推销员的赞美时脸一下子就阴了下来："我知道你们这些推销员很会奉承人，专挑好听的说，不过，我不会听你说的鬼话的。你还是节省点时间吧。"但是比恩·崔西却微笑着对她说："是的，您说得很对，推销员是专挑那些好听的话来讲，甚至会说得别人昏头昏脑的，像您这样的顾客我还是很少遇到，特别有自己的主见，从来不会受到别人的影响。"这时，细心的崔西发现，这位女士的脸已由阴转晴了，并且她问了崔西很多的问题，崔西一一真诚地作了回答。最后，崔西开始高声赞美道："您的形象反映了您高贵的个性，您的语言反映了您敏锐的头脑，而您的冷静衬托出了您的气质。”女士听崔西的一番言论后，高兴地笑了起来，很爽快地买了一套书籍。后来，她又在崔西那里购买了上百套书籍。随着推销图书经验的日渐丰富，比恩·崔西总结了一条人性定律：没有人不爱被他人赞美，只有不会赞美别人的人。

一天，比恩·崔西到某家公司推销图书，办公室里的员工选了很多书，正要准备付钱时，忽然进来一个人，大声道：“这些跟垃圾似的书到处都有，要它干什么？”崔西正准备向他露一个笑脸，那人边说边走了过来：“你别给我推销，我肯定不会要，我保证不会要。”“您说的是对的，您为什么要这些没用的书呢？您一定是一位知识渊博的人，很有文化素养，很有气质，要是您有弟弟或者妹妹，他们一定会以您为荣，一定会很尊重您的。”崔西微笑着，不紧不慢地说。“你怎么知道我有弟弟妹妹的？”那位先生有点兴趣地问道。崔西回答：“第一眼看到您，您就是有大哥的风范，我就想，如果谁能有您这样的哥哥，一定是上帝非常眷顾的人。”结果，那个人就以大哥教导自己弟弟的语气对他说话，两个人聊了很长时间。最后，那位先生以支持崔西这位兄弟工作为由，为他自己的亲弟弟选购了五套书。崔西在当天的日记中写道：“其实，我心里很明白，只要能够跟我的顾客聊上三分钟，他不买我的图书，那是不可能的。因为，无论做人还是做事，要改变一个人，最有效的方式就是：传递信心，转移情绪。”同时，他也写下了一条人性定律：“人是感性左右理性的动物。若一个人的感性被真正调动了，那么，他想拒绝你比接受你还要难。而要想迅速控制一个人的感性思维，最有效和最快捷的方法就是恰如其分地赞美。”

如果几句话就能给人们带来这样的满足，我们为什么不这样做呢？

莎士比亚曾经这样说过：“赞美是照在人心灵上的阳光。没有阳光，我们就不能生长。”赞美作为一种与他人社交的技巧，其可谓是具有神奇的魔力，它不但可以消除人际间的龉龃和怨恨，满足人的虚荣心，还可以轻易说服对方接受你的观点，有时甚至足以改变一个人的一生。

有一个年轻人应邀去参加一个盛大的舞会，可是年轻人却显得心事重重。一位年长的女士邀请他共舞一曲，随着欢快的舞曲，年轻人也变得开朗起来。

一曲结束，年轻人对年长的女士给予由衷的赞美。对她的舞技大加赞赏。年长的女士听到有人这么欣赏她的长处，显得很开心。出于好奇，女士忍不住询问年轻人刚开始时为何愁眉不展。

年轻人讲出了原因，原来年轻人是一家运输公司的老板，可是由于自然灾害的原因，他的公司遭受了很大的损失，已经接近破产的边缘。年轻人已经没有多余的资金维持公司的周转了，即使想翻身也没有机会。

事有凑巧，年长女士的丈夫是当地一家大银行的行长，女士很爽快地把年轻人介绍给了她的丈夫，她的丈夫随即找人对年轻人的公司进行了分析和调查，给他贷款100万，帮助年轻人渡过了难关，解了燃眉之急。

赞美是成功人际交往的一种重要能力。在与人共事时，在求人办事时，不妨多说几句赞美的话、表扬的话，这样就能给对方留下良好的印象，就会点燃双方友谊的火焰，使你受益匪浅。

不要以为赞美别人是一种付出。从“生命能量”的观点来说，这其实是一种能量的转换，对别人赞美的时候，你已经获得了更多的力量。俗话说“良言一句三冬暖”，人一旦被认定其价值时，总会喜不自胜，在此基础上，你再提出自己的请求，对方自然就会爽快地答应下来。心理学家证实：心理上的亲和，是别人接受你意见的开始，也是转变态度的开始。由此可知，求助者要想在求人办事过程中取得成功，一个行之有效的方法就是给予其真诚的赞美。赞美别人是一种有效的情感投资，而且投入少，回报大，是一种非常符合经济原则的行为方式。

赞美之于人心，如阳光之于万物。在我们的生活中，人人需要赞美，人人喜欢赞美。这不是虚荣心的表现，而是渴求上进，寻求理解、支持与鼓励的表现。父母经常赞美孩子，家庭气氛和睦、欢乐，领导经常赞美下级，职工的积极性、创造性不断被激发，被调动。爱听赞美，出于人的自尊需要，是一种正常的心理需要。经常听到真诚的赞美，明白自身的价值获得了社会的肯定，有助于增强自尊心、自信心。

有的人吝惜赞美，很难赏赐别人一句赞美的话，他们不懂得，多正面引导，多表扬鼓励，是沟通的一种方式。予人以真诚的赞美，体现了对人的尊重、期望与信任，并有助于增进彼此间的了解和友谊，是协调人际关系的好方法。人人皆有可赞美之处，只不过长处、优点有大有小、有多有少、有隐有显罢了。只要你细心，就随时能发现别人身上可赞美的“闪光点”。

在生活中，如果你乐意而且懂得衷心地表扬他人，那么你就能够更好地激励周围的人，你的谈话也就能够达到预期的效果。

有的放矢，把赞美说到领导心坎上

与人交往，必不可少的一门学问就是赞美。下属要想赢得领导的好感，必定离不开恭维和赞美。

下属要赞美领导，先要选好赞美的话题，不可过分夸张，更不能无中生有。

某公司新来了一名职员，名叫李芳，她说话斯文细气，乍一看似乎很得人缘。但接触的时间一长，大家便发现她有一个问题，那就是过于爱夸奖别人，她满嘴说的都是些关于称赞他人的话。比如，看到经理今天穿了套新衣服，她就会跑过去拉着经理左看右看，然后说："经理，这衣服是新款吧，太新潮了，穿在您身上很漂亮，您这样有品位的人就适合穿这样衣服！"而经理却看了看她说："这衣服都好几年了，哪是什么新款。因为我下午要进仓库查货，所以才换上它！"

说者无意，听者有心，李芳的称赞话让人听了有种虚伪造作、溜须拍马、缺乏真诚之感。时间一长，大家觉得她为人太虚伪，于是就开始和她疏远了，以至于让李芳在公司陷入了人际危机，不久后便离职了。

赞美的妙用虽然到处可见，但若是用错了，就会令人处境尴尬。也就是说，赞美也需要把握火候，掌握分寸，这样才能成为一个受欢迎的人。你若无根无据、虚情假意地赞美别人，他不仅会感到莫名其妙，更会觉得你油嘴滑舌、诡诈虚伪。所以称赞领导也有方法和技巧，如果称赞领导不恰当，反而会弄巧成拙，只落下一个"溜须拍马"的坏印象。

有位秘书，最擅长奉迎，凡是新上司到任，都由于她善于奉承，常常得到意外的照顾。

后来一位新上任的董事长来了，他是出了名的耿直、不爱谄媚的人。

每个同事都说："李秘书这次一定要失败了！"

但是李秘书胸有成竹，给大家保证，一定说得领导高兴。

新董事长上任那天，在欢迎会上发表谈话："我最痛恨那些奉承人的下属，为人就当认真做事，不要刻意逢迎……"

语毕，李秘书说："像董事长这样高风亮节的人，在公司中能有几个？"

新董事长听了，面露笑容，表示首肯。

新任董事长是最痛恨奉承别人的人，但为什么李秘书一句话却让其心花怒放，而不是厌烦呢？原因其实很简单，李秘书的“肯定”恰到好处，让对方不知不觉中上了当。

一个聪明的下属知道如何去赞美自己的领导，从而得到了领导的赞赏；而愚笨无知的人在奉承上级时却收到了相反的效果。

马玲毕业后来到一家公司做文员，马玲非常善于交际，也很会赞美别人，她的领导是一位年近40的中年女性。在公司里，每次见到领导，她都会非常礼貌地停住脚步然后说：“领导好！”如果领导换了身新衣服，她就会马上赞美说：“您穿这身衣服真精神！”如果领导换了个发型，她就会很惊喜地夸赞说：“这个发型把您衬得好年轻啊！”马玲的这些话把这位领导赞美得飘飘然，所以领导有什么事情都喜欢叫着马玲一起去。

一天快要下班了，领导让马玲陪她去逛商场，马玲丝毫不敢怠慢，立刻就答应了。下班后，马玲在楼下等领导，领导走过来，穿了一身比往常更加靓丽的一套衣服，马玲不禁惊呼：“经理，您今天也太靓了！”领导笑着说：“是吗？这些都是以前买的，只不过没有这样搭过。”马玲回答说：“嗯，太漂亮了，您要有空教教我怎么搭配衣服，您看我穿的和您都没法比。”领导听得心花怒放。

商场逛完后，两个人都有些累了，场面有些沉默，此时马玲为了尽快打破这种气氛，又开始了对领导的夸赞：“经理，您真是一个成功的女性，美貌与智慧同在，家庭又如此和睦。”听了马玲的话，领导疲惫的脸立马变得容光焕发。

从此以后，领导更加喜欢马玲了，在部门的例会上，领导总是表扬马玲进步快，甚至还把下一期到总公司培训的唯一名额给了她。

托尔斯泰曾经说过：“就是在最好的、最友善的、最单纯的人际关系中，称赞和赞许也是必要的，正如油滑对轮子是必要的，可以使轮子转得快。”赞美是人际交往中不可缺少的一部分，为了获得良好的人际关系，为了让工作任务和目标向预期的方向顺利进行，就要学会不失时机地赞美领导，和领导之间营造一种融洽的工作氛围。千万不要以为领导每天保持严肃的面孔就不希望受到表扬，他们对于赞美的敏感程度更胜于普通人。他们不但能接受赞美，而且能判断赞美中所包含的真诚的分量，乐于接受下属真诚的、发自内心的赞美。善于赞美他人的人是聪明人，善于赞美领导的下属是聪明的下属。

来公司上班一个月的樊琼，经常会在餐厅碰见自己的老板也在那里用餐。樊琼认为这是个交流的好机会。但是说什么呢，业务？公司发展？樊琼觉得谈这些只会班门弄斧。

这一天，樊琼很自然地走到了老板这一桌坐下，老板抬头看了她一眼，问道：“都还习惯吗？”樊琼很小心地告诉他：“这里的一切我都能适应，工作我很喜欢，和同事相处得也很好。”老板微微点点头，不再吭声。两分钟后，樊琼决定打破这种沉闷的僵局，大着胆子对他说：“听说您以前是学文科出身的，没想到在电子行业还能做得这么好，而且还听说您当时仅靠一本电话簿和一个工作笔记走到了今天这个光景。宽敞的办公室，为数不少的员工，公司业务还源源不断。我听着就感觉这好像是一个传奇故事。”老板难得地露出了笑容，挑眉道：“你还挺能‘听说’的啊。这也不是什么大不了的事，当时条件限制只能利用有限的这些了。”樊琼见他没有不耐烦，继续道：“同事们私底下谈起您都佩服不已，我要不是听别人讲起您，根本不能想象现在这么大个公司，是您在那种情况下一步步走过来的，难怪他们都说您能干。”老板喜笑颜开，竟然在吃完饭后没有先行离开，继续和樊琼就他当年创业的事聊了一会儿。

此后，樊琼时不时地借机和老板闲聊一番，虽说是新人，但是老板很信任她，经常主动指派一些工作让她去做。

与领导沟通是一门奇妙的艺术，要想与领导和谐融洽地相处，离不开对领导的捧赞。这其中也有很大的学问，需要我们在日常的工作、生活中多观察、多总结，只有这样，才能够准确恰当地运用它来达到与领导沟通的目的。

赞美是最有效的激励

赞美是一种切实有效的激励方式，就像兴奋剂，能够有效激发人的内在潜能，赞美是一种由外在动力转化为内在动力的非常好的形式，增强人自身全部的活力。赞美能让懦弱的人鼓起勇气，让徘徊的人确定方位，让盲目的人找到目标，让自卑的人找到信心，让软弱的人坚定意志，让成熟的人强化自身！

据说有位年轻人被判终身监禁，失去了活下去的勇气，在结束自己生命之前，监狱长找他谈话。

监狱长问他："你在这个世界上最喜欢的人是谁？"

年轻人摇了摇头。监狱长又问："那么你最喜欢的事是什么？"

年轻人又摇了摇头。

监狱长接着问："那么在你心里有没有一句最受鼓舞的话？"

年轻人仍然摇摇头。

监狱长临了说："你回去想想，在这二十几年里难道就没有一句使你受鼓舞的话？等你想出后，再来告诉我。"

年轻人想了很久，总算搜索到半句，那是中学里一位美术老师说的。一次当他将一幅恶作剧的乌鸦习作交给老师时，老师说："你画了些什么？不过色彩倒还很漂亮。"年轻人把这半句话告诉了监狱长，监狱长让他每天早晚念念这半句鼓励的话。

从此这半句鼓励的话，唤醒了深藏在他内心的灵性，最后他不但活了下来，还成了一名画家。

半句激励的话，能改变一个人，这绝非夸大其词，因为语言本身具有左右潜意识的惊人力量，而潜意识的强大能量，又可以把被指令的所有事情变为现实。

在日常生活中，面对恶劣的人与事，责备与批评只会增加对方的怨恨与不满。要想改善状况，就尝试使用赞美的语言，这也许会带来奇妙的效果。

某公司有一名普通主管，她的职责之一是监督一名清洁工的工作。这位清洁工做得很不好，其他的员工时常嘲笑他，并且常常故意把纸屑或其他的东西丢在走廊上，以显示他工作的差劲。这种情形当然很不好，而且影响工作质量。

这位女主管试过各种办法，但是都收不到效果。不过她发现，这位清洁工也偶尔会把一个地方弄得很清洁。于是，女主管就趁他有这种表现的时候在大众面前公开赞扬他。于是，这名清洁工的工作从此有了改进，不久他可以把整个工作都做得很好了。现在他的工作可以说再没有别人可以挑剔的地方，其他人对他也大为赞赏。

真诚的赞美可以收到好的效果，而批评和耻笑却会把事情弄糟。事实上，被赞美的人宁愿做出惊人的努力，也不愿让你失望。

一位成功人士曾经这样说过："在现实生活中，有许多人习惯于骂人或警告人，如果能够反过来称赞他人，反而会使其更有信心，更容易发挥潜能。"因此，当你看到值得赞扬的人或事情时，一定要及时给予称赞，使赞美能够发挥其最大作用。

一位生活潦倒的年轻人，终于找到了一份推销保险的工作。但工作并不顺利。他每天需要拜访30位客户，但均遭遇冷眼和拒绝。他没有就此放弃，不断鼓励和安慰自己，可事与愿违，一个月过去了，他依然一无所获。

这一天，他拜访了29位客户，又遭到了连续的失败。当他再次鼓起勇气敲开了最后一户人家的房门，开门的是一位面容慈祥的老人。这次，老人没有像其他人一样将他拒之门外，而是热情地招呼他进屋，并为他倒了杯水。

年轻人没有向老人推销保险，而是情不自禁地向老人诉说了最近的工作，并且告诉了他自己要辞职的决定。老人并没有多劝他什么，而是对其称赞道："年轻人，虽然你没有推销出一份保险，但是你非常敬业，凭借这一点，你一定会成功的。"

老人的这句话深深地打动了他，仿佛为他重新注入了勇气和力量，他决定继续坚持下去。

几年后，年轻人凭借自己不断的努力，终于打开了事业的局面，业绩日益剧增，他也被晋升为市场部经理。而在他心里，却一直没有忘记老人给他的称赞和鼓励。

所谓患难见真情，唯有雪中送炭式的赞美能够引起人们的共鸣。当一个人功成名就或一帆风顺时，对于赞美的话，他可能听得太多了，你再赞美他，不过是满足了他的虚荣心而已，他甚至不会记得你的好话。但对于那些身处逆境或遇到困难的人来说，适时、适度的一声赞美，会大大增强他们的自信，让他们感受到自身的价值，鼓起面对困难的勇气，他们一辈子都会记住你、感谢你。

掌握尺度，赞美也是个技术活

赞美是一门需要深入学习的艺术。适度而恰当的赞美能赢得他人的好感，言过其实的赞美只会引起他人的不满。

真正懂得赞美的人，会将尺度、分寸拿捏得很得当，把赞美的火候控制得很好，张弛有度，收放自如。不过，话说回来，赞美的分寸也是很不容易把握的：好的赞美甚至比好的批评更像一门艺术，而糟糕的赞美还不如不赞美。即使是好的赞美，如果过度，也会失去本该有的魅力。

有一位在公司做行政工作的雷女士，既漂亮又聪明，而且嘴巴也很甜。她的领导非常爱打扮，又很会搭配衣服，稍一动手，衣服就能变换出很多新花样。而那位甜嘴巴的雷女士，却成了这位领导的苦恼。因为每天早上一到公司，雷女士那种令人不舒服的赞美声就涌入耳中：“哇，经理！又买了一套新衣服，对不对？颜色好漂亮喔！穿在您身上就是不一样。”隔天一见面，又来了：“看看看！又一套，很贵吧？还有项链、耳环，也是新的吧？我就缺这个本事，不会像您如此会打扮。”不仅如此，雷女士还当着客户“恭维”领导，说辞几乎都是：“在我们经理英明的领导之下，我才有今天的成绩，好多人都问我跟我们经理多久了？其实也没多久啦，但是大人大度，她肯教我嘛！对不对？”

领导终于被雷女士的过分“恭维”弄烦了，只好告诉她：“不是你没看过的就是新衣服，我的衣服有的已经穿了五六年啦，只是保养得好，配来配去就不一样了而已！你一嚷嚷，人家还以为我多浪费呢！以后请别再说我的衣服啦！”

可见，赞美他人要注意方式、方法，如果把握不好赞美的分寸和尺度，肤浅的“捧”会让对方感到乏味与空洞，使被赞美的人丝毫感觉不到一种荣耀，并会在你的言语中产生一种不安与困惑，进而对双方的交流产生一些不良的后果。而适度的赞美，可以使被赞美者迅速产生认同感，进而对你抱以信赖的态度，产生与你积极沟通交流的愿望。

吴华在年终总结会议上做了一番“真情流露”的感言：在这一年的风风雨雨里，他在领导的教育和帮助下取得了很大的进步，做出了不小的成绩。领导是恩师，今后他还要继续尾随领导的脚步，做一个像领导这样完美的人。一番话令同事侧目，领导也尴尬地咳嗽了几声。

这时，吴华又画蛇添足地补充了一句：“我们的领导真是德高望重、才智过人啊！”会场顿时一片哗然，这位领导不过30岁而已，何来德高望重？

吴华辛苦半天，却没迎合对，因此他的恭维并没有给领导留下什么好印象，反而会影响领导对他的评价。

太过露骨的恭维显得那么虚伪，明眼人一眼就能识破。说话没有分寸，太不着边际，让被恭维者也很难为情，这是最愚蠢的吹捧行为。

赞美是一件好事，但绝不是一件易事。赞美别人时，如不审时度势，不掌握一定的赞美技巧，即使你是真诚的，也会变好事为坏事。所以，口才专家告诉我们，开口前一定要掌握赞美的技巧。

1．赞美出于真诚

不真诚的赞扬，给人一种虚情假意的印象，或者会被认为怀有某种不良目的，被赞扬者不但不感谢，反而会讨厌。言过其实的赞扬，会使受赞扬者感到窘迫，也会降低赞扬者的威信。

2．实事求是

当你准备要赞美时，首先要掂量一下，这种赞美，对方听了是否相信，第三者听了是否不以为然，一旦出现异议，你有无足够的理由证明自己的赞美是有根据的。所以，要当心，赞美只能在事实的基础上进行，不可浮夸。

3．赞美要不失时机

对朋友、同事身上的特点，你要尽可能地随时随地去发现。如果你真心喜欢，就要抓住时机，积极反馈。他的一个表情、一个动作、所说的一句话、所做的一件事，你都要看在眼里、记在心里。赞美的时机多种多样，当时、事后、大庭广众之下，俩人独处之时都可以进行，但一般以当时赞美为好，当众赞美为好。

4．间接恭维

引用他人的评价，对某个朋友、同事过去的事迹，也就是既成的事实，加以赞美，被称为“间接恭维”。这证明你对他的成就、声誉有所了解，对方会欣然接受你的亲切和热情。

5．背后赞扬

在背后赞扬人，是一种至高的技巧，因为人与人之间难得的就是背后能说好话，而不说坏话。如果朋友知道你在别人非议他时挺身而出，主持公道，一定会非常感激你。

6．赞美要注意适度

过度的恭维，空洞的奉承，或者恭维、奉承频率过高，都会令对方感到难以接受，甚至感到肉麻，令人讨厌，结果适得其反。只有适度的赞美才会令对方感到欣慰。适度因人、因时、因事、因地而异，需要不断摸索积累，掌握好这个“度”。

总之，赞美必须恰如其分，掌握适度。恰当的恭维，会令他人很受用，但不合适的赞美，只会给你添麻烦。

赞美的关键，找准对方身上的闪光点

现实生活中，有人精通赞美之法，有人却不会赞美别人。大文豪萧伯纳曾说过：“每次有人吹捧我，我都头痛，因为他们捧得不够。”可见，高帽子是人人都爱戴的，关键是赞美的人能不能抓住被赞美之人的“闪光点”而已。

有位叫小金的朋友，她认识许多学术界的泰斗，并能常常得到他们的指点。问及他们之间的相识，是缘于赞美运用的得法。因为有很多人也曾拜访过这些大师，但往往谈不上几句便无话可说，被匆匆“赶”了出来，而他竟成为大师们的座上客，其中的奥秘自不待言。

作为准备在学术领域有所建树的小金，自然也很仰慕这些大师，她得知拜访这些人不易，每当第一次拜访某专家时，便先将这个人的专著或特长仔细研究一番，并写下自己的心得。见面之后，先赞扬其专著和学术成果，并提出自己的想法。由于她谈的正是大师毕生致力于其中的领域，自然也就能激起大师的兴趣，谈话双方有了共同话题。谈话中，小金又不失时机地提出自己不理解的地方，请求大师指点，在兴奋之际，大师自然不吝赐教，于是小金既达到了结交的目的，又增长了许多见识，并解决了心中存在的疑惑，可谓一举多得。

这里，小金成功的秘诀就在于她在有求人时，巧妙地运用了赞语。自己所称赞的，正是对方引以为豪并最感兴趣的，自然使对方高兴，使其心理得到满足，此时，小金的问题也就不成为问题。当然，这只是生活中的一个方面，如果运用恰当，在生活的方方面面，都能行得通。

抓住一个人的独特之处来进行赞美，最能赢取人心。在每个人的生命历程里，或多或少都会发生一些重要的事情，其中不乏自己引以为荣的事情。对这些引以为荣的事情，每个人都渴望得到别人较高的评价，如果能够得到别人衷心地肯定和赞美，更是让人高兴和自豪的事。

事实上，由衷地赞美别人的闪光点，是最令对方温暖、最不令自己破费的礼物。很多人觉得赞美他人是虚伪的表现，经常觉得无从开口，不知道从何说起。其实，赞美他人并非那么难，赞美的关键，就在于找准对方身上的闪光点，这样的赞美往往是最有效、最得对方欢心的。

某公司经理在指挥日常工作方面虽然能力一般，但是他具有极高的理论修养。在员工大会上，他经常能就某一个问题发表自己的独特看法，并且在说话的过程中不时穿插一些幽默风趣的语言。因而他的演说不但不会让员工觉得枯燥，反而觉得收获不小。这一点也是这位经理引以为豪的地方。

针对经理的这个特点，小于经常对他说："经理，俗话说'听君一席话，胜读十年书'，从您的讲话中，我深刻地体会到了这句话的精妙之处。每次听您讲话，我就觉得自己收获颇丰。您不愧是我们公司的精神领袖呀。"

小于的这番话正说到经理的心坎上，所以他高兴地说："小于呀，你太抬高我了，其实这个说话呀，要注意……"

由于小于总是能针对经理的闪光点进行赞美，因而很受经理的欢迎，他得到重用也是理所当然的了。

赞美别人，不单单是甜言蜜语，而是根据对方的文化修养、性格、心理需求、所处背景、语言习惯乃至职业特点、个人经历等不同因素，恰如其分地赞美对方，要赞美对方的闪光点。在对领导进行赞美时，你不妨就从这一点入手，找准对方身上的闪光点，对他引以为豪的事情加以肯定，对方自然会很高兴。

楚汉战争的结果是刘邦打败了项羽，刘邦心里自然很骄傲，常常问他的大臣们自己为什么能打败项羽之类的问题。大臣们都非常了解刘邦"胜者为王"的心理，于是都对他的才能赞叹不已。刘邦逐渐产生了自满情绪，执政的积极性慢慢懈怠下来。

一次，刘邦生病后整日躺在宫中，下令不见任何人，不理朝政。周勃、灌婴等许多跟随他征战多年的元勋也都找不到劝说的办法。

大将樊哙想出了个办法，闯进宫中进谏，他掷地有声地先对刘邦的过去进行了一番赞美："想当初，陛下和我们起兵沛县定天下之时，何等英雄！上下团结，同甘共苦，打败了项羽，建立了汉朝社稷大业。"

几句话激起了刘邦对辉煌历史的自豪之情，然后樊哙话锋一转："现在天下初定，百废待兴，陛下竟这般精神颓废，大臣们都为陛下生病惶恐不安，陛下却不见大臣，不理朝政，而独与太监亲近，难道就不记得赵高祸国的教训吗？"樊哙先是称赞了刘邦征战时的辉煌战绩和勤政作用，而后又巧妙批评了当时刘邦的颓废和懈怠，赞扬与批评相结合。一席肺腑之言终于震醒了刘邦。以后，刘邦专心朝政，休养生息，汉朝一片兴旺发达景象。

樊哙正是通过称赞刘邦引以为荣的历史进行劝谏，终于说服了刘邦采纳了自己的意见。

赞美他人并不需要你过多地付出什么，你要做的只是在与他人相处的时候细心一点，找出对方身上的闪光点并给予适当的赞美与肯定，那么你就会受到对方的喜爱和欢迎。

每个人都不会拒绝别人真诚的赞誉之词。但赞美之词一定要有闪光的地方，不可过于流于世俗。如果你能发现与称赞对方少为人知的优点甚至是连他自己都不知道的优点，就会显得弥足珍贵。一旦你发现了他人身上具备某些优点或才能，并加以赞美，你就会得到对方的认可和喜爱。

在人际交往中，很多人之所以无法讲出赞美的话，是因为没有认真去观察，找不到可以表达赞美的角度。其实，只要你用心观察，一定可以找出对方值得赞美的地方。找准对方身上的闪光点，这样赞美起来省力又见效，这也才是赞美对方的关键。在你的赞美下，对方高兴了，你自然也会因此赢得了对方的好感。

先扬后抑，在赞美中指出领导的不足

我们知道，批评他人总会出现一些负面效应，人的本性是喜欢被别人赞许与肯定。当人们听到赞美时，会有一种积极、快乐的情绪体验。如果你在批评他人时，你能先赞美对方，让对方有一个良好的情绪体验时，再对其进行批评或者是规劝，那么就比较容易接受。

这种先表扬后批评的方法，实际上就是一种欲抑先扬的方式，即在批评别人时，先找出对方的长处赞美一番，然后再提出批评，最后再使用一些鼓励性的词语。这种方法使人认为你的批评是公正客观的，自己既有过失，也有成绩。这样就减少了批评所带来的抵触情绪，能收到良好的批评效果。

一次民主生活会上，刚刚提拔上来的李处长要求大家提提意见。大家碍于面子，没有人敢争这个先。最后，处里的“元老”老王说了：“李处长上任后，进行的改革可谓是大刀阔斧，处里的工作现在已有了头绪，大家比以往也更团结了，成绩大家有目共睹。只是最近大家手头有点儿紧张，希望李处长能替大伙解决解决。”李处长听后，意识到该给大家一些生活福利，于是，当即答应采取相应的措施。

可以说，老王是提意见的高手。他先肯定李处长上任后的成绩，使领导心里美滋滋的，然后再轻描淡写地提出大伙的意见，暗示他对下属关心不够。这种方式，容易使领导觉得自己的成绩是主要的，是值得大家交口称赞的，而不足只是次要的小问题。这样，既不得罪他，又激起了他改进不足的积极性。

每个人都需要真诚的赞美，也需要善意的批评。所以，要想让对方接受你的批评，改正过失，就必须在批评前先给予对方适当的赞美，然后再给他以批评，这样才会让听者感到你是为他着想，或者感到合情合理，这样才更有利于对方改正自己的缺点和不足。

美国著名的演讲家戴尔·卡耐基说：“矫正对方错误的第一方法——批评前先赞美对方。”批评前先赞美，能化解批评者的对立情绪，使其乐于接受批评，达到预想效果。因为当我们听到他人对自己的优点加以称赞后，再去听一些不愉快的话，自然会比遭受直接批评感觉舒服一些。

在一次市场营销会议上，经理草率地决定了保健品的社区宣传推广计划，引起了很多人的质疑。这么重要的产品推广计划，怎么能在不做市场调研的情况下就草率决定了呢？于波耐不住自己的急性子，当面就提出了反对意见。

“经理，你的决定太草率了，我觉得还是应该先做调研，再做决定。”

“草率？”这个字眼似乎狠狠地刺激了经理，他刻意把它提了出来。“做事情就得有魄力，等你什么都调查好了，黄花菜都凉了。”

于波碰了一鼻子灰。

事后，经理确实没有实施原本定下的产品推广方案，而是转而进行市场调研。可是，奇怪的是原本由于波负责的调研工作，经理却全权交给了市场部的王洋。

原来，对于经理的决定，王洋与于波有着相同的看法。但与于波不同的是，王洋并没有直接指出经理的不对，而是私下里对经理说：“我非常佩服您一贯果断的工作作风。但是，咱们这款保健品属于高档产品，而周围的居民区都是一些工薪阶层的老百姓，就怕咱们费了功夫而成效不佳呀。”

经理觉得王洋的意见提得非常有道理，于是决定采纳，并且把调查工作交给了王洋。

同样是希望经理改变决定，于波直击要害，指出经理行事“草率”。这种批评方式首先会让人感到不被尊重。而王洋则完全不同，他以赞美的话语作为批评的开端。这种批评的总体基调是让被批评者感到在人格上是被肯定被尊重的，只是在具体问题上看法的不同而已。于是，领导会感觉有可商量可讨论的空间，对来自王洋的意见也自然容易接受。

一位心理学家说：“赞赏是对一个人价值的肯定，而得到你肯定评价的人，往往也会怀着一种潜在的快乐心情满足你对她的期待。这在心理学上叫作赞赏效应。”当你对某个人有意见或准备指责他的时候，你不妨试一下赞赏，首先看看你想责备的那个人，还有哪些值得敬佩和赞赏之处，然后真诚地表达出来，把你对他的批评或责备变成一种你对他的期待，并让他感到自己是一个值得你所期待的人，你一定会收到比预想的要好的交际效果。

美国钢铁大王卡内基的侄女约瑟芬·卡内基，在她19岁那年来到纽约，成为卡内基的秘书。当时，她刚刚高中毕业，做事的经验几乎等于零，所以，在工作中总是出现这样那样的差错。卡内基毫不客气地批评了她，约瑟芬感到了巨大的压力。

一天，约瑟芬工作中又出错了。卡内基刚想开始批评她，但马上又对自己说："等一等，你的年纪比约瑟芬大了一倍，你的生活经验几乎是她的一万倍，你怎么可能希望她与你有一样的观点呢？你的判断力，你的冲劲等等，这些都是很平凡的。还有你19岁时又在干什么呢？还记得那些愚蠢的错误和举动吗？"

经过仔细考虑后，卡内基获得结论，约瑟芬19岁时的行为比他当年好多了，而且他很惭愧地承认，他总是严厉地批评约瑟芬而很少称赞过她。从那以后，当约瑟芬再犯错误时，卡内基不再像以前那样当面指出她的错误。他总是微笑着对约瑟芬说："亲爱的，你犯了一个错误，但上帝知道，我所犯的许多错误比你更糟糕。你当然不能天生就万事精通，成功只有从经验中才能获得，而且你比我年轻时强多了。我自己曾经做过那么多的傻事，所以，我根本不想批评你。但是你不认为，如果这样改进的话，会更好一点吗？"

听到这样的话，约瑟芬不再感到有压力，而是充满了动力。后来，她成了一名很出色的秘书。

人往往喜欢被别人赞许与肯定，而不喜欢受到责备与批评，这是人的本性。人在本能上对批评都有一种抵触心理，人们总是喜欢为自己的行为辩解，尤其是一个人在工作中已付出很大努力时，对批评就更敏感，也更喜欢为自己辩解。而采用先赞美后批评的方法，让批评者在诚恳而客观的赞扬之后再进行批评时，他们会因为赞扬效应的作用而觉得批评不那么刺耳。

总之，当你需要指出他人的过失，希望对方改变某种行为时，赞美不失为一种巧妙迂回的方法。这需要掌握一些婉转的批评技巧：先赞美对方，再给一些温和的批评指正。

剑走偏锋，从细节之处加以赞美

美国管理学家内梅罗夫博士建议，赞美他人时最好回想某一特定情况，描述出具体的行为。夸赞别人越具体越好，说一百遍“你真漂亮”，不如说一句“你今天的衣服搭配得很时尚”。

每个人都希望被他人关注，哪怕是自身发生了细微的变化，也期待被别人发现。比如你的老板今天换了新领带，你说声：“这条领带你第一次戴，真漂亮，在哪儿买的？”他一定会愉快地接受你的赞美和关心，对你产生好感。特别是女性，尤其注意自己的穿戴，一旦有人注意到了她服饰的变化，她定会感到由衷的欣喜，这时你们之间的距离也便随之缩短了。细心的人会留意这种小改变并及时指出，比如“你最近减肥很成功”、“这个设计做得真不错”等，这会给对方一种你很在乎他的感觉。所以，当你觉察到他人的变化时，就要大胆地表达出来。对于好的变化，更不要吝惜赞美之辞。

佳佳是某公司的一名助理，不但业务能力很强，而且能说会道，深受大家的喜爱。

早上，经理刚踏入办公室，佳佳就发现，经理今天穿了一套新西装。佳佳走到经理面前，及时称赞道：“经理，你这西装穿得真帅气。你个子高，显得更加英俊潇洒，玉树临风啊！”其他几位同事也一起附和道：“是啊，帅呆了。”

经理很得意地转了一圈，回自己的办公室了。

人人都需要被肯定，留意他人细微的变化并指出来，会令对方感觉到他在你心目中的地位很重要；相反，对他人的变化视而不见，就会令人觉得你没有把他放在眼里。所以，当你周围的人有什么显著变化的时候，要及时地指出来，及时地给予称赞。

从小处着手夸奖别人，不仅会给别人以出乎意料的惊喜，而且可以使你获得待人关心、体贴入微的印象。如果你去关注他人的细微变化和特长所在，从细微之处对其进行赞美，那么对方在你的赞美声中，将会收获一份温情和感动，因而他对你也将大有好感。

乾隆皇帝喜欢处理政事之时品茶、论诗，对茶道颇有见地，并引以为荣。有一天，宰相张廷玉精疲力竭地回到家刚想休息，乾隆忽然来造访，张廷玉感到莫大的荣幸，称赞乾隆道：“臣在先帝手里办了13年差，从没有这个例，哪有皇上来看下臣的！真是折煞老臣了！”张廷玉深知乾隆好茶，命令把家里的陈年雪水挖出来煎茶给乾隆品尝。乾隆很高兴地招呼随从坐下，“今儿个我们都是客，不要拘君臣之礼。生而论道品茗，不亦乐乎？”水开时，乾隆亲自给各人泡茶，还讲了一番茶经，张廷玉听后由衷地赞美道：“我哪里懂得这些，只知道吃茶可以解渴提神。一样的水和茶，却从没闻过这样的香味。”另一位大臣李卫也乘机称赞道：“皇上圣学渊源，真叫人瞠目结舌，吃一口茶竟然有这么多的学问！”乾隆听后心花怒放，谈兴大发，从“茶乃水中君子、酒乃水中小人”开始论起“宽猛之道”。真是妙语连珠、滔滔不绝，众臣洗耳恭听。乾隆的话刚结束，张廷玉赞道：“下臣在上书房办差几十年，两次丁忧都是夺情，只要不病，与圣祖、先帝算是朝夕相伴。午夜扪心，凭天良说话，私心里常也有圣祖宽，世宗严，一朝天子一朝臣这个想头。我为臣子的，尽忠尽职而已。对陛下的旨意，尽力往好处办，以为这就是贤能宰相。今儿个皇上这番宏论，从孔孟仁恕之道发端，譬讲三朝政纲，虽然只是三个字‘趋中庸’，却振聋发聩，令人心目一开。

皇上圣学，真是到了登峰造极的地步。”其他人也都随声附和，乾隆大大满足了一把。张廷玉和李卫作为乾隆的臣下，都深知乾隆对自己的杂经和“宏论”引以为豪。而张李二人便投其所好，对其大力赞美，达到了取悦皇帝的目的。

有的时候并不是什么伟大举动才值得让人赞美，相反，一些微乎其微的小事更值得你给予肯定和称许。所以，要赞美别人就要从细微之处出发。

我们知道，小事往往很容易被人们忽视，所以你必须做一位有心人，善于发现赞美的题材，发掘潜藏于小事背后的重大意义。学会从小事赞美对方，会给别人出乎意料的惊喜，它是送给别人最好的礼物和报酬，是搞好人际关系的隐性投资。

一位保安巡逻时发现仓库门口的灭火器坏了，他及时将情况报告给总经理。总经理安排相关负责人买了新的灭火器重新布置好。一晃半年过去了，谁也没有把这件事放在心上。有一天库房因电线短路突然起火，幸好及时扑灭，忙乱中，总经理首先想到的是那位细心的保安。如果不是他发现灭火器坏了，及时更换，那么库房恐怕完了，公司也保不住了。于是，总经理及时赞美了这位保安，代表公司向他致谢，并号召全体员工向他学习。

千里之堤，溃于蚁穴，小事的确不可忽视。要从小事赞美别人自己首先得做一个有心之人，善于发掘赞美的材料，看到小事身后的重大意义，这就要留心观察，细心思考。

法国总统戴高乐在1960年访问美国时，在一次尼克松为他举行的宴会上，尼克松夫人费了很大的心思布置了一个鲜花展台，在一张马蹄形的桌子中央，用鲜艳夺目的热带鲜花衬托了一个精致的喷泉。

戴高乐将军一眼就看出这是主人为欢迎他而精心制作的，不禁赞不绝口："女主人真是用心，这一定花了很多时间来进行漂亮、雅致的计划与布置。"尼克松夫人听后，喜悦之情溢于言表。

也许在其他人看来，尼克松夫人布置的鲜花展台不过是她作为一位副总统夫人的小事，没什么值得赞美的；但戴高乐将军却能领悟到她的苦心，并因此向夫人表示了特别的肯定与感谢，从而也使尼克松夫人异常高兴。

真正善于发现别人优点的人，能避开盲点，从微不足道的小事夸奖别人一下，其赞美的效果，可谓"星星之火可以燎原"。如果要想使你的赞美之辞听起来更真诚，更贴切，更实在，就要善于从细节上去赞美别人。也只有从细节上下手，才能真正抓住事物的实质，把赞美别人的话说得滴水不漏，从而让别人打心里接受你的赞美。

公司的王经理行事谨慎很低调，很多职员想要恭维和赞美他时总觉得无从下手。但通过一段时间的观察，周明发现王经理对数字很敏感，经过他手上的有关数据和资料他总是能记得一清二楚。

发现了这一点后，平常在与王经理交流工作时，周明就装作不经意地对王经理说："经理，您的记忆力实在太好了，简直是过目不忘，任何数字的变动都逃不过您的眼睛，要是每个人的记忆力都像您这么好，我们的电脑早就可以淘汰了……"

王经理听后，心里很受用，嘴上却说："哪里哪里……我只是对数字比较感兴趣而已。"

因为周明能从细微之处对王经理进行赞美，让经理觉得他是个懂得观察和学习的好员工，因此自然对周明有了更多的好感。

在这里，周明就做到了细心观察，发现王经理不太明显的优点之处，从细微处对他进行赞美，让王经理感到很受用。

要学会赞美他人，就要学会从小事开始赞美。别人的生活习惯或者做事风格或者某一方面的特长，都可以作为你从细微处入手的关键。这些细微之处犹如一块块未经雕琢的璞玉，如果你没有一双识别它们的慧眼，细心鉴别，你也很难发现它真正的价值所在。在平时的生活中，让自己做一个有心人，善于发掘赞美的“素材”，看到小事背后存在着的重大意义。

常言道：“泰山不拒细壤，故能成其高；江海不择细流，故能就其深。”所以，大礼不辞小让，细节决定成败。“勿以恶小而为之，勿以善小而不为。”赞美别人也是一样，勿以善小而不赞。

多在背后称赞他人的优点

赞美的奥妙和魅力是无穷的。在赞美一个人时，不同的方式所起到的效果也是不一样的。最有效的还是在背后赞美他人。正如罗斯福的副官布德所说：“背后颂扬别人的优点，比当面恭维更为有效。”

在人背后称扬人，在各种恭维的方法中，要算是最使人高兴的，也最有效果的了。如果有人告诉我们：某某人在我们背后说了许多关于我们的好话，我们会不高兴吗？这种赞语，如果当着我们的面说给我们听，或许反而会使我们感到虚假，或者疑心他不是诚心的，为什么间接听来的便觉得悦耳呢？因为那是真诚的赞语。

张晓和李然在同一家公司工作，两个人平时关系比较好。后来因为一件小事产生了误会，两个人很长时间都不说话。彼此感觉都非常尴尬，但因为自尊心作祟，谁也不愿意先开口讲和。

一天，张晓看到一篇关于在背后说人好话的文章，于是灵机一动。她在与办公室其他同事闲聊的时候，趁李然不在，就对别的同事说了几句李然的好话："其实，李然这人挺不错的。为人正直、热情，有好几次她都对我伸出援手。如果没有她，我现在的工作也不会这么顺心，我在内心还是很感激她的。"

这几句话很快就传到李然的耳朵里了。听到这些话，李然心里不由得生出一丝愧疚，于是找了个合适的机会，主动和张晓握手言和了。

当面的批评和指责，不能解决任何问题，甚至会让当事人产生更大的不满和抵触情绪。但背后的赞美却会取得意想不到的效果。

有时，赞美并不需要你挖空心思去想各种优美的语句、华丽的辞藻，也不用你费尽心机找各种场合去讨好别人，背后"不经意中"把赞美的语言送了出去，反而效果出奇的好。

赞美的魅力是无穷的，但是，最有效的赞美是在背后赞美他人。比如，你当着领导和同事的面赞美领导，你的同事一定会认为你在讨好领导，拍领导的马屁，从而引起周围同事的反感。而假如你在领导不在场的时候，说一些赞美领导的话，这不仅不会让同事觉得你是在拍马屁，而且你的赞美，很快就能传到领导的耳朵里。

陈忠总是以一颗宽容的心看待这个世界。大学还没毕业的时候，同学们经常在一起讨论社会是多么的险恶，职场是多么的狡诈，可陈忠却总是说："没有人想自己是一个坏人，大家总要站在别人的角度多思考问题，将心比心嘛。"宽以待人也是陈忠一向的处事原则。

时间过得很快，一转眼陈忠大学毕业来到一家私企上班。老板是个40多岁上下的中年男子，做事稳重不失严谨，但很多时候对下属的要求也有些过于严厉。可是，陈忠却觉得这样很好，在一次不经意间的同事闲聊时就提到："我觉得老板对咱们严格一些挺好的，尤其像我们这些没有经验的，如果一开始就太放纵反而不利于我们自身的发展。能跟这样一位领导做事是我们的福分。”就是这样的几句赞美之词悄悄地传到了老板的耳朵里。

后来，领导对陈忠的关注更多了一些，发现他不但待人宽容，做事也很到位，能成大器，于是公司总监的位子就交给了他。

陈忠的背后赞美或许并没有想到过会传到领导的耳朵里，可是一经传入就引起了领导的关注，从而为自己赢得了更多的机会。

事实证明，在背后称赞别人的优点能起到事半功倍的作用。据国外心理学家调查，背后赞美的作用绝不比当面赞扬差。此外，若直接赞美的力度不足会使对方感到不满足、不过瘾，甚至不服气，过了头又会变成恭维，而用背后赞美的方法则可以缓和这些矛盾。因此，有时当面赞扬不如通过第三者间接赞扬的效果好。因为那样的赞美更真实，是真正发自内心的，聪明的人总是善用这一技巧。

有一位员工与同事们闲谈时，随意说了上司几句好话：“咱们经理这人真不错，处事比较公正，对我的帮助很大，能够为这样的人做事，真是一种幸运。”

这几句话很快就传到了经理的耳朵里，经理心里不由得有些欣慰和感激。

而那位员工的地位也在经理心里上升了。就连那些“传播者”在传达时，也忍不住对那位员工夸赞一番：“这个人心胸开阔、人格高尚，难得！”

赞美他人，当面说好话固然能起到作用，但背后赞美的效果更明显。通常，当面说好话，别人会以为你是在奉承他、讨好他。而当你的好话在背后说时，别人会认为你是出于真诚的，是真心地说他的好话，如此，别人也会领你的情，并感激你。

刘鑫在一家教育培训机构工作，她的上司李女士是一个30出头的女人，精明能干。有一次，上司检查之前联系的厂家定做的教具样品觉得非常不满意，无论从材质、款式、色彩还是从质量上都比要求的低一个档次。送货的厂家代表却认为他们生产的东西是按照当初的标准定的，没有问题。上司并没有对送货人员大声斥责，非常冷静地将这件事圆满地处理了。

事后，目睹了全程的刘鑫对邻桌的同事说："李姐真是厉害，一下子就把事情解决了。什么时候我能像李姐那样有能力、有魄力就好了！"

过了几天，上司将刘鑫叫到办公司，微笑着问她："你愿不愿意接一个非常难做但是很锻炼人的项目？"刘鑫非常惊讶，要知道，她之前做的都是一些打杂性质的工作，这次的机遇真是一个惊喜。她连忙说："您信任我才会考虑让我做这个项目，如果我接了这个项目，一定全力以赴！"

刘鑫离开办公室之前，上司开玩笑道："放开胆子干，有什么不懂的就问我，多锻炼锻炼，你也能像我一样有魄力！"刘鑫这才知道上司培养自己的原因。

在背后说别人的好话，会被人认为是发自内心、不带私人的动机。其好处除了能给更多的人以榜样的激励作用外，还能使被说者在听到别人"传播"过来的好话后，更感到这种赞扬的真实和诚意，从而在荣誉感得到满足的同时，增强了上进心和对说好话者的信任感。

有时候，赞美并不需要你挖空心思去想各种华丽的词语，也不用你费尽心机找各种场合去讨好别人，情商高的人，总是在不经意中就把赞美的语言传达出去，效果却是出奇的好。如果你想让他人增加对你的好感，就学会在背后赞美吧！

第五章　幽默风趣，情商高的人大多是幽默大师

幽默，是最高级的情商

情商高的人大多知道幽默的力量，并且会自觉地将幽默的力量发挥到极致。一句幽默的话，不仅能够缓解原本紧张的气氛，还很好地体现了一个人的智慧和修养。生活中懂得适度幽默能建立良好的人际关系，试问谁不希望朋友能让自己轻松一笑呢？

美国某大学读博士的劳拉要结婚了。一向交游广的她，却在众多追求者中选择了汤姆作为交换婚戒的对象。得知这个消息后，她的很多同学大感诧异，因为汤姆在所有追求者当中既不是最帅，也不是最有钱的。

人们问为什么是他？劳拉的嘴角向上扬起：“很简单，因为他最能让我笑！”原来如此！他是以幽默感赢得了美人芳心，笑出婚姻，的确精彩。

这世上还有什么比欢笑更能感染人的呢？只要你掌握了给人带来快乐的方法，你也就更容易获得人们的接受和肯定，成为一个社交场上有影响力的人。“百万富翁的创造者”拿破仑·希尔曾经说过：“如果你是个幽默的人，那么你就会轻而易举地去影响你周围的人，让他们永远喜欢你；如果你是个悲愤的人，即使你身边充满了欢乐的海洋，你也会看不到的。”

有人说，当你同别人一起笑的时候，感情也就和他人之间得到了交流。

很多人之所以招人喜欢，让人愿意与其交往，不仅因为他是个极有才华的人，更主要的原因是他的幽默能够活跃气氛，给人留下深刻的印象和美好的回忆，使得彼此之间第一次交往就变成朋友之间友好的聚会。

与人交流的时候，多用一些幽默的语言，不仅可以消除人与人之间的疏离感，还能达到人我交融的美好境界。许多政治家、教育家、艺术家、谈判家都知道，如果把幽默的神奇力量注入潜意识之中，就可以使自己更容易让人亲近，更富有人情味。

德国剧作家考夫曼在他二十几岁时有一万美元，在当时可是好大一笔钱。他的两位朋友——喜剧演员马克兄弟，建议他投资买股票。

于是，考夫曼投资下去，结果是他这一万美元在1929年股票市场大惨跌中，全部泡汤了。

但是，考夫曼却很豁达地说：任何人要是听了马克兄弟的话，把钱拿去投资，都活该泡汤。

这是何等的幽默！何等的气魄！何等的人格魅力！

幽默存在于生活的方方面面，我们不得不承认，一个善于运用幽默的人是魅力十足的。一位心理学家告诉我们：“如果你能使一个人对你有好感，那么，你也就可能使周围的每一个人，甚至是全世界的人，都对你有好感。只要你不是到处和人握手，而是以你的友善、机智、风趣去传播关于你的信息，那么空间距离就会消失。”

幽默的特点就是令人发笑，使人感觉快乐、欣悦和愉快，把这一特点运用到社会生活中，就会得到意想不到的效果。

在一次电视台主持人招聘面试中，考官问一位前来面试的女大学生：“三纲五常中的‘三纲’指什么？”

这名女学生颇为自信地顺口答道：“臣为君纲，子为父纲，妻为夫纲。”

她刚好把三者关系颠倒了，引起了众多考官的窃笑。一个年长的考官善意地提醒她：“说反了吧，放松些，不要太紧张。”

女学生镇定自若，不苟言笑：“没反呀，我指的是现代社会新‘三纲’，我们国家人民当家做主，人大代表的意见最重要，当然是‘臣为君纲’；众所周知，计划生育管住了大量的‘小皇帝’的产生，这不是‘子为父纲’吗？现如今，‘半边天’的权利逐渐升级，‘妻管严’、‘模范丈夫’在社会上广为流行，难道不是‘妻为夫纲’吗？”

这位女学生机敏幽默的回答，征服了所有考官，最终使她顺利通过了面试。

幽默是人际交往的法宝，是交流会谈中的调味品，是沟通情感距离的纽带，是沟通心灵的桥梁。风趣幽默的口才是一种艺术，它往往能使你产生“四两拨千斤”、一言九鼎的威慑力。

幽默大师卓别林曾经说过：“幽默是智慧的最高表现，具有幽默感的人最富有个人魅力，他不仅能与别人愉快相处，更重要的是拥有一个快乐的人生。”的确，幽默是沟通最好的清凉剂，培养幽默感有助于彼此的沟通。在通常情况下，真正精于沟通艺术的人，其实就是那些既善于引导话题，同时又善于使无意义的谈话转变成风趣幽默者。这种人在社交场上往往如鱼得水、左右逢源，可算是人际沟通中的幽默大师。

富有幽默感的人总是让人印象深刻并受到欢迎的。他能使枯燥的会议气氛变得活跃，朋友间的聚会更加红火热闹；让严肃的上司，松弛了板着的面孔；让拘谨的下属，缓和了紧张的心情。与他相处，不管是初次见面，还是久别重逢，都让人感到轻松愉快。这样的人，怎么能不招人喜爱呢？

所以，学着适当地掌握一些幽默的技巧，给生活增添一道幽默和诙谐的色彩吧。如果能够在初次见面时，就用你的巧语妙言逗得对方开怀一笑，那么，之后的人际交往将会更加愉快！

让幽默成为吸引力，让别人爱听你说话

生活中有这么两种人，你更愿意与谁交往?

第一种：风趣幽默，总把微笑挂在脸上。当有人闷闷不乐时，他会有意无意地说个笑话，博人一乐；当气氛沉闷时，他会就地取材，幽人一默；当大家背经文般寒暄的时候，他却不失时机地插科打诨，拉近彼此的距离。只要你不拘束，尽可以跟他说说笑笑。

第二种：缺乏幽默感，不苟言笑。当你们无聊地行走在楼宇之间的时候，他一言不发地低着头，像是捕捉“拾金不昧”的机会；当你同他拉家常的时候，他有条不紊地作答，比作八股文还枯燥；当你想从他的脸上捕捉笑意时，他却摆着一副“英勇就义”的面孔。哪怕经过长时间的磨合，你们的关系再熟，你也不敢跟他开玩笑，因为他随时有可能一反常态，弄得你极其尴尬。

相信大多数人还是愿意与前者沟通的，因为他们的话语会不断地引你发笑，让你分享到生活的乐趣，从他们身上你能感受到更多的快乐。

有一位植物学教授，他教的课程虽然是冷门课程，但只要是他上课，几乎堂堂爆满，甚至还有人宁愿站在走廊边旁听，原因并不是这位教授专业知识多吸引人，而是他的幽默风趣风靡了全校园，使得学生们都喜欢上他的课。

一次，该教授带领一群学生深入山区做校外实习，沿途看到许多不知名的植物，学生好奇地一一发问，教授都详细地回答解说，一位女同学不禁停下了脚步，对着教授赞叹地说：“老师，您的学问好渊博呀，什么植物都知道得那么清楚！”教授回头眨了眨眼，扮个鬼脸笑道：“这就是我为什么故意走在你们前头的原因了，只要一看到不认识的植物，我就‘先下脚为强’赶紧踩死它，以免露馅！”学生们听了哈哈大笑，可见，这次实习之旅是一趟充满了笑声的愉悦之旅。

当然，教授只是开个玩笑，幽默一下而已，这也就是他广受学生欢迎的原因。

幽默可以彰显一个人无穷的魅力，在人际交往中，如果能巧妙运用幽默的语言，就会增加你的人气，提升你的魅力。

幽默有助于社交活动，幽默的谈吐，是社交场合必备的智慧。在成功的人际交往中，幽默能使人在不利的情况下保持快乐的心情，也能使周围的人与自己一同快乐。

有人说：“博人好感者必善于幽默。”虽然这句话显得有点太夸张绝对了，但是，幽默在人际交往中确实起着不可小觑的作用。如果你想在交往中很快得到别人的友谊，就要善于运用幽默的力量。

有一位中学生在自己的日记中写道：“叔叔的到来，使我们这个原本非常枯燥的房子里充满了阳光。他有一种天生的魅力，对任何事情都很乐观。在他到来之前，爸爸妈妈和我，三个人待在家里，除了柴米油盐，就是看电视和睡觉，平平淡淡，毫无亮色。爸爸一向不愿意多说话，妈妈只是个不停忙上忙下的人。从他们身上，我感觉到生活好像只不过是时间的流逝。叔叔从老家来了，给我们这个三口之家注入了新的活力。他看问题的奇特视角，风趣的言谈，爽朗的笑声，就像一股春风，让这所单调乏味的房子变得生意盎然起来，他是我见过的最幽默的人，他似乎总有讲不完的笑话。有一次在饭桌上，爸爸请他讲他在部队的事情。叔叔立即给我们讲了一个故事：他有一次带新兵训练，让大家在原地跑步，为了让大家的心思更加专注，他请新兵们把原地跑想象为自己在骑自行车。他刚提出这个建议，就看见一个新兵立即停下来，一动也不动。叔叔问他为什么停下来，那位新兵说：‘报告班长，我的自行车正在下坡。’听了这个故事，我们明明知道是假的，可是还是忍不住笑得前仰后合。我真希望叔叔能常住我家，永远不走！”

如果你具备了幽默的能力，那么，你就会发光，就会产生吸引力。

《趣味世界》的编辑雷格威尔也说过：“原始人见面握手，是表示他们手上不带武器。现代人见面握手是表示我欢迎你，并尊重你。以幽默来打招呼，则是有力地表示我喜欢你，我们之间有着可以共享的乐趣。”

现代幽默理论认为，幽默能在参与者之间产生一种强烈的伙伴感和一致对外的攻击性。幽默能一下子拉近两个人之间的感情距离，因为一起笑的人表明他们之间已经有了共同的兴趣、爱好，这是社交成功的第一步，也是很关键的一步。

作家马克·吐温就是一个机智幽默的人。有一次他去某小城，临行前别人告诉他，那里的蚊子特别厉害。到了那个小城，正当他在旅店登记房间时，一只蚊子正好在马克·吐温眼前盘旋，这使得职员不胜尴尬。马克·吐温却满不在乎地对职员说：“贵地蚊子比传说不知聪明多少倍，它竟会预先看好我的房间号码，以便夜晚光顾、饱餐一顿。”大家听了不禁哈哈大笑。结果，这一夜马克·吐温睡得十分香甜。原来，旅馆全体职员一齐出动，驱赶蚊子，不让这位博得众人喜爱的作家被“聪明的蚊子”叮咬。幽默，不仅使马克·吐温拥有一群诚挚的朋友，而且也因此得到陌生人的“特别关照”。

幽默宛如一座桥梁，是沟通人心灵的桥梁。

幽默者最有人情味，与这样的人相处，每个人都会感到快乐。

如果你希望有所成就，希望引人注目，希望社交成功，那么你就应该学会和别人来点幽默，共同地笑。幽默像春风一样，使愉悦充满两人的交际场中，表达着你的真诚和温情。

幽默是一个人魅力的体现，也是一个人的能力，更是一个人的品格。如果你具备了幽默的能力，那么，你就会发光，就会产生吸引力。但是，千万要注意，不要把拙劣的玩笑当作幽默，否则只会弄巧成拙，适得其反。

培养幽默感，成为最受欢迎的人

幽默是人际交往中的吸铁石，可以将周围的人吸引到你身边来。幽默也是转换器，可以将痛苦转化为欢乐，将烦闷转化为欢畅。每个人都喜欢与机智幽默的人做朋友，而不愿与忧郁沉闷、呆板、木讷的人交往。

作家纪伯伦曾说过："大智慧是一种大涵养，有涵养的人才善于学习。我们从健谈的人身上学到了幽默。"幽默的谈吐，是社交场合必备的智慧，幽默风趣的人往往更受人欢迎。

三位女人到一家公司面试一份秘书工作，面试的最后问题是："如果你发现你这个月的薪水多出一百美元，你会怎么处理？"

第一位答道："我会直接通知有关部门，先生！"

第二位答道："我会写一张通知到有关部门，低调处理！先生！"

第三位答道："先生，坦白地告诉你，我会当什么事都没发生过，然后给自己买一件上衣。"

你猜谁会被录用？

答案：买上衣的女人！

幽默是一个人对待生活态度的反映，是对自身力量充满自信的表现。只有对自己的前景充满希望，才能发出由衷的笑声。一个具有幽默感的人，能时时发掘事情有趣的一面，并欣赏生活中轻松的一面，建立起自己独特的风格和幽默的生活态度。这样的人，容易令人想去接近；这样的人，使接近他的人也分享到轻松愉快的气氛，这样的人，更能增添人的光彩，更能丰富我们生活的这个社会，使生活更具魅力，更富艺术。

幽默是一种良好的修养，一种充满魅力的交际口才技巧。得体的幽默能制造宽松和谐的交谈气氛，能改善人际关系或摆脱困境，实现完美人生。尤其是在与领导说话时，得体的幽默更能博得领导的好感，拉近与领导之间的距离。

秘书小李就是一个既会做事，又懂幽默的人，深得方总的赏识。有一天，一个陌生电话打来，劈头盖脸的就是一句："我找你们方总。"不知姓甚名谁，小李便很客气地问了一句："我是方总的秘书，请问您是哪位？"对方似乎不买小李的账，很不耐烦地道："你不用管我是谁，我和方总是朋友，你只管找他接电话就行。"但是小李也没有就此罢休，很幽默地回了一句："先生，我很抱歉，方总的所有电话都是我过滤之后再转给他的。"对方愣了一下，也只好自报身份。这事后来被这位先生"泄露"到方总那里，方总听后哈哈大笑，觉得小李做得很好。

还有一次，小李去方总家里送材料并领取新的工作指示。刚坐下不久，方总的太太就热心地招呼小李，结果一不小心将一大杯饮料打翻，全都倒在小李穿的那双新鞋上。方太太很尴尬，方总也不高兴地瞪了太太一眼，小李却不甚在意地笑笑说："通常情况是先脱鞋再洗脚的。"一句话逗得大家都笑了，尴尬也烟消云散了。

幽默是快乐的源泉，它可以帮助我们摆脱生活中的烦恼，与他人建立和谐的关系，从而实现最终的人生目标。

幽默的特点是令人发笑，使人快乐、欣悦和愉快，把这一点运用到社交生活中，会取得令人叹为观止的效果。幽默的话语可以在心与心之间搭起一座沟通的桥梁，消除人与人之间的疏离感和陌生感。社会交际中，将幽默感这种神奇的力量注入自己的语言里，能使自己更富有人情味，更容易与人沟通。

那么，怎样培养幽默感呢？

1．不断丰富自己的知识

幽默是一种智慧的表现，它必须建立在丰富知识的基础上。一个人只有有审时度势的能力，广博的知识，才能做到谈资丰富，妙言成趣，从而做出恰当的比喻。因此，要培养幽默感必须广泛涉猎，充实自我，不断从浩如烟海的书籍中收集幽默的浪花，从名人趣事的精华中撷取幽默的宝石。

2．灵活运用修辞手法

极度的夸张、反常的妙喻、顺拈的借代、含蓄的反语，以及对比、拟人、拈连、对偶……都能构成幽默。另外，选词的俏皮、句式的奇特也能构成幽默。表达时，特殊的语气、语调、语速以及半遮半掩或者委婉圆巧、引而不发，甚至一个姿势、一个心照不宣的微笑，都能表达意味深长的幽默和风趣。

3．培养高雅的情趣

幽默是有雅俗之分的。好的幽默不但令人笑，笑之后精神还为之振奋，情操得到陶冶，感情得到满足，得到美的享受，而且也表现了幽默人的修养、气质的高超。而低俗的幽默，是智力贫贱的产物，使人觉得荒唐、无聊与庸俗，幽默者本人是不会得到真正的朋友的。

4．培养深刻的洞察力

提高幽默感的另一个重要方面就是提高观察事物的能力，培养出机智、敏捷的能力。只有迅速地捕捉住事物的本质特征，以恰当的比喻、诙谐的语言，才能使人们产生轻松的感觉。

总之，培养自己的幽默感，并非是一朝一夕的事情，只有在日常生活中处处留心，经常向幽默高手学习、互动，你才有可能成为一个有幽默感的人。那样的话，你也一定能赢得更多人的喜欢。

妙用幽默，在笑声中增进与领导的关系

幽默是一门魅力无穷的语言艺术，它可以化解许多人际间的冲突或尴尬的情境，能使人的怒气化为豁达，亦可带给别人快乐。在职场中，如果你与领导的沟通能适时加入一些幽默的话语，就能缓解彼此之间紧张的谈话气氛，拉近彼此的距离。领导在欢声笑语中也容易对你产生好感，从而在今后的工作中更加重用你。

比尔·罗杰斯说过："幽默感是工作场合人际交流关系的润滑剂，它威力无穷，可以打破僵局，也可以提高生产力。"在职场中，那些游刃有余、左右逢源的人，除了拥有实力外，还有一点，就是懂得掌控诙谐或幽默的技巧，遇到困境或烦闷时，讲个笑话，开个玩笑，娱人悦己，既能缓解气氛，又能摆脱不必要的麻烦。结果同事喜欢，领导爱护，何乐而不为?

周一早晨上班，小王与经理有了下面一段对话：

经理："听说你周末去郊外骑马了，骑得怎么样？"

小王："不太坏，不过我那马太客气了。"

经理："太客气了？"

小王："是呀！当我骑到一道篱笆前的时候，它让我先过去了。"

经理一听这话便知道是马把小王摔下来了，而小王却自我解嘲说是"马太客气了"，由此产生了逗人发笑的效果。

领导在欢笑之余也会觉得小王具有不错的幽默细胞，自然会对他有不错的印象。

幽默的良好效果在很大程度上取决于它的调侃。几乎没有领导喜欢自己的下属总是呆板和过于一本正经，而往往更喜欢那些能够给办公环境创造轻松氛围的人。因此，懂得幽默更容易给工作环境带来轻松和快乐，从而使同事和领导都更喜欢你，使你成为职场上很受欢迎的人。

有一个刚毕业的女大学生，求职经历很是不顺。一次，她求职一家外企的文秘职位，在网上把简历发出去以后，对方很快将未能录用她的通知用电子邮件发给了她。可能是系统出现了什么错误，对方接连发了两封E-mail给她。她于是就幽默了一把，根本没有想到这把幽默还能够给她带来什么好运，她这样回信说："既然您对没有录用我表示如此的遗憾和内疚，那么为什么就不能给我一次面试的机会呢？"然而，她万万没有想到，可能就是由于那封信的原因，对方给了她一个更好职位的面试机会，并且她顺利通过了。

在后来与外国经理的相处过程中，她也总能够抓住机会幽默一下，使得本来尴尬的气氛变得缓和，而且，结局永远是快乐的。

例如，有一次，外国经理不小心把一杯可乐打翻在了办公室里的地毯上，他很不好意思地对这个女孩说："一会儿蟑螂部队肯定会大规模地袭击我的办公室。"这个女孩想了想，微笑着看着经理说："绝对不会，因为中国的蟑螂只喜欢吃中餐。"经理很愉快地看着他，放声大笑，以后的日子里，她很是得到这位经理的器重，工作也非常顺利。

幽默是一种智慧、一种艺术，它可以体现出一个人的知识与修养。如果能善于用幽默的语言跟领导交流，就能有效拉近你们的距离。幽默能够引发喜悦，带来欢乐。幽默可以改善自己的人格和品质。幽默在文明社会中已经成为人们精神生活的一个重要方面。

小李长得比较瘦，经理在工作之余经常拿他开玩笑。

这天，经理又拍着小李瘦弱的肩膀笑着说："小李，就你这个小身板，真是活脱脱一只瘦猴。"

小李听了就机智地说道："经理，瘦猴也有瘦猴的好处呀，比如说机灵，比如说反应灵敏。我要不是有这些优点，您当初也不会把我招进公司了呀。"

经理一听到小李的回答，不由得笑了。

面对经理有点调侃的玩笑话，小李没有气恼，而是顺势抓住经理的话头，巧妙地和经理开起了玩笑，最后经理也被他逗笑了。

其实，在与领导交往的过程中，你并不需要每天都毕恭毕敬，有时候，如果能恰当地制造幽默，往往会收到很好的效果。

有一个人在市场上买了6只来自中国的麻雀，决定用它们去讨好国王。

按照这个国家的习惯，7是大吉大利的数字。要是送去6只，国王兴许会不高兴的，他一发怒，可就麻烦了。

但是，中国麻雀只有6只，怎么办呢？他想了半天，决定混进一只本国麻雀，凑足7只，献给国王。

国王一见，果然高兴。他仔细地把它们逐一玩赏了一遍，突然发现有一只本国麻雀混在里边，立即大怒，责问他："这是怎么回事？是不是你自恃博学多识，欺我寡陋无知？”

这个人一听，知道自己闯了大祸，吓得瑟瑟地发抖。突然，他想起一个理由，忙对国王说：“陛下，这只本国麻雀是一位翻译。”

国王听后，哈哈大笑。

幽默是一种良好的修养，一种充满魅力的交际口才技巧。身处竞争激烈的职场，拥有了幽默就意味着比别人拥有更多的机会。幽默具有极大的包容量和亲和力，它不仅可以使人轻松摆脱尴尬，更可以树立自己的形象，增加自己的人格魅力和人际吸引力。总之，幽默是与领导沟通的有效捷径，它能在无形间拉近你和领导的距离，给领导留下良好的印象，从而有利于你的职场发展。

调节气氛，幽默一笑解窘境

幽默是摆脱尴尬窘境的妙方。生活常给我们出些难题，既教会我们的智慧，又教会我们的人格。学会了幽默，可以巧妙地为自己和他人化解难堪，可以为生活增添更多的笑声，可以让人际交往其乐融融。

某公司职员向经理请假说下午去看牙医，经理便同意他早退。

然而当天下午。经理在办公室看电视转播的棒球赛实况时，却看见那位职员和他的女朋友坐在观众席上！

第二天上班，经理一见到那位职员就责问：“你说你昨天看牙医，怎么又跟你女朋友看棒球去了呢？”

那位职员表情一怔，随即回答：

“啊！经理，原来昨天你也在看球赛！坐在我旁边看比赛的那个她，就是我的牙医呀！”

这位职员的回答很巧妙、很滑头，谁都不难听出他是在胡扯，但是经理见他表现如此机灵，也就一笑置之地原谅了他。

当面临窘境时，如果不懂得灵活反应，只会让自己陷入更加不利的境地。这时，不妨运用幽默的方式为自己开脱，对方在你的机智话语中也会比较容易谅解你。

幽默是一门魅力无穷的语言艺术，它可以化解许多人际间的冲突或尴尬的情境，能使人的怒气化为豁达，亦可带给别人快乐。具有幽默感的人无论到何处都会受到欢迎。在生活中，如果你能适时加入一些幽默的话语，就能缓解彼此之间紧张的谈话气氛，拉近彼此的距离。

在一艘游船上，一位有妻室的辩论能手与一位漂亮时尚的女子同在一个客房。经过交谈，女子被辩论能手的语言魅力深深吸引，想引诱他。

她躺在软席上说：“先生，我觉得好冷。”辩论能手很绅士地为她盖上被子。但是她还是说冷。于是辩论能手把自己的被子也给了她。但是那位女子还是不停地说冷。

辩论能手沮丧地问：“我还能怎么帮助你呢？”女子说：“我在家的时候，我妈妈总是用身子来暖和我。”不料辩论能手机智地回答道：“那我现在总不能跳下海去找你的妈妈吧？”

就这样，辩论能手用他的机智幽默化解了同处一室的尴尬，为两个人都赢得了一个相对轻松的空间。

幽默是人类独创的智慧。在尴尬中使用幽默是一种无懈可击的力量，在你或者别人遇到尴尬的时候，不妨来一剂幽默的空气清新剂。

里根总统第一次访问加拿大的时候，有一天，他正在某地举行演说，可是，很多举行反美示威的人不断高呼反美口号，使他的演说不得不时时中断。

陪同他的加拿大总理皮埃尔·特鲁多见此情景很难为情，眉头紧紧皱了起来，觉得示威的人群对这位美国总统太不尊重。

可是，面对如此难堪的场面，里根总统仍然是一脸的轻松。他满面笑容地说："这种事情在美国时有发生。我想这些人一定是特意从美国来到贵国的，他们想使我有一种宾至如归的感觉。"

紧皱双眉的特鲁多听了这话顿时松了口气，也跟着开怀大笑了起来。

很多人遇到这种难堪的局面，都会觉得很尴尬，这样对自己对事情的发展都没有任何的好处。不妨学学里根总统，运用诙谐幽默的语言和表情，轻轻松松化解尴尬，赢得了别人的尊重。

幽默是生活中不可缺少的因素，一个人幽默与否，也是对这个人情商高低的一种检验。在尴尬处境中表现出来的小幽默，不仅可以给人带来轻松愉快的心情，还能营造和谐融洽的相处空间。

一个演员唱乐亭大鼓时，鼓板没打几下，那鼓砰然落地，观众哗然。主持人利用演员弯腰捡鼓的时机亲切地说："诸位，今个儿节目是临时加的，这位演员没来得及带自己的鼓，用的是别人的，看来这鼓有点认生。"一句话缓解了紧张的气氛，让我们不得不对这位主持人心生佩服。

一位杂技演员表演《踩蛋》时，不小心把脚下的一个鸡蛋踩坏了，观众都看见了，演员很不好意思地又换了一个鸡蛋，主持人连忙打圆场：“为了增加艺术效果，证实鸡蛋是真的，所以演员故意踩碎了一个给大家看。”不巧的是，主持人话音刚落，演员脚下又一个鸡蛋被踩碎了。观众马上转向主持人，这回看你怎么说。只见主持人无可奈何地叹了口气，说：“唉，社会上的伪劣产品屡禁不绝，看来不抓不行了——连母鸡都生产劣质产品！”这幽默风趣，这不用回家现取的机智，令人钦佩，一时满座粲然。

幽默是一种言语或行动，它不是刀枪剑棍、武林绝技，也不是排山倒海的兵力，它是智慧与知识的综合。在智慧之力、知识之力的辉映下，幽默也就具有了化险为夷的魔力。当你处于四面楚歌的危急情境、处于受人非难的尴尬处境，幽默都能给你转败为胜的力量。

清代有名的才子纪晓岚，体态肥胖，特别怕热，一到夏天，就汗流浃背，连衣服都湿透了。因此，他和同僚们在朝廷值班时，常找个地方脱了衣服纳凉。乾隆皇帝知道了，存心戏弄他们。这天，几个大臣正光着膀子聊天，乾隆突然从里边走出来，大伙儿急急忙忙找衣服往身上披。纪晓岚是近视眼，等看到皇上，已经来不及披衣服了，只好趴在地上，不敢动弹，连大气都不敢出。

乾隆坐了两个小时，不走，也不说一句话。纪晓岚心里发慌，加上天热，一个劲儿流汗。半天听不见动静，他悄悄地问：“老头子走了没有？”这一下乾隆和各位大臣都笑了。皇上说：“你如此无礼，说出这样轻薄的话，你给我解释清楚，有话讲则可以，没有话讲可就要杀头了。”纪晓岚说：“臣还没穿衣服，怎么回圣上的话呢？”乾隆让太监给他穿上衣服，说：“亏你知道跟我说话要穿衣服。别的不讲，我只问你老头子是怎么回事？”趁穿衣服的时候，纪晓岚已经想好了词儿。他十分恭敬地对皇上说：“皇上万寿无疆，这不是老吗？您老人家顶天立地，是百姓之头呀！帝王以天为父，以地为母，对于天地来讲就是子。

连在一起，就是老头子三个字。皇上，臣说得有错吗？”说的都是好话，当然没错，于是，皇上很高兴。纪晓岚也松了一口气，心想：以后可不敢随便称呼皇上了。

纪晚岚据理巧辩，能够自圆其说，本来是随便、轻视的一句话，被他解释成充满溢美之意的奉承话，使乾隆皇帝转怒为喜，自己也免了一场灾祸。真不愧是一位有着大智慧的人物。

正所谓“天有不测风云，人有旦夕祸福”。当你处在一种相当狼狈的境地，或者备受他人攻击和恶意侮辱时，你无须惊慌失措，也不必十分愤怒，或者万分沮丧，因为这一切都无法帮你从遭受挑衅和侮辱的境地中解脱出来。在这种时候，就需要你把自己思维的潜在能量充分调动起来，运用幽默语言做出超常的发挥，给对方以反击，就可以帮自己轻松地摆脱困境。

自嘲，提升个人魅力的幽默窍门

幽默感是一种高雅而可贵的情趣，是智慧和感情的结晶。它一直被人们称为只有聪明人才能驾驭的语言艺术，而自嘲又被称为幽默的最高境界。由此可见，能自嘲的必须是智者中的智者，高手中的高手。

自我解嘲是在自己尴尬的处境下，诙谐地为自己进行辩解或嘲讽。生活中，许多人都是善用自嘲的高手。他们利用自嘲调节气氛、化解尴尬。

英国的“一代名相”丘吉尔就是一位善于自我幽默的高手，他为世人留下了幽默典故数不胜数，绝对算得上是一位多产的幽默大师。

1915年，当时的丘吉尔还是英国的海军大臣。有一天，不知他是一时心血来潮，还是什么原因，突然要学开飞机。于是，他命令海军航空兵的那些特级飞行员教他开飞机，军官们只好遵命。

丘吉尔还真有股韧劲，刻苦学习，把全部的业余时间都搭上了，负责训练他的军官都快累坏了。丘吉尔虽称得上是杰出的政治家，但操纵战斗机跟政治是没什么必然联系的。也可能是隔行如隔山吧，总之，丘吉尔虽然刻苦用功，但是机舱里的那么多仪表丘吉尔自始至终也没完全搞明白。

有一次，在飞行途中，天气突然变坏，一段160英里的航程竟然花了2个小时才抵达目的地。

着陆后，丘吉尔刚从机舱里跳出来，那架飞机竟然再次腾空而起，一头撞到海里去了。旁边的军官们都吓得怔在那里，一动不动。

原来，匆忙之中的丘吉尔竟然忘了操作规程，在慌乱之中又把引擎给发动起来了，望着眼前这一切，丘吉尔也不知所措，好在，他并没有惊慌，装作茫然不知似的，自我解嘲道：

“怎么搞的，这架飞机这么不够意思，刚刚离开我，就又急着去和大海约会了。”

一句话，缓解了紧张的气氛，也让丘吉尔摆脱了尴尬。

自嘲无疑是帮助我们摆脱困境的最好语言手段之一。当言谈陷入窘境时，逃避嘲笑并非良方，也不是超脱。相反，你怒不可遏地反击，反唇相讥也会遭到更多的嘲讽，不如来个超脱，自嘲自讽，反而显得豁达和自信。这种超脱使自己摆脱了“狭隘的自尊心理束缚”，又堵住了别人的嘴巴。

著名女主持人杨澜，还在担任《正大综艺》节目主持人时，曾被邀请为某市的一次大型文艺晚会担任主持人。出人意料的是，在晚会演出到中途时，杨澜不小心在下台阶时摔了下来。在这种大型场合出现如此情况，确实令人尴尬，但杨澜非常沉着地爬了起来，凭着她主持人特有的口才，对台下的观众说：“真是马有失蹄，人有失足呀。我刚才的狮子滚绣球的节目滚得还不熟练吧？看来这次演出的台阶不是那么好下哩！但台上的节目会很精彩的，不信，你们瞧他们。”杨澜这段自我解嘲式的即兴话语非常成功，不但使自己摆脱了难堪，更显示出了她非凡的口才，以致她话音刚落，会场就立刻爆发出热烈的掌声。

自嘲和调侃自己常常被称为是幽默的最高境界，因为它能体现出说者豁达自信的心态，否则缺乏自信，自嘲就成了自己骂自己。一次好的解嘲往往能够使人们转移注意力，从而使自己摆脱尴尬处境，并且赢得别人的好感，收获颇丰。所以，我们在与人沟通时，要学会在适当的时候幽自己一默。

自嘲是一种幽默的说话方式，也是一个人智慧的体现，它可以协调人与人之间的紧张关系，张扬自嘲者幽默风趣的个性。巧妙地运用自嘲的方式来扭转困境，这往往要比大量的解释、道歉来得迅速有效。呵呵一笑中，大家往往能够放下误会，将不快尽付笑谈中。

清朝乾隆年间，一年中秋，乾隆皇帝召集爱臣在御花园饮酒赏月。乾隆提出要与纪晓岚对句，以助雅兴。他首先吟出上句：“玉帝行兵，风力雨箭云旗雷鼓天为阵。”罢后，他得意地朝臣子扫了一遍，把眼光停在纪晓岚脸上，看他如何回答。纪晓岚沉着得答道：“龙王设宴，日灯月烛山肴海酒地作盆。”不仅句子妥当，而且地作盆较之天为战场，气势更加宏大。乾隆听后，刚才的得意神色黯淡了，纪晓岚见这情景忙解释说：“主子为天子，故风雨云雷，任从驱遣，威慑天下；臣乃酒囊饭袋，故视日月山海，都在庭席之中。不难看出，主上好大神威，为臣不过好大肚子罢了。”经他这样自我解嘲。乾隆立刻露出得意之色，说：“爱卿饭量虽好，如非学富五车，也不会有这样大的肚子呦！”

自嘲是一种良好修养、充满魅力的语言技巧。自嘲，能制造宽松和谐的交谈气氛，能使自己活得轻松洒脱，使人感到你的可爱和人情味，有时还能更有效地维护面子，建立起新的心理平衡。

陈嘉谟是清朝乾隆年间的举人，他的门生众多，可以称得上是桃李满天下。陈老先生80多岁时，身体还是十分硬朗。一年新春，许多门生一道前来为恩师拜年，谁知老先生贪睡，门生们来时，他还没有起床。听说客人来了，老先生便匆匆忙忙穿衣上堂，同众门生寒暄叙礼。他刚一来到厅堂，就见众门生笑个不停。原来老先生慌忙之中，误穿了妻子的衣服。陈老先生便自我解嘲地说："我已经80多岁了，你师母也80岁了，今天我的做法正中了乡间的俗语：'二八乱穿衣'呀。"众门生听了之后，一笑了之。一句幽默的玩笑话化解了老先生的尴尬。

用自嘲来处理烦恼与矛盾，会使人心情愉快、其乐融融。一个有幽默感的人不仅能让人觉得相处愉快，这种幽默也常常被看成可爱至极，并能深深吸引他人。

如果说幽默是智慧和力量的结晶，那么自嘲则是智慧和勇气的结果，鲁迅说过："我的确时时解剖别人，然而更多的时候是更无情地解剖自己。"解剖自己需要勇气，自嘲同样需要勇气，一个敢于自嘲懂得自嘲的人，必定是个自信的人、人际关系良好的人。

幽默有尺度，别拿开玩笑不当回事

常言道：笑一笑，十年少。和朋友谈话时，开个得体的玩笑，相互取乐，说话不受拘束，原是一件让人高兴的事。不但可以松弛神经，活跃气氛，还能够创造出一个适于交际的轻松愉快的环境。不过有些人却自以为聪明，随意开玩笑，使朋友不快。

有一天，几个同事在办公室聊天，其中有一位李小姐提起她昨天配了一副眼镜，于是拿出来让大家看看她戴眼镜好看不好看。大家不愿扫她的兴都说很不错。这时，同事老王因此事想起一个笑话，便立刻说出来：有一个老小姐走进皮鞋店，试穿了好几双鞋子，当鞋店老板蹲下来替她量脚的尺寸时，这位老小姐是个近视眼，看到店老板光秃的头，以为是她自己的膝盖露出来了，连忙用裙子将它盖住，立刻她听到了声闷叫。“混蛋！”店老板叫道，“保险丝又断了！”

接着是一片哄笑声，谁知事后竟从未见到李小姐戴过眼镜，而且碰到老王再也不和他打一声招呼。

其中的原因不说自明。说者无心，听者有意，在老王来想，他只联想起一则近视眼的笑话。然而，李小姐则可能这样想：别人笑我戴眼镜不要紧，还影射我是个老小姐。

生活中，不少年轻人也会犯下这样的错误，自以为开的玩笑无伤大雅。但是，如果对方是个比较敏感的人，就会把你的“玩笑”看作是对自己的嘲笑而怀恨在心，以致毁了两个人的友谊，使关系变得紧张。所以，开玩笑要掌握好尺度，否则不但达不到良好的效果，还会让人尴尬，这样的玩笑不如不开。

某公司的白经理是一个能力非常强的人，刚过25岁就坐上了经理的位置，不但公司的高层对其十分器重，下属们对他也很是尊敬。不过，白经理有一个先天的“不足”，那就是长得很矮，甚至比很多女员工都矮了一截。白经理虽然平时并没有因此而表现出自卑，但员工们生怕揭了白经理的伤疤，在一起说话的时候总是对此十分避讳。

一次，白经理在吃饭的时候，跟副经理讨论当下哪款汽车比较热门。小赵端着酒杯走过来，饶有兴趣地坐下加入了讨论。白经理说道：“我看来看去，始终觉得中型轿车更显大气，所以一直犹豫要不要改买中型轿车。”小赵一听差点把饭喷了出来，大笑道：“经理您真逗，您要是买个中型轿车，那我立刻送您一把梯子，让您随时带着备用！”本来白经理平时也是个很爱跟下属开玩笑的人，但这时却只有小赵一个人在哈哈大笑，经理却一丝笑容也没有。小赵这才意识到自己说错了话，赶紧解释道：“不，白经理我不是那意思。我就是随口开个玩笑。”可这随口的一个玩笑，最后还是害得小赵加了一个月的班，还被调到跟经理见面最少的团队去了。

幽默本身虽然是无罪的，但如果将取乐的对象对准了自己的上司或长辈，那么结果不是“搞笑”，而很可能是给自己挖了一个陷阱。从上面的事例可以看出，玩笑不是不分场合，不分对象，胡乱调侃，一定要掌握好“度”。否则，你的玩笑就有可能会变成嘲笑。因此在与他人开玩笑时，要讲究一点分寸。

1. 莫板着脸开玩笑

到了幽默的最高境界，往往是幽默大师自己不笑，却能把别人逗得前俯后仰。如果你达不到这种境界，那你就不要板着面孔与别人开玩笑，免得引起不必要的误会。

2．开玩笑要看时间

俗话说："人逢喜事精神爽。"开玩笑，最好选择在对方心情舒畅时，或者当对方因小事生气时，通过开玩笑把对方的情绪扭转过来。

3．开玩笑要分清对象

俗话说："人上一百，形形色色。"人的性格不同。开玩笑之前，你先要注意你所面对的对象是否能受得起你的玩笑。同样一个玩笑，能对甲开，不一定能对乙开。人的身份、性格、心情不同，对玩笑的承受能力也不同。

一般来说，后辈不宜同前辈开玩笑；下级不宜同上级开玩笑；男性不宜同女性开玩笑。

在同辈人之间开玩笑，则要掌握对方的性格情绪信息。对方性格外向，能宽容忍耐，玩笑稍微过大也能得到谅解。对方性格内向，喜欢琢磨言外之意，开玩笑就应该慎重。对方尽管平时生性开朗，但正好碰上不愉快或伤心事，就不能随便与之开玩笑。相反，对方性格内向，但正好喜事临门，此时与他开个玩笑，效果会出乎意料的好。

4．开玩笑要注意内容

开玩笑时，一定要注意内容健康，风趣幽默，情调高雅。内容健康、格调高雅的玩笑，不仅给人以启迪和精神的享受，也是对你的美好形象的选择。如果语言不当，不仅使语言环境充满污浊的气味，对他人来说也是一种侮辱，至少也是一种不尊重，同时也说明你水平不高，情趣低俗。另外，值得注意的是，一定不要拿别人的缺点或不足开玩笑。如果你随意取笑别人的缺点，容易让对方觉得你是在冷嘲热讽。如果对方是个比较敏感的人，则你一句无心的话就可能触怒对方，使彼此的关系变得紧张。一定要注意，这种玩笑话一旦说出去，就无法收回，也无法郑重地解释。到那个时候，再后悔也来不及了。要记住"群居守口"这句话，不要祸从口出，否则你后悔莫及。

开玩笑是生活的一支润滑剂，它能让人身心愉悦，让人忘记疲劳，也是增进人与人情感的一种方式，但一定要记住：开玩笑要看玩笑对象、时间、场合环境和玩笑的内容，开玩笑一定要把握分寸，这个度把握好了，相信你一定是个大家都喜欢的人。

第六章　委婉达意，情商高的人说话让人感觉舒服

绕个弯子，不要直言直语得罪人

其实“直言直语”本来是人性中一种很可爱、很值得大家珍惜的特质，因为也唯有这种直言直语的人，才能让是非得以分明，让正义邪恶得以分明，让美和丑得以分明，让人的优缺点得以分明。但在人性丛林里，这种看似不说谎的“直言直语”却是一个人的致命伤。

如果你不掩饰自己的情绪，不管什么场合，也不问对象是谁，不考虑说话会引起什么后果，心里有什么就说什么，直来直去，想说啥就说啥，结果就会在无意中得罪了别人。

老实厚道的李军是公司的中级职员，他的心地是公认的“好”，可是一直升不了职；和他同年龄、同时进公司的同事不是外调独当一面，就是成了他的顶头上司。另外，别人虽然都称赞他“好”，但他的朋友并不多，不但下了班没有“应酬”，在公司里也常独来独往，好像不太受欢迎的样子……

其实李军能力并不差，也有相当好的观察、分析能力，问题是，他说话太直了，总是直言直语，不加修饰，这直接、间接地影响了他的人际关系。

直爽、坦诚，虽然不失为一种优点。但如果说话过于直接，任何情况下都实话实说，常常会得罪人，让自己成为不受欢迎的人。特别是在职场中，有些人快人快语，有什么说什么，口无禁忌，嘴无遮拦，不分场合，不看谈话对象，一律口对着心，心里想什么就说什么，这是语言的大忌。所以，不讲究方式的直言快语，往往会带来不良的后果。

韩昭侯平时说话不大注意，往往在无意间将一些重大的机密泄露了出去，使得大臣们周密的计划不能实施。大家对此很伤脑筋，却又不好直言相告。

一位叫堂豁公的聪明人，自告奋勇到韩昭侯那里去，对韩昭侯说："假如这里有一只玉做的酒器，价值千金，它的中间是空的，没有底，它能盛水吗？"韩昭侯说："不能盛水。"堂豁公又说："有一只瓦罐子，很不值钱，但它不漏，你看，它能盛酒吗？"韩昭侯说："可以。"

于是，堂豁公因势利导，接着说："这就是了。一个瓦罐子，虽然值不了几文钱，非常卑贱，但因为它不漏，却可以用来装酒；而一个玉做的酒器，尽管它十分贵重，但由于它空而无底，因此连水都不能装，更不用说人们会将可口的饮料倒进里面去了。人也是一样，作为一个地位至尊、举止至重的国君，如果经常泄露臣下商讨的有关国家的机密的话，那么他就好像一件没有底的玉器，即使是再有才干的人，如果他的机密总是被泄露出去了，那他的计划就无法实施，因此就不能施展他的才干和谋略了。"

一番话说得韩昭侯恍然大悟，他连连点头说道："你的话真对，你的话真对。"

从此以后，凡是要采取重要措施，大臣们在一起密谋策划的计划、方案，韩昭侯都小心对待，慎之又慎，连晚上睡觉都是独自一人，因为他担心自己在熟睡中说梦话时把计划和策略泄露给别人听见，以至于误了国家大事。

故事中的堂豁是一个善于说话的人，能从日常生活中的小事引出治国安邦的大道理，委婉地批评当权者，而不是直接指出来，让领导欣然接受，这是值得我们学习的。

直言不讳刺激性大，容易伤害对方的自尊，得罪人，造成许多矛盾；委婉的话有礼貌，比较得体，听了轻松自在，愉快舒畅。“良言一句三冬暖，恶语伤人六月寒”。同是讲真话，委婉语大概属于“良言”，直言不讳的话虽不一定算是恶语，但在某些人听来很逆耳，跟恶语差不多。我们提倡忠言不可逆耳，理直不可气壮。就是说，“忠言”和“理直”都要注意用恰当的方式表达，不可图说话痛快。

王文杰从来都谨记自己的身份，从来都知道维系好与上司的关系对自己来说是多么的重要，但是这并不意味着他对领导从来都是服从。相反，他从来都让自己的建议来得“润物细无声”，起到了作用却又不会让人觉察或是反感。也正因为如此，王文杰在公司很快上升到副经理的位置，而且每个人都是心服口服，总经理对此也毫不怀疑。

工作中，王文杰和所有人一样，难免会和上司的意见不一样。可是，他从不在众人面前说出自己的想法，从不当面驳斥领导。他总是选择在私下里和领导谈一谈，即使没有别人，他也从不说“经理，我觉得您这样做不行”。而是会说“经理，我对于这件事是这样认为的”。很多时候，他总是会非常巧合地在餐厅或者电梯里遇到经理，然后非常“不经意”地就说出了自己的一些想法。当然很多时候他也能发现经理的最终决定中往往有自己建议的影子，但彼此也只是“心领神会”。与同事的共事中大家都知道王文杰的宽容大度，做事能力很强的他也从不吝惜帮助别人。

就这样，当王文杰被总经理提升为副经理的时候，大家似乎并不吃惊，而且都给出了自己真心的祝福。

王文杰无疑是一个知道如何和上级沟通的职场聪明人。对于领导，他从不冒犯，从不让其丢了面子。

在语言表达中，有的时候直来直去地说话并不能取得很好的效果，而是需要采取“迂回”的手段来达到说话的最终目的。对于不宜直言的问题，绕个弯儿说话，有时会让自己化险为夷，起到意想不到的效果。善于运用此法的人，既不得罪人，又达到了自己的目的，可谓是做人的大智慧。

任何一种意思都可以含蓄隐晦地表达，与人说话时，言语不可太直，否则会招惹对方不快。所以，在与领导交往的过程中，我们要学会说话“绕弯儿”，这样才不至于冲撞对方，才会讨得对方的喜欢。

在现实社会里，直言直语是一把伤人又伤己的双面利刃，而不是一种对人对己有益无害的沟通方式。如果你是一个平时喜欢直言直语的人，那么你应该注意以下两个方面。

1．对人方面，少直言指陈他人处事的不当。这不是“爱之深，责之切”，而是和他过不去。而且，你的直言直语也不会产生多少效用，因为每个人都有一个内心堡垒，“自我”便缩藏在里面，你的直言直语恰好把他的堡垒攻破，把他从堡垒里揪出来，他当然不会高兴！因此，能不讲就不要讲，要讲就迂回地讲，点到为止地讲。

2．对事方面，少去批评其中的不当。事是人计划的、人做的，因此批评“事”也就批评了“人”，所谓“对事不对人”，这只是“障眼法”。除非你能力强、地位高，否则直言直语只会替自己带来麻烦！如果能改变事实，则这麻烦倒还值得；如果不能，还是闭上嘴巴吧！如果非讲不可，也只能迂回地讲，点到为止地讲，如果没人要听，那是他们的事！

点到即止，暗示比直言更有效

生活中，并不是每句话都必须直说的，若善于以暗示代替直言，同样可以收到预期的效果。

暗示是人际交往的一种特殊方式，指的是暗示者出于一定的目的，采用一定的方法，含蓄、巧妙地向对方发出某种信息，以此来影响对方的心理，使其不自觉地接受一定的意见、信念，或改变其行动，从而达到自己的目的。

北宋朝知益州的张咏，听说寇准当上了宰相，就对其部下说："寇准奇才，惜学术不足尔。"这句对寇准的评价是非常正确的，因寇准虽然有治国之才能，但不愿学习。

张咏与寇准是相交很深的朋友，他一直想找个机会劝劝寇准多读些书。因为身为宰相，关系到天下的兴衰，理应学问更多些。

恰巧时隔不久，寇准因事来到陕西，刚刚卸任的张咏也从成都来到这里。老友相会，格外高兴。临分手时，寇准问张咏："何以教准？"张咏对此早有所考虑，正想趁机劝寇准多读书。可是又一琢磨，寇准已是堂堂的宰相，居一人之下，万人之上，怎么好直截了当地说他没学问呢？于是，张咏略微沉吟了一下，慢条斯理地说了一句："《霍光传》不可不读。"

当时，寇准弄不明白张咏说这话是什么意思，可是老友不愿就此多说一句，说完后就走了。

回到相府，寇准赶紧找出《汉书·霍光传》，他从头仔细阅读，当他读到“光不学无术，谋于大理”时，恍然大悟，自言自语地说：“这大概就是张咏要对我说的话啊！”

原来，当年霍光任大司马、大将军要职，地位相当于宋朝的宰相，他辅佐汉朝立有大功，但是居功自傲，不好学习，不明事理。

寇准是当世“奇才”，然而却不大注重学习，知识面不宽，这就会极大地限制寇准才能的发挥，因此，张咏劝寇准多读书加深学问，既客观又中肯。然而，说得太直，对于刚刚当上宰相的寇准来说，面子上不好看，而且传出去还影响其形象。张咏知道寇准是个聪明人，以一句“《霍光传》不可不读”的赠言让其自悟，何等婉转曲折，而“不学无术”这个连常人都难以接受的批评，通过教读《霍光传》的委婉方式，使当朝宰相也愉快地接受了。

含蓄的暗示，委婉而充满智慧，它比直言更耐人寻味。英国思想家培根说过：“交流时的含蓄与得体，比口若悬河更可贵。”委婉含蓄的表达是一种语言的艺术。常常不直陈意见和看法，而是转弯抹角、正话反说，要么就寓意象征、委婉迂回，从而给人无限遐想空间，也能避免直接碰到别人的痛处，因言语不慎而树敌。

有一次，几个属鼠的男同学在期中考试中考了满分，挺得意，有点飘飘然。他们的班主任发现了，就对他们说：“怎么，得意了？你们知道得意意味着什么吗？请注意今天下午的班会。”那几个男学生猜想：糟了！在下午的班会上，等待他们的准是狂风暴雨！可奇怪的是，在班会上，班主任的批评妙趣横生，他说：“树林子要是大了，就什么鸟儿都有，自然，天下大了，就什么老鼠都有。我就听说过这么一个故事：有只小老鼠外出旅游，恰好两个孩子在下兽棋，小老鼠就悄悄地看。它发现了一个秘密，那就是，尽管兽棋中的老鼠可以被猫吃掉，被狼吃掉，被老虎吃掉，却可以战胜大象。于是它立刻认定，自己才是真正的百兽之王。这么一想，小老鼠就得意起来了，从此瞧不起猫，看不起狗，甚至拿狼开心。有一天，它还大摇大摆地爬到老虎的背上，恰好老虎正在打瞌睡，懒得动，就抖了抖身子。小老鼠于是更加得意，还趁着天黑钻进了大象的鼻子。大象觉得鼻子痒痒，就打了个喷嚏，小老鼠立刻像炮弹似的飞了出去。就这么飞呀飞呀，好半天，才'扑通'一声掉在臭水坑里！好，现在就请大家注意一下，'臭'字的写法，怎么写的呢？'自''大'再加一点就是'臭'。有趣的是，今年正好是鼠年，咱们班有不少属鼠的同学，那么，这些'小老鼠'们会不会也掉到臭水坑里呢？我想不会，但必须有一个条件，那就是永不骄傲！"说到这儿，这位班主任还特意看了看那几个男同学。那几个男同学当然明白，老师的批评全包含在这个有趣的故事中了！他们挺感激，很快改正了自己的缺点。

班主任的说话方式是值得推崇的，没有急躁和严厉的口吻，也没有当着全班同学的面点名批评，而是通过讲一个故事，把现实和故事结合起来，既让人明白又不伤及尊严，难怪会得到同学的拥护。

所以说，用暗示的方式提醒别人，其效果远远好于直言直语。有些善意的话，如果能够婉转表达，别人会产生感激的心情。如果自己一味地直言不讳，别人会认为是与其过不去。

暗示是一种既温和婉转又能清晰地表达思想的谈话艺术。它的显著特点是"言在此而意在彼"，能够诱导对方去领会你的话，去寻找那言外之意。从心理学的角度来看，暗示的话不论是提出自己的看法还是向对方劝说，都能比较适应对方心理上的自尊感，使对方容易赞同、接受你的说法。

在美国经济大萧条时期，有位17岁的姑娘好不容易才找到一份在高级珠宝店当售货员的工作。在圣诞节前一天，店里来了一个30岁左右的贫民顾客，他衣着破旧，满脸哀愁，用一种不可企及的目光，盯着那些高级首饰。

姑娘要去接电话，一不小心把一个碟子碰翻，六枚精美绝伦的钻石戒指落在地上。她慌忙捡起其中的五枚，但第六枚怎么也找不着。这时，她看到那个30岁左右的男子正向门口走去，顿时意识到戒指被他拿去了。当男子将要触及门柄时，她柔声叫道：

“对不起，先生！”

那男子转过身来，两人相视无言，足有几十秒。

“什么事？”男人问，脸上的肌肉在抽搐，再次问：“什么事？”

“先生，这是我头一回工作，现在找个工作很难，想必您也深有体会，是不是？”姑娘神色黯然地说。

男子久久地审视着她，终于一丝微笑浮现在他脸上。他说：“是的，确实如此。但是我能肯定，你在这里会干得不错。我可以为您祝福吗？”他向前一步，把手伸给姑娘，那枚钻石戒指就在他的手上。

“谢谢您的祝福。”姑娘立刻也伸出手，戒指戴在了她的手指上。姑娘用十分柔和的声音说，“我也祝您好运！”

故事中的这个小姑娘是睿智的，她很会照顾对方的情面，没有开门见山地要回戒指，而是委婉地指出了男子的错误，先说出自己的难处，找工作不容易，让男子认识到自己的错误，进而主动交还戒指。那男子也很珍惜没有露丑丢脸的时机，非常体面地改正了自己的错误。

在人际沟通的过程中，很可能有些话不便直言，以免伤了对方尊严。这时就可以使用暗示方式，向对方提出你真正要说的话，让对方了解其中的关键，自然而然就被你不动声色地说服了，也许对方还会因此对你充满感激。

批评他人，要给对方留面子

保留他人的面子！这是一个何等重要的问题！而我们却很少会考虑到这个问题。我们常喜欢摆架子、我行我素、挑剔、恫吓，在众人面前指责他人，而没有多考虑几分钟，讲几句关心的话，为他人设身处地想一下，要是这样，就可以缓和许多不愉快的场面。

西方学者马斯洛在研究人的生存需要的五个层次时，把尊严放在了较高的层次里，保护自己的自尊心不受伤害是每个人深层次的需要。很多的时候，人们在批评别人时其实是对别人尊严的挑战，很容易激发别人的反感和憎恶，所以在批评别人时一定注意保护好对方的自尊心，运用巧妙的批评方式，才能让对方乐于接受。

在一所高等职业学校里，一位学生因非法停车而堵住了学院的一个入口。这时他的老师冲进教室，当着众多同学的面，以非常凶悍的口吻问道："是谁的车堵住了车道？"

当车主回答后，那位老师吼道："你马上给我开走，否则我就把它绑上铁链拖走。"

这位学生是错了，车子不应该停在那儿。但从那天起，不只这位学生对那位老师看不惯，全班的学生都与他过不去，在他讲课的时候，他们故意大声聊天、说笑，根本无视他的存在。他的工作变得越来越不愉快，过不久只好申请调走了。

这位老师原本可以用友善的方式解决这个问题，比如建议说："如果把它开走，那别的车就可以进出了。”这位学生一定会很乐意听从他的建议。但是，他也许在潜意识中认为他有权无视别人的感受，结果他采用最愚蠢的方式：讽刺和威胁。这样，既伤害了别人，也伤害了自己。

自尊心人人皆有，任何人都没有权利去贬抑或伤害他人的自尊，保住他人的面子，在有些情况下是非常重要的。特别是当他人有错误或失误时，给人一个台阶，为他人保留面子，对人对己都是有好处的。

一位顾客来到一家百货公司，要求退回一件外衣。她已经把衣服带回家并且穿过了，只是她丈夫不喜欢。她辩解说“绝没穿过”，要求退掉。

售货员检查了外衣，发现明显有干洗过的痕迹。但是，直截了当地向顾客说明这一点，顾客是绝不会轻易承认的，因为她已经说过“绝没穿过”，而且精心伪装了没有穿过的痕迹。这样，双方可能会发生争执。

于是，机敏的售货员说：“我很想知道是否你们家的某位成员把这件衣服错送到了干洗店去。我记得不久前我也发生过一件同样的事情，我把一件刚买的衣服和其他衣服一起堆放在沙发上，结果我丈夫没注意，把这件新衣服和一大堆脏衣服一股脑儿塞进了洗衣机。我怀疑你是否也遇到这种事情——因为这件衣服的确看得出已经被洗过的明显痕迹。不信的话，你可以跟其他衣服比一比。”顾客看了看证据知道无可辩驳，而售货员又为她的错误准备好了借口，给了她一个台阶——说可能是她的某位家庭成员在没注意的情况下，把衣服送到了干洗店。于是顾客顺水推舟，乖乖地收起衣服走了。售货员的话说到顾客心里去了，使她不好意思再坚持。一场可能的争吵就这样避免了。

人与人交往难免会出现矛盾、误会和摩擦，当对方发生一些让他下不了台的事，如果你愿意在那时给对方一个台阶下的话，那便可大事化小，小事化了。

在人际交往中，只要维持住双方的面子，则一切争端都有回旋余地，一旦撕破面皮，就极可能转入火星四溅、双方都无力控制的局面。所以即使是批评他人，也要设法保住他的面子，这是情商高的人的说话方式。

有一家公司的老板，自己是搞营销发的家。发家之后，他就开始自己经营。

由于公司刚刚运作，所以他老是不放心，总是对市场部的具体工作时不时地过问。

如果只是这样，还不会有什么问题，毕竟老板的确应该掌握公司的运作情况。可是，这位老板却很喜欢对市场部的员工发出一些“最新指示”，弄得市场部的运作十分混乱。与此同时，他又过于忽略公司的其他部门，而且在管理公司上十分外行。

他的这些表现，引起了员工们越来越强烈的不满，公司的经营状况也越来越困难。可是，由于公司是他的，几乎所有的员工都碍于面子，不敢向他提出改进的意见。

在这样的情况下，很有责任心的市场部经理决心向老板进言。

他对老板的性格了如指掌，知道他是一个宁愿舍钱，也不愿丢面子的人。因此，他认为这次进言一定要给老板留好台阶下。

一天，他走进老板的办公室，对老板说：“老总，您有空吗？想跟您商量点事儿。”

得到肯定回答后，他继续说道：“您也知道，最近公司的经营出现了一些不良状况。我觉得，原因应该出在各部门没有协调好上面。您看，现在市场部的工作，您亲自来抓，十分重视，成效当然就十分显著。可是，这样一来，公司其他部门的工作，就有些受到忽视。我认为，这样恐怕会影响到公司未来的发展。”

这番话可以说是说到了老板心坎上。而且，由于市场部经理说话时很注意给老板留好台阶下，让他认识到错误的同时，又没有丢掉面子，因此谈话的效果十分好。

事实上，无论你采取什么样的方式指出别人的错误，即使是一个藐视的眼神，一种不满的腔调，一个不耐烦的手势，都可能让别人觉得没面子，从而带来难堪的后果。不要想着对方会同意你所指出的错误，因为你否定了他的智慧和判断力，打击了他的自尊心，同时还伤害了你们的感情，他非但不会改变自己的看法还会进行反击。所以，在给别人指出错误的时候要委婉，讲究方式，给别人留个面子，这样会更容易让别人接纳。

加点“糖”，让“忠言”不再“逆耳”

自古有这样一句话：“良药苦口利于病，忠言逆耳利于行。”此话虽然有理，然而良药虽利于病，但因苦口令人难以下咽；忠言虽利于行，但因逆耳使人一时无法接受。难道忠言就一定是让人听起来不舒服吗？答案是否定的。如今，苦口良药都已裹上了甜蜜的糖衣，使病人愿意服用。你为何不试着给忠言里多放点“糖”，让“忠言”不再“逆耳”呢？

战国时期，吴王夫差决心攻打齐国，朝中大臣多数反对，力阻夫差。但他一意孤行，将直言进谏的伍子胥赐死，还下令：“敢谏阻伐齐者死。”

这一天，夫差的儿子友也向他进谏，但他并没有直陈伐齐之弊，而是编了一个故事给夫差听。他说早晨见一只大螳螂欲捕蝉，而一只黄雀也正准备把这螳螂作为美餐。友用弹弓赶黄雀，不料却不慎掉入一个大坑中。

夫差听完，大笑愚笨。友于是说："我只顾眼前利益，没有想到身后的祸患，所以才愚成这样，可天下还有比儿臣更愚笨的呢！"夫差就问："那是谁？"

太子友于是鼓足勇气说了一番话，终于让夫差不得不深思伐齐之事。

他说："那蝉、螳螂、黄雀都只贪眼前之物，忘却身后之忧，是贪而愚的。儿臣只顾打黄雀而坠入深坑，也是贪而愚的，但我失去的仅是一只黄雀。父王攻打齐国，想征服齐国的利益而劳民伤财，疲师伐远，殊忘了越王勾践会趁机来攻打我们，所以说父王比儿臣更愚笨！父王不听大臣劝阻还下了死令。儿臣说完了，请父王处置吧！"

夫差听了觉得有些道理，就没有处罚友，并重新考虑伐齐之事。

以螳螂捕蝉、黄雀在后的道理，比喻吴之伐齐，这就是以小比大、由浅入深的进言方法的具体运用。应该说，这种方法更容易见效。

由此看来，劝谏进言确是一门学问。把自己的意见、建议巧妙地表达出来，既可使自己的想法付诸实施，又可以得到领导的赏识，这就看你能否让良药不苦口，忠言更顺耳了。

忠言作为真诚帮助他人的一种形式，它的初衷肯定是善意的。既然是善意的，献言者就应想方设法把话说得让人容易接受。我们是为了达到目的，而并不是一定要直说才是"忠言"。如果你能加点"糖"，那么受劝者也更容易接受，何乐而不为呢？

春秋时期，晋灵公即位不久，便大兴土木，修筑宫室楼台，以供自己和嫔妃们享乐游玩。那一年，他竟挖空心思，想要建造一个九层的楼台。可以想见，在当时那种科学水平、建筑材料、建筑技术等条件下，如此宏大复杂的工程，要耗费多少人力物力？可灵公不顾一切，征用了大量民夫，花费了巨额的钱财，持续了几年也没能完工。

全国上上下下无不怨声载道，但都敢怒而不敢言，因为晋灵公明令宣布："有哪个敢提批评意见、劝阻修造九层之台的，处死不赦！"谁愿意去送死呢？

一天，大夫荀息求见。灵公料他是来劝谏的，便拉开弓，搭上箭，想到只要荀息开口劝说，就要射死荀息。谁知荀息进来后，像是没看见他这架势一样，非常轻松自然，笑嘻嘻地对灵公说："我今天特地来表演一套绝技给您看，让主公开开眼界、散散心，国君感兴趣吗？"

灵公一看有玩的，就来精神了，忙问："什么绝技？别卖关子了，快表演给我看看。"

荀息见灵公上钩了，便说："我可以把十二个棋子一个个叠起来以后，再在上面加放九个鸡蛋。不信，请看。"说着，便真的玩起来。他一个一个地把十二个棋子叠好后，再往上加鸡蛋时，旁边的人都非常紧张地看着他。

灵公忍不住大声说："这太危险了！这太危险了！"

荀息一听灵公这样说，便趁机进言，说："大王，别少见多怪了，还有比这更危险的呢！"

灵公觉得奇怪，因为对他来说，这样子已经是够刺激、够危险的了，还会有什么更惊险的绝招呢？便迫不及待地说："是吗？快让我看看！"

这时，只听荀息说道："九层之台造了三年，还没有完工。三年来，男人不能在田里耕种，女人不能在家里纺织，都在这里搬木头、运石块。国库的金子也快花完了，兵士得不到给养，武器没有金属铸造，邻国正在计划乘机侵略我们。这样下去，国家很快就会灭亡。到那时，大王您将怎么办呢？这难道不比垒鸡蛋更危险吗？”

灵公一听，猛然醒悟，意识到了自己干得多么荒唐，犯了多么严重的错误，便立即下令，停止筑台。

荀息劝说晋灵公的方法十分巧妙，他并不直接向国君晋灵公提出反对意见，因为他知道国君的面子很重要。荀息通过现场表演和结合实际的劝说，把谏言说得很顺耳，终于让晋灵公意识到了自己的荒唐之处，因而停止了筑台。

有时候受劝者头疼的不是你提出的“忠言”，而是你“忠言”的提出方式。所以，试着给“忠言”加点糖，彼此都会满意，何苦一定要去打破对方的面子呢？

一般来说，人们都能接受正确的批评。不能接受的只是批评的方式和方法。所以，在进“忠言”时不仅要根据环境、对象的不同，且要根据不同个性而采取不同的方式，使之能够接受和乐于接受。只要能够因人而异地进行“对号入座”式的“进言”，然后在言语里多放些糖，就能使“忠言”不“逆耳”。

含糊其辞，用模糊语言表明态度

在交际场合中，有些话不宜明说，此时，避而不答又是一种不尊重，那么，只有含糊其辞，让人摸不准意思，也抓不住把柄。

所谓“含糊其辞”就是运用不确定的或不精确的语言进行交际的妙法。在说话时，恰当地运用适当的含糊，可以委婉地表达你的意见，有时可以达到意想不到的效果。

清朝的嘉庆皇帝，登位后对前代留下的一些遗留问题进行处理，还准备破格提拔几位曾为前朝做过贡献却被奸臣排挤打击的官员。但这破格提拔的事在清朝没有先例，群臣反应不一。嘉庆皇帝拿不定主意，便问老臣纪昀。纪昀沉吟片刻，说："陛下，老臣承蒙先帝器重，做官已数十年了。从政，从未有人敢以重金贿赂我；为了撰文著述，也不收厚礼，什么原因呢？这只是因为我不谋私、不贪财。但是有一样例外，若是亲友有丧，要求老臣为之主事或作墓志铭，他们所馈赠的礼金，不论多少厚薄，老臣是从不拒绝的。"

嘉庆皇帝听完纪昀一席话感到莫名其妙，仔细一想，才点头称许，于是下了破格提拔这批官员的决心。

原因何在呢？原来纪昀是用模糊之法，提出自己赞成皇帝应该放下包袱大胆去做的建议。纪昀的这番话听起来答非所问，但细究起来里面大有文章。既然为官清廉，为什么对亲友之丧事主事、作铭所得概不拒绝呢？为祖宗推恩无所顾忌之故也。您嘉庆皇帝破格提拔曾为先帝做过突出贡献的官员，也是为祖宗推恩，弘扬先帝的宏德，没有什么不对的，那还有什么顾忌呢？这不正和我纪昀为别人主事、作铭不辞让馈赠，好让死者的后人为死者尽孝的道理一样吗？嘉庆皇帝是聪慧之人，怎能悟不出其中的寓意呢！

纪昀为何如此含糊其辞呢？出于两种考虑：其一，虽然建议破格提拔这些官员，但不可明说，不管采纳与否，名义上自己都没有介入，皇帝也好，其他人也好，抓不着把柄；其二，嘉庆皇帝秉性聪明，且一向爱自作主张。不说吧，自己的意见皇帝不清楚，而且皇帝会不高兴。倘若说白了，恐有教导皇帝、不自量力的忌讳，起了个反面的作用。不如用此模糊之法，让皇帝自己"悟"出道理来，既说出了自己的意见，又迎合了皇帝好自作主张的秉性。纪昀此"糊涂"之言，可谓一举两得！

有时候，话说得过于明白真实，反而不会达到好的效果。如果能够说得含糊一点，反而会起到更好的效果。当面对他人的提问时，含糊地表明自己的态度和观点，这样说话既不得罪人，又可保全自身，实在是一种难得的智慧。

在工作中，经常可能碰到一些不能回答但又不能不回答的事情，这时候可以巧妙地使用模糊的语言进行对答。比如，领导向你询问一些不在你工作范畴内或者你并不熟悉的问题，你不知道该如何回答时，最好还是不要说不知道。你可以对领导说："让我再认真想一想，过一会儿给您答复好吗？"这样，巧妙回避了你不了解的情况和不知道的事，之后再询问其他人，或者查找相关的资料。这不仅能暂时为你解围，也能让领导认为你在这件事情上很用心，很认真。不过，事后可不能懈怠，要及时向领导交出自己的答复。

据说，乾隆皇帝有一次突然问刘墉："京城共有多少人？"刘墉猝不及防，却非常冷静地回了一句："只有两人。"乾隆问："此话怎讲？"刘墉答曰："人再多，也只有男女两种，所以只有两人！"皇帝又问："今年京城里有几人出生？有几人去世？"刘墉回答："只有一人出生，却有十二人去世。"乾隆问："这又是何意？"刘墉妙答曰："今年出生的人再多，也都是一个属相，岂不是只出世一人？今年去世的人则十二种属相皆有，岂不是死去十二人？"乾隆听了大笑，连连说妙。

确实，刘塘的回答极妙，皇上发问，不回答显然不妥，答吧，心中无数又不能乱侃，这才急中生智，以含糊的回避转移法趣对皇上，结果赢得皇上的好评。

在生活或工作中，并不是什么时候都需要明明白白的，在某些特定的场合，出于某种特别的考虑，说得含含糊糊一点儿效果反而更好。特别是当他人对你提出请求或回答对方的问题时，做出间接、含蓄、灵活的表态，不直接拒绝或否定，来保全双方的面子，既能为自己以后的行事多留条后路，又可避免最后事与愿违的尴尬和后续责任的承担。

顾维钧曾担任驻美公使。有一次，他参加了一个国际舞会，与他一起跳舞的美国小姐突然问他："请问你是喜欢中国小姐呢还是美国小姐？"

这个问题很不好答，若说喜欢中国小姐，势必得罪了舞伴。如果说喜欢美国小姐，又会有失中国公使的尊严。

顾维钧灵机一动，回答说："不论中国小姐还是美国小姐，只要喜欢我的人，我都喜欢她。"

模糊语言其实大量存在于我们的日常生活之中，比如我们常说的"等一会儿"、"大约在元旦前后"、"有空一定来"等等，这样就避免了把话说死，留下很大的回旋空间。在外交上，使用模糊语言的机会更多。如"我们对××的事态表示关注"、"我们注意到了××的言论"等等，工作中也常用模糊语言，比如常听到的"最近"、"多数同志"、"基本满意"等等。这样一来，说话便具有很大的弹性，有时能帮你摆脱困境。

然而，我们并不是说凡事都得"模糊表态"。该明确表态的，也含糊其辞，那是十分错误的。那么，遇到什么样的问题，在什么样的情况下，宜用"模糊表态"的方式呢？

1．当受情势所迫时

有些事情碍于某种情势或某种关系，不便把话挑明时，你可以说："这件事比较棘手，让我看看再说。"这样就给自己以后的态度留下了回旋的余地。

2．当事态不明朗时

当事情处于发展变化的初期，实质性的问题尚未表露出来，这时就需要利用具有“弹性”的模糊语言来应对，切不可贸然行事、信口开河地去下结论。

总之，模糊语言能给自己留下一个仔细考虑、慎重决策的余地。否则，君子一言，驷马难追，不仅影响自己的威信和声誉，也对事业对人际关系造成不应有的损失。

巧妙进言，给领导留面子

领导难免犯错，作为下属有责任监督指正领导的错误。但是，在你纠正领导错误的时候一定要小心谨慎。一般而言，没有人愿意接受别人对自己的否定，尤其是当众否定自己。作为领导，他们的权威是不容侵犯的，面子也是不能随便践踏的。当然纠正错误并非意味着绝对的侵犯，所采用的方式方法是非常重要的。

李亮公司上周招聘了20名业务员，安排在本周二统一进行培训，培训三天，培训由具有多年培训经验的副总经理主讲，人事部从旁协助。

周二上午八点，20名公司的新业务员穿着统一的服装整齐划一地坐在培训教室里，等待着培训的开始。不一会儿，副总经理来到了教室，从人事部经理手中接过一份名单，副总经理要点一下名字，看人员是否到齐。

当副总经理念到“王土明”的时候，教室里一片寂静，无人应答。接着，副总经理又念了几遍“王土明”，还是无人应答。

这时，一位业务员突然站了起来，没好气地说道：“错了，领导，我叫王士明，不是王土明。”话里透出深深指责的意思。顿时，教室里发出一阵低低的笑声，副总经理的脸色一时变得很难看。

“报告副总，我是人事部的打字员，我把字打错了。对不起。”站在人事部经理旁边的一位小伙子赶紧说道。

“太马虎了，下次注意。”副总挥挥手，接着念了下去。

培训结束后，没过多久，那位叫王士明的新业务员就被辞退了，而人事部的那位打字员却被调到副总经理身边做了助理。

当众表达反对意见，会激起领导的不良情绪反应，挫伤领导的自尊和脸面，造成不必要的冲突和摩擦。下属的直言不讳，往往会使领导脸上无光，威名扫地，而领导的身份又决定了他非常需要这些东西。

在一个组织或企业里，一个人的地位越高，他的面子似乎就显得越重要。所以，领导比员工更看重自己的脸面。毕竟领导是一个团队的核心，有着下属所没有的威严和权威。领导十分注意自己在公开场合的形象是正常的，而作为下属的我们更要顾及领导的面子，尤其是在公共场合。

周华在大学期间主修物理学，参加工作后仍然发扬自己不怕苦好钻研的精神，很快就将自己的理论转化为实践，加上记忆力特别的强，很快就成了公司的业务骨干，很多技术上的专业问题就得向他请教，为此，周华一度得到领导的重视。尤其在上级来视察的时候，公司领导也喜欢把周华带在身边以备不时之需。

中国有句古话：伴君如伴虎。谁也没有想到，聪明的周华也会因为一个再低级不过的错误而让这句话在自己身上实践了一回。有一次，周华因为当众纠正了领导的一个错误，让领导颜面尽失，即使有再强的能力被发配到边角地带，也只能是“英雄无用武之地”。

这一天，周华跟着公司领导一起陪着省里的领导在工地视察。省里领导在现场问了很多专业的和不专业的问题，但由于公司领导早已经做了充分准备，对答如流的回答让领导很是满意。本来视察顺利进行，省里领导却突然问道："前面这个坡的坡度有多少啊？"其实对于这样的一个问题即使很多专业人士也未必回答得上来，可是领导既然问了这么一个问题，总不能因为它不是工程的关键参数就说不知道啊，公司领导毕竟对上级领导还是有些了解的，知道他们其实也不见得知道确切数字，于是就随口说道："23度"。上级见领导回答得如此干脆，也没有怀疑，还一直夸工作做得好。

可是，就在大家都快忘记这一问题的时候，一起陪同的周华却冒出一句"27度，这个坡的坡度是27度"。

大家都被这个突如其来的声音吓了一跳，后来还是领导反应快就说："看我一时紧张，竟然说错了，是27度。"即使公司领导主动认错，还是免不了被省里的领导教育一番。公司领导前面跟领导满脸堆笑地道歉，后面却是对周华恶语相向："谁让你多嘴了，你别以为自己有些本事就了不起了，回去再和你算账。"

后来，周华在公司一直没再受到重用。

当面指出领导的错误无异于给了领导一巴掌，尤其还在上级领导面前，为这样一个根本不值得争论的问题，顶撞领导的周华当然不会得到领导的赏识了。

在领导的眼里，如果下属在公开场合使自己下不了台，丢了面子，那么这个下属肯定是对自己抱有敌意或成见，甚至有可能是有组织、有预谋地公开发难。在公开场合不给领导留面子的结果是，领导要么以牙还牙，通过行使权威来找回面子，要么怀恨在心，以秋后算账的方式慢慢报复。这种结果，自然是下属在提出批评和意见时所不愿看到的。

所以，下属在公共场合给领导提意见时，一定要注意给领导留有面子。只注重所提意见的初衷和合理性，而不考虑其实际效果，这样的劝谏只能给下属带来灾祸。

面对领导的错误，以一颗宽容体谅的心去看待，用及时提醒代替直接指责，选择私下提出而不是当场纠正，这些都能让领导更好地接受你的建议。

李国立是公司的经理助理，由于做事缜密大胆又不失细心让经理很是赏识。虽然经理对其他的下属总是一副高高在上的样子，可是对李国立却是宠爱有加。很多时候，李国立的建议他都会接受，即使李国立是在纠正经理的错误，只要他觉得助理说得有理，也都欣然采纳。

有一次，经理要上一个新的项目，可是在李国立看来经理完全是被那些华丽的计划一时冲昏了头脑，可是在经理兴致勃勃地动员大家为之而努力的时候他什么都没有说。直到又过了几天，李国立觉得经理的兴奋已经过去了，再加上马上就到周末休息的时候了（李国立知道这个周末经理会和自己的妻子一起到杭州旅游，心情必定很好），他看经理忙得差不多了，就主动走进办公室说起新项目的事情。

“经理，我又在下面做了一些调查，其实中国人的观念还是很传统的。像这样一个挑战中国传统的项目您觉得会被接受吗？”经理听完后若有所思地说道：“商场如战场，机不可失时不再来啊。”李国立又说道：“要不我们先观望一下，并且做好各方面的准备，只要别的公司有盈利我们立即上这个项目，应该不会太晚的。”经理终于被说动了，于是就点头答应了。

后来，凡是上了这个新项目的公司没有一个收的回成本的，更别说盈利了。经理事后还感慨道：“幸好有你当时的阻拦啊，否则公司这次损失就大了。”李国立只是微笑着说：“其实之所以幸运还是因为您的决策，我的力量微乎其微啊。”

自此之后，经理对自己的这个助理更是欣赏。

李国立没有像一般人一样当众反对自己的领导，而是选择合适的时间地点用合适的方法说服了自己的领导，这样的做法更是积极地为领导争面子，领导又怎么会不喜欢他呢。

凡事都讲求方法，纠正领导的错误当然也不能蛮横胡来，采用小心谨慎的方法，知道维护领导的权威面子，才能让你事半功倍。

巧妙拒绝，让对方愉快地接受

拒绝是一门学问。有时候，我们心里很不乐意，本想拒绝，但是碍于一时的情面，最终点了头，给自己留下了不愉快。所以，如何拒绝别人至关重要，温和而坚定地说“不”，就能解决问题。把握好这一点，将有利于提高工作效率和生活质量，从而构建更友好的人际关系。

肖强和经理的关系不错，所以一般有什么活动或者聚会，经理都会叫上他一起参加。但时间一长，肖强就觉得自己的下班时间都被各式各样的应酬填满了，也很少有时间回家享受妻子做的饭菜。肖强觉得长久下去也不是个办法，他想应该巧妙地拒绝经理的邀约，才不会让经理感到不满。

这天下班，经理走到肖强的办公桌前，笑着说：“肖强，今晚和王总约好了，下班一起去吃个饭，你也一起去吧，别忘了啊。”

肖强一听，又要陪经理去吃饭，可是已经和老婆说好要回去吃饭了。肖强只好装出很无奈的表情，对经理说：“经理，你也知道，我们家那位是个强悍的母老虎，今天是她的生日，我要是不回去陪她吃饭，估计我以后都没法进家门了。您看，今晚的饭局能不能让其他同事陪您一块儿去？”

经理第一次听到肖强拒绝他的话，当即一愣，不过很快调整过来：“哈哈，没想到你还是一个如此顾家的好男人呀。今晚的饭局你就不要去了，好好回去给你老婆过生日吧。以前是我疏忽了这一点，以后的饭局你适当参加就可以了，不用每次都去了。”

肖强笑着应道：“谢谢经理的理解和批准。”

肖强终于用巧妙的方式，对经理成功说出了“不”。

正确拒绝他人是一种应变的艺术，它能让你化险为夷，为自己留下回旋的空间。找一个恰当的借口拒绝对方，模糊一些，对方会欣然接受；如果生硬地拒绝，对方则会产生不满，甚至对你产生怨恨。把拒绝的话说得委婉、模糊一些，能够使对方听出你拒绝的弦外之意，做到既不伤及对方的面子，又达到了拒绝他的目的，是情商高的表现。

李娜自进入职场就勤恳踏实地做事，工作任劳任怨。工作三年，李娜的表现获得了老总的认可。“什么事情交给李娜我就放心了。”这是老总挂在嘴边的话。

开始李娜很高兴，但时间一天天过去，交给她的任务越来越多。“李娜，这个方案你盯一下”、“李娜，这个客户恐怕只有你能对付”、“李娜，广州的那个项目人手不够，你顶一下”……老总为某事抓狂时，必会打开房门大叫李娜。

李娜手里的事情多到了加班加点也做不完，可周围很多同事闲得两眼发呆，薪水却并不比她少几分。李娜想，也许再忍忍就会有升职的机会，然而机会一次次走到跟前就拐了弯。后来李娜从人事部的一位同事口里得知，关于她升职的事在人事会议上讨论过多次，每次都被老总挡了，说什么李娜虽然业务能力不错，但管理能力不足，需要再锻炼锻炼。人事部的同事最后对李娜说：“你想想，如果你升职了，他上哪儿找这么任劳任怨的‘万能胶’？”

李娜很气恼，回家跟老公抱怨。老公居然说：“如果我是你们老板也不会升你的职，一个不懂拒绝的人怎么去管理别人？”李娜仔细想想，竟有几分道理。

老总再次给她加工作量时，李娜终于鼓足勇气说：“我手里有五个大项目，十个小项目，我担心时间安排不过来。”老总的脸立刻拉长了，好像非常失望：“可是，这个项目只有你去做我才放心。”“那好吧，我赶一赶。”说完这句话，李娜恨不得咬掉自己的舌头。看到老总拉下来的脸，一个大胆的念头突然冒了出来：“不过，要按期保质完成，我需要几个帮手。”李娜轻描淡写地说。老总惊讶地看着她，终于笑着说：“我考虑一下。”

李娜知道如果老总答应给自己派助手相当于让自己变相升职，如果他不答应这个条件，也就不好把新任务硬塞给自己。无论怎样都是对自己有利的。

事情正如李娜想的那样，老总再没提加新任务的事，还破天荒地经常跑来关心李娜的工作进展，并叮嘱她有困难就提出来，别累坏了身体等等。

适当而巧妙地拒绝对方的不合理要求，胜过被动地接受，这可以有效地避免因此带来的不良后果。

拒绝他人是一门学问。有时候我们很想拒绝对方，但碍于情面只好点了头，结果把自己弄得疲惫不堪；有时候我们害怕对方对自己有负面的想法，不得已答应了对方的请求，但事情超出了自己的能力所限，事情没办好，结果还是给人留下了不好的印象，所以，学好“拒绝”这门课程，在生活中非常重要。只要我们掌握了一些基本的原则和技巧，拒绝对方也并不是一件十分难的事。

下面介绍几种拒绝的方式：

1．委婉含蓄拒绝

这种拒绝法不是就事论事、直接拒绝，而是通过顾左右而言他的方法间接地、巧妙地、委婉地加以拒绝。这种拒绝法特别适用于有人为某事向你求情而你在原则上又不能答应的情况。

清代的郑板桥在当潍县县令时，查处了一个叫李卿的恶霸。李卿的父亲李君是刑部官员，得讯后急忙赶回潍县为儿子求情。李君以访友的名义拜访郑板桥，郑当然知道李的来意，故意不动声色地看李君如何扯到正题。李君看到郑板桥房中有文房四宝，于是向郑板桥要来笔墨纸砚，提笔在纸上写道："燮乃才子"。郑板桥一看，人家是在夸自己呢，自己也得表示表示，于是也提笔写道："卿本佳人"。李君一看心里一亮："郑兄，此话当真？"

"君子一言，驷马难追！"

"我这个'燮'字可是郑兄大名，这个卿字……"

"当然是贵公子宝号啦！"

李君心里高兴极了："承蒙郑兄关照，既然我子是佳人，那就请郑兄手下留情。"

"李大人，你怎么'糊涂'了？唐代李延寿不是说过'卿本佳人，奈何做贼'吗？"

李君脸一红，只好拱手作别了。

郑板桥巧妙地利用李卿的"卿"与现成话"卿本佳人，奈何做贼"的"卿"字同音同义关系，委婉含蓄地拒绝了李君的求情，既坚持了原则，又不使对方太过难堪。

2．模棱两可地拒绝

生活中大家可能都有这样的经验，当你提出某种要求时，对方既不马上反对，也不立即赞同，而是耐心细致地与你谈些与主题有关但又模模糊糊的问题，整个谈话像笼罩在“烟雾”之中，最后你都不明白自己是怎样被拒绝的。

德皇威廉二世派人将一艘军舰的设计图交给一个造船界的权威，请他评估。他在所附的信件上告诉对方，这是他花费了多年的精力和心血才研究出来的，希望他能仔细鉴定。

几周后，威廉二世接到了那位权威人士的报告。里面附有一叠从数字推论出来的详细分析，文字报告是这么写的：“陛下，非常高兴能见到一幅美轮美奂的军舰设计图，能为它作评估是在下莫大的荣幸。可以看出这艘军舰威武壮观、性能超强，可说是全世界前所未有的海上雄师。它的超高速度举世无双；而武器配备可说是独一无二，配有世上射程最远的大炮和最高的桅杆；舰内的各种设施，将使全舰官兵如同住进豪华旅馆。这艘举世无双的超级军舰只有一个缺点，那就是如果一下水，马上就会像只铅铸的鸭子般沉入水底。”

威廉二世看了这个报告不禁笑了。

其实，这位造船界的权威人士的意思就是这张设计图一窍不通。但如果他直言不讳的拒绝：“陛下，您的设计图一无是处，只有一个空架子。”结果会怎么样呢？不言而喻。

所以，同样的说话意图，不一样的说法，效果截然不同。避开实际性的问题，故意用模棱两可的语言做出具有弹性的回答，既无懈可击，又达到在要害问题上拒绝答复的目的。

3．幽默拒绝

在面对对方的要求时，如果自己不情愿去做，那么如何拒绝才能既不会伤害到和气，又能达到成功拒绝对方的目的？这时，不妨转换一下思维，运用幽默的说法，巧妙地向对方表达自己的拒绝之意，这样既能成功推掉自己不想做的事，又不会伤害对方的自尊。

一天，老刘带着他7岁的儿子，拿着一份报告去找科长。

科长接过报告，不禁哈哈大笑：“老刘啊老刘，别人都说你聪明，你怎么糊涂起来了？你才40多岁，你儿子才7岁，怎么打起退休离职报告来了？”

老刘不紧不慢地说：“科长，要是我按着您给我的这个工作量工作，等做完了，我和儿子的年龄就都够了。”

老刘在拐弯抹角的夸张中机智应对科长的嘲笑，还制造了笑料，让科长在他的笑话中明白他是不可能完成这么大的工作量的，这样的巧妙拒绝，在保住科长面子的同时也会让他感觉到舒心。

在拒绝他人时，采用幽默的方式往往能使对方对你的委婉回绝心领神会，从而避免了尴尬。那么，幽默拒绝法为什么能起到改善气氛、避免尴尬的作用呢？就因为幽默逻辑所起的作用。幽默逻辑与一般逻辑不同之处在于它并不像一般逻辑那样运用概念、判断、推理来证明，而是通过沟通彼此的情感以达到交流的目的。在拒绝他人时，只要运用得当，一般能收到较理想的效果。

4. 自嘲拒绝

面对他人的一些请求，你不想接受时，可以用自我贬低的方法或者在玩笑的氛围中拒绝他，不仅维护了对方的面子，也使自己全身而退。比如领导周末想邀你一起去打高尔夫球，你就可以说：“领导，咱俩相处这么久了，说出来不怕您笑话，高尔夫球我学了快一年了，还一直打得不像样，您看了都会觉得扫兴，为了不影响您的兴致，我还是不去为好。”比如，在公司聚会的时候，你确实不会喝酒，你可以说：“我是爸妈的乖女儿，家里面要求又比较严，要是喝了酒，那回去后肯定会被我妈骂死，领导您就饶了我吧。”

5. 另指出路

当你对朋友的要求感到力不从心或者不乐意接受的时候，你可以采用另指出路的办法，以解决问题。

李丽当上某银行人事处处长后，就忙了起来，很多人都登门来求她帮忙，让她很是头疼。有一天，又有人来到李丽家，这次来的人正好还是她的老同学。“我儿子大学毕业一年了，工作一直不顺心，想换工作，所以来找老朋友想想办法。”老同学开门见山地说。“他学的是什么专业？”老同学把儿子的资料递给李丽，看过资料后，李丽知道自己帮不了，因为不仅专业不对口，这个孩子的外语水平也不行，这明显不符合银行的要求。但是李丽也清楚，不能直接拒绝，否则就太不给老同学面子了。“真是不巧，我们最近没有招聘人的计划，不过你别担心，我认识一个朋友，他那里似乎在招人。”说完，李丽把朋友的联系方式抄了一份交给老同学。虽然没有办成事，但那个老同学还是很感谢李丽。

总之，拒绝不仅是一种策略，也是一门艺术。面对他人的不合理要求，拒绝是最佳的选择。其关键是要选择一种巧妙的拒绝方式，在不伤及对方面子和自尊的情况下，让对方觉察到自己“要求”的不合理性，从而自觉放弃自己的过分要求。

情商高的人不说“你错了”

卡耐基说：“直接批评是无用的，因为它会使人采取防守的姿态，并常常使他们竭力为自己辩护，直接批评是危险的，因为它伤害了一个人的自尊心，并会激起他坚决反抗。”

金无足赤，人无完人，任何人都有缺点和不足，对于他人所犯的错误，如果你直率地说“你错了”，或者当众指出他的缺点和毛病，就显得太不近人情了。而且这样直率的言语不但不能帮助他人改正错误，反而会招来对方激烈的反驳，甚至激怒对方、伤害友谊。

艾玛刚到公司上班的第一天，晚上加完班，老板提出，为了犒劳大家，请大家去唱卡拉OK，艾玛和部门同事兴高采烈地接受了邀请。进了包房，艾玛很自然地在离自己最近的一个沙发坐下。老板进来后，发现沙发已经被坐满了，就顺势坐在艾玛身边的一个椅子上。

过了半个小时，老板离开了。艾玛万万没想到，老板一走，其乐融融的气氛大变，室温仿佛骤然下降了十几度。一个男同事语气激动地指责艾玛：“你这人怎么这么没眼色？老板坐在你旁边，都不知道让个座？真是太不懂事了！”

长到23岁，艾玛从没被人这么大声训斥过，尤其是还当着全体同事及KTV服务生的面。她的脸一下子红到了脖子根，委屈的眼泪也忍不住在眼眶里打转转，心中不禁无限懊恼：“啊，自己怎么就缺根筋呢？老板以后会怎么看自己？”

这位男同事的初衷可能是想教艾玛在职场上如何做人，但说话方式不太恰当，不仅让艾玛尴尬，也破坏了当时的气氛。其实，如果早先他主动给老板让座，别人看在眼里，自然能心领神会，效果不是更好？

俗话说：“人要脸，树要皮。”任何一个人都有自尊心，自尊心促使人在遇到别人直率的批评的时候，激起抵抗的天性。当你的思想和举止开始抵抗对方时，对方同样也会这样对你，这样无形中两个人的交流则改变为对抗，要记住任何直率的批评都会使人厌烦。

1863年7月3日开始的葛底斯堡战役是美国内战期间最重要的一次战役。7月4日，罗伯特·爱德华·李将军率领他的军队开始向南方撤离。他带着败兵逃到了波多马克河边，他的前面是波涛汹涌的大河，身后是乘胜追击的政府军。对北方军队而言，这简直是天赐良机，完全可以一举歼灭李将军的部队，从而很快地结束内战。林肯命令乔治·戈登·米德将军果断出击，告诉他不用召开紧急军事会议。

为了确保命令的下达，他不仅用了电报下令，另外还派了专门人员传达口信给米德将军。结果呢？米德将军并没有遵照林肯的命令行事，而是召开了紧急军事会议。他借故拖延时间，甚至拒绝攻打李将军。最后，李将军和他的军队顺利地渡过了波多马克河，保存了实力。

当听到这个消息后，林肯勃然大怒——他从来没有这么愤怒过。失望之余，他写了一封信给米德将军。信的内容是这样的：

“亲爱的米德将军：

“我不相信，你也会对李将军逃走一事感到不幸。那时候，他就在我们眼前，胜利也就在我们眼前。而现在，战争势必继续进行。既然在那时候你不能擒住李将军，如今，他已经到了波多马克河的南边，你怎么取得胜利？我已经不期待你会成功，而且也不期待你会做得多好。机不可失，时不再来，我对此深感遗憾。”

信写完了，林肯并没有急于寄出去，他望着窗外，心里思绪万千，“慢着，也许我不该这么性急。坐在安静的白宫里发号施令很容易，如果我身在葛底斯堡，像米德一样每天看见许多人流血，听到许多伤兵哀号，也许就不会急着要攻打敌人了，如果我的个性像米德一样畏缩，大概也会做同样的决定吧！无论如何，现在木已成舟，把这封信寄出，除了让我一时觉得痛快以外，没有别的用处。米德会为自己辩解，会反过来攻击我，这只会使大家都不痛快，甚至损及他的前途，或逼他离开军队而已。”

于是，林肯把信搁到一边，惨痛的经验告诉他：尖锐的批评和攻击，所得的效果都等于零。相反，努力去理解对方的用意，结局会好一些。

林肯总统从以前总爱指出别人的错误到后来如此宽容的巨大转变，给我们树立了一个榜样。他以自己的切身经验告诉我们：永远不要指责他人的错误。

直接指出对方的错误，实际上就是在批评对方。任何人都不喜欢被他人批评，即使他明白自己确实做错了。心理学家指出，这种强大的力量中有很大一部分是自我认同感在起作用。当自己所相信的东西被怀疑或否定之后，每个人都会产生一种焦虑，感到自己的自尊被伤害了，甚至感到自己的安全已经没有了保障。结果是，他会本能地拒绝承认自己的错误，即使他可能认为你说的是对的。因此，当你想要说服一个人，让他明白自己的错误的时候，千万不要直接指出对方的错误。但是人们却往往做这样的蠢事。在我们身边经常会遇到一些比较烦心的事情困扰着我们，但是很多时候只要我们换种表达方式，也许就能轻易地达到我们的目的。

有一天中午，查理·夏布偶然走进他的一家钢铁厂，撞见几个工人正在吸烟，而在那些工人头顶的墙上，正悬着一面“禁止吸烟”的牌子。夏布没有直接地批评工人。

他走到那些工人面前，拿出烟盒，给他们每人一支雪茄，然后请他们到外边去抽。那些工人，已知道自己破坏了规定，可是他们钦佩夏布先生不但丝毫没有责备他们，而且还给他们每人一支雪茄当礼物，工人们觉得很高兴。

确实，我们只要在指出对方错误的同时，注意维护对方的自尊，就容易收到很好的效果。这是十分符合人的本性的——正因为我们没有办法改变人性的弱点，所以只有使自己所做的事情符合人性。那些情商高的人总是会想方设法这么去做，因为他们知道这样做的效果比直接指出对方的错误要好得多。

第七章　有效说服，情商高的人总会影响和改变他人

说服要晓之以理，不要凭空去说

晓之以理是一种比较有效的说服方法。那么，什么是晓之以理呢？晓之以理，就是讲道理。简单的事情，小道理，用一两个典型事例，再加上简明、扼要的分析，道理就可以讲清楚。复杂的事情，大道理，涉及多方面的因素，触动一点就牵动全局，必须全方位、多层次、多角度地进行一系列的说服工作，从多方面展开心理攻势，并以严密的逻辑推理，水到渠成地得出结论。

某企业因经营不善要倒闭，工人将面临失业，不但拿不到遣散费，连欠发的工资也兑现不了。

工人们聚集在领导办公室的门口抗议，要求领导拿出解决的办法来，情绪非常激动。

领导说："工厂就在你们眼前，你们都看到了。现在把工厂拍卖，也恐怕没有人买。就算能卖掉，也换不了几个钱，如果先还上银行贷款，大家还是分文拿不到。"

怎么办？把领导绑起来？把厂里的产品抢回家？把机器、厂房砸烂或者烧掉，让公安局抓去坐牢？还是冷静地进行善后处理呢？

聪明的领导在一连串的问话后，接着说："工厂是大家的。人人都是老板。现在我们组成专案委员会，把工厂按比例分给大家，大家都是股东，都是老板。少拿点薪水，努力工作，撑几个月看看。赚了，是大家的。赔了，再关门也不迟。你们想想，现在把工厂砸了，什么也拿不到，不如自己当老板，继续做做看。”

领导在详细地分析了利害关系后，工人想了想，觉得厂长说得有道理，于是听从了领导的劝说，纷纷集资入股重新干了起来。大家都把工厂当作自己的事来做，特别卖力，经过一段时间的经营，工厂居然起死回生，扭亏为盈，不但还上了债务，工人还分到了红利。

上例中的领导的话一句句无不告诉工人们要权衡利弊，要想想哪头划算，经过一番反复的核计，在想清利害的前提下，工人们才听从了领导的劝说，一场即将发生的危机就这样平息了。所以关键时刻，话不在多，要说在节骨眼上，这才是最有效的。

晓之以理，既是最基本的、最为广泛使用的说服人的方法，也是说服行为的基本指导原则。要做到这一点，说服者应态度和蔼，对被说服者晓之以理，动之以情，逐步引导他们提高认识，辨清事实真相。当被说服者听不进你的话或思想上一时拐不过弯来时，切不可急躁，而应反复讲明道理，真正做到以理服人。

美国学者卡耐基经常租用纽约某大旅馆的大礼堂办班授课。有一次，他正筹备一个新的培训班，忽然接到旅馆的通知：租金涨到原租金的3倍。这下可让卡耐基犯难了：他早已发出通知，地址已不可能更改。于是，他约见旅馆经理，心平气和地说：“要提高租金，这不怪你。因为你是经理，责任是多盈利。不过我们应该认真核算一下这样有利还是不利：不错，你不租给我而租给舞会、晚会用，他们付出的租金比我高，当然经济上有利。但不利的是由于我付不出那么高的租金只能搬走，而我每办一次培训班就有成千有文化、受过教育的中上层管理人员到你的旅馆来听课。这难道不是一种广告吗？事实上你花几千元也许邀请不到这么多人来参观，而我却不花你一分钱帮你请来了，难道你不合算、不值得吗？现在请您认真考虑一下再答复我。”结果经理让步了。

在卡耐基与经理的交谈中，他一没叫穷，二没责怪，反而承认涨价是在情理之中，摆出了有利的一面，但接着又摆出了涨价所造成的不利因素。由于既说利，又说不利，充分表现了自己“无私”，出发点全都为经理考虑，这样就很容易被接受。他在摆出利弊两方面之后并不做出结论——弊大于利还是利大于弊，而是让对方自己去权衡，又显得从容大度，不咄咄逼人……

在说服对方时，要以理服人，才能让人口服心服。通过摆事实、讲道理，让人信服，使他人赞同自己的观点和主张。通过对问题产生的后果及利弊进行分析，然后循循善诱，有理有据，说服对方。这样就能取得对方的信任，达到解决问题的目的。

动之以情，方能晓之以理

“以情动人，润物无声”说的是一种说服的方略，也是一种说服的效果，总的来说，就是“攻心”。攻心说服最基本的要点之一是巧妙地诱导对方的心理或感情，以使被说服者信服。

《孙子兵法》说：攻城为下，攻心为上。这是一切兵法的核心思想，也是一条历练口才至高无上的原则。一位西方宣传理论家指出：单靠理性论据去说服人，过程太长而且往往还靠不住。应该首先对情感发生影响。说服别人动摇、改变、放弃己见或信服、同意、采纳你的主张，实质上是一场从精神上征服人心的战斗，但又不能使对方有丝毫被迫接受的感觉。

对于说服别人，在很大程度上，可以说就是情感的征服。只有善于运用情感技巧，动之以情，以情感人，才能打动人心，以至说服别人。感情是沟通的桥梁，要想说服别人，必须跨越这一座桥，才能到达对方的心理堡垒，征服别人。在劝说别人时，应推心置腹，动之以情，讲明利害关系，使对方感到你的劝告并不抱有任何个人目的，没有丝毫不良企图，而是真心实意地帮助被劝导者，为他的切身利益着想。

公元前266年，赵惠文王死了，太子继位，因其年幼，由母亲赵太后掌权。秦国乘机攻赵，赵国向齐国求援。齐国说，一定要让长安君到齐国做人质，齐国才能发兵。长安君是赵太后宠爱的小儿子，太后不让去，大臣们劝谏，赵太后生气了，说："谁敢再劝我让长安君去齐国，老妇我就要往他脸上吐唾沫！"左师触龙偏在这时候求见赵太后，赵太后怒气冲冲地等着他。

触龙步伐缓慢地来到太后面前，说："臣最近腿脚有毛病，只能慢慢地走路，请原谅。很长时间没有来见太后，但我常挂念着您的身体，今天特意来看看您。"太后说："我也是靠着车子代步的。"触龙说："每天饮食大概没有减少吧？"太后说："用些粥罢了。"这样拉着家常，太后脸色缓和了许多。

触龙说："我的儿子年小才疏，我年老了，很疼爱他，希望能让他当个王宫的卫士。我冒死禀告太后。"

太后说："可以。多大了？"

触龙说："十五岁，希望在我死之前把他托付给您。"

太后问："男人也疼爱自己的小儿子吗？"

触龙说："比女人还厉害。"

太后笑着说："女人才是最厉害的。"

左师公说："我认为您爱您的女儿燕后胜过小儿子长安君。"

太后说："错了，还是爱长安君更多一些。"

左师公说："父母爱自己的子女，替他们做长远的打算。您送别燕后的时候，握住她的脚后跟，为她哭泣，想到她要远嫁，实在是很疼爱她了。离开了后，并不是不想念她，每次祭祀一定为她祝祷：‘一定别让她回来，别让她遇到灾祸。’难道不是为她长远考虑，希望她有子孙相继做燕国国王吗？”

太后说：“是这样。”

左师公说：“从现在往上推，距今三代以前一直推到赵国立国的时候，当时被封为侯的，他们的后代在今天还有谁继承侯位的吗？”

太后说：“我没有听说过。”

左师公说：“不单单是赵国，其他诸侯国，他们的后代还有在侯位的吗？”

太后说：“我没有听到过。”

左师公说：“这样看来人主的子孙封了侯的总要遭到灾祸，离灾祸近的灾祸赶上了他本人；离灾祸远的，灾祸赶上了他的子孙。难道这是人主的子孙一定不好吗？地位尊贵而没有功业，奉养丰厚而没有劳苦，是因为得到了与自己不相称的东西太多了。今天您以长安君的地位为尊，而且封给了肥美的土地，给予很多宝物。如果不趁早让他为国立功，一旦您驾崩，长安君拿什么来在赵国立足？所以我认为您替长安君打算得较短浅，认为太后对长安君的疼爱还不如燕后。”

太后说：“对，任凭你怎么去支配他。”

于是替长安君准备了百辆车子，到齐国去做人质，齐兵也就派了兵出来。

上例中为什么太后乐意听从触龙的劝说呢？这是因为触龙能体贴太后对幼子溺爱的心情，先从自己幼子入手，影射长安君，从感情上让太后产生共鸣；然后又借燕后作反衬，激赵太后的反驳，顺理成章地提出主旨；接着又设身处地进入角色，与太后一起动情回忆她疼爱燕后的情景，使太后完全接受了道理。

唐代诗人白居易说道：“感人心者，莫先乎情。”感情是打动听众的有力武器。说理可以服人，诉情可以感人。富有感染性的语言，必是能引人入胜的。即使再怎么强硬的人在错误面前恐怕也只能欣然接受你的建议。

现代研究证实，人的言行是由感情决定的，情感的号召力往往比理性的号召力大。在日常生活中，需要说服的情形很多：无论是在失意或在反抗的时候，在需要金钱或支持的时候，为了让对方和你的想法同步，你常常要借助情感打动对方，劝说领导也是如此。

尚进勇在一家公司的策划部门工作，工作上他一贯倾向于以服从大局为前提力争在小细节上也有独到创新。一年一度的客户会又要召开了，每年的这次会议都受到公司的高度重视，为此策划部更是准备奋勇一战。

出乎所有人意料的是这次策划部新来的主管杨春飞也参与到案子的策划当中，并且大有指点江山、独领风骚的意思。这让尚进勇有些不太习惯，因为之前的主管从来都是放手交给他去做，然后在总体的方面提一些建议，每一次尚进勇也没有让主管失望。可是，新来的主管似乎是那种事事亲为型的，而且一看就知道他的做事风格比较严谨，不太喜欢创新。

就在主管要大家放弃不必要的小细节，全力以赴准备客户会议的时候，尚进勇觉得自己有必要对上司即将出现的失误给出自己的建议。当然，他不会愚蠢地直接向新上司挑明，而是决定用情打动他。

“主管，早就听说您一向做事严谨，果然名副其实啊。能在您的手下做事，相信我一定会学到很多东西。”主管听尚进勇夸奖自己，心里也很受用，就说道：“知道你是咱们公司的人才，我也是刚来，对公司的各方面还有很多不了解的地方，也希望你以后多多配合啊。”尚进勇马上接口道：“这您就放心吧。对了，我这里有些咱们公司比较重要的资料，很多事是关于历年的客户会议，您不妨看一下。我看您在今年的会议策划上也安排得差不多了，剩下的不妨交给我吧，我保证完成任务。”主管一听就知道尚进勇有让自己多放手的意思，但是又觉得对方也是为自己好，干脆就做个顺水人情吧，于是就说道：“好好，那就把剩下的事情交给你了，相信你不会让我失望的。”

就这样，尚进勇再一次把自己在小细节方面的创新发挥得淋漓尽致，包括请柬的设计、礼品的赠送以及样品等等。由于主管总的把握和尚进勇细节的创新当年的客户大会还是取得了圆满的成功。

新主管似乎也更加信任尚进勇了。

俗话说“‘通情’才能‘达理’”，没有心理上的沟通作基础，即使有理，也达不到说服的目的。情至而心动，情至而人服。动之以情，激发对方内心深处的温暖情感，将有助于扭转劣势。

在劝说别人时，应推心置腹，动之以情。白居易曾写过这样两句诗：“功成理定何神速，速在推心置人腹。”千百年过去了，以情来感动对方仍然没有改变。要想说服领导，就要设法动摇对方的心理防线，巧妙刺激对方的感情和情绪。人是有感情的动物，感情的力量往往会超过利益的驱使。在给领导提出建议的时候我们不妨对其巧加利用，欣然接受你的建议。

劝将不如激将，巧用激将说服他人

人是感情的动物。在说服的过程中，情商高的人通常会想方设法调动感情的力量，来激发人的积极性，调动其热情和干劲儿。“激将法”就是一种很好的策略。

所谓激将法，指的是用带有刺激性的语言来激发对方的某种情感，让对方的情绪受到震撼，并在冲动的情绪的驱使下，顺着我们指引的方向行事。

唐天祐年间，叛臣朱全忠用计诱骗五路兵马反驻守太原的唐晋王李克。叛军中的一员猛将高思继异常勇猛，且善用飞刀，百步取人，后来被晋王李克的十三太保李存孝生擒。本意留他在帐前听用，可高思继却执意要回山东老家过“苦身三顷地，付手一张犁”的田园生活，改恶从善。后来李存孝被奸臣康立君、李存倍所害，朱全忠闻李存孝已死，又发兵来犯，帐前王彦章不仅勇猛盖世，且智谋过人。晋王将士皆哑然相对，无人请战，晋王见状，痛哭一场。还是长子李嗣源说道：“昔日降将高思继闲居山东郓州，何不请他迎敌？”晋王闻言大喜，遂命李嗣源前往山东求将。

李嗣源来到山东农村，直接就奔高家庄寻高思继。提起前事，高思继说道：“自勇南公李存孝饶了我性命，回到老家，若身一顷地与世无争，今已数年，早把兵家征战之事置之身外。今日相见，别谈这些。”李嗣源见高思继已无相从出山之意，心想，自古道：文官言之，武将激之。对高将军好言相求，难以收效，必须巧用激将之法，激其就范。于是，他编出一通谎言，说道：“天下王位，各镇诸侯，皆闻将军之名，如雷贯耳，称羡不已。我与王彦章交战被他赶下阵来。”我对王彦章说：“今来赶我，不足为奇，你如是好汉，且暂时停战，我知道山东浑铁枪白马高思继，盖世英杰，有万夫莫当之勇。待我请来，与你对敌。”王彦章见我阵营前夸耀将军，愤然大叫：“就此停战，待你去请他来，不来便罢，若到我宝鸡山来，看我不把他剁成肉酱！”高思继经此一说，不禁被激得心头火起，口中生烟，大叫家丁：“快备白龙马来，待我去生擒此贼！”遂披挂上马，辞家出山，往宝鸡山飞驰而去。

高思继和李嗣源快马加鞭，日夜兼程，赶到唐营，不但唐晋王喜出望外，三军将士亦是异常振奋。第二天，王彦章又来挑战，唐晋王引高思继出马迎战，高思继与王彦章厮杀起来，连斗300回合，难分胜负，直战到天黑，双方见天色已晚，才鸣金收军。这次战了平手，但却是唐营军民出师以来的第一次，军威大振，信心大增，个个摩拳擦掌，准备来日再战。

本来高思继早已看破红尘，决心弃武而去当一个平平常常的农民，安度田园生活。李家虽对他有再生之恩，但正面动员他出山，重返军旅时，他却以“与世无争”相拒。然而，当李嗣源借用谎言激他时，他却毅然披挂上马，重返战场，一斗就是300回合。可见，激将法的确是说服别人的一个好方法，我们要学会运用此法。

俗话说：“树怕剥皮，人怕激气。”当人的某种情感（自尊、能力、荣誉和名声等面子问题）受到了强烈的伤害性刺激时，往往会引起人的激情爆发。在说服他人的过程中，基于人们的这一心理特点，我们可以利用一些略带贬损之意或不太公正的话来刺激对方，让对方的情绪受到震撼，以达到激将的目的，进而说服对方改变原来的立场和态度。

史密斯在担任美国纽约州州长的时候，当时的辛辛监狱管理混乱，臭名昭著，那里缺了一名看守长，急需一位铁腕人物去管理监狱。一番选择后，史密斯觉得劳斯是最合适的人选，便召见了他说：“去辛辛监狱做看守长如何？”

劳斯大吃一惊，他知道这是苦差事，谁都不愿意去，他考虑着这个险值不值得冒。史密斯见他犹豫不决，便说道：“害怕了？年轻人，我不怪你，这么重要的岗位，需要一个重量级人物才能挑得起这副担子。”

劳斯被史密斯一激，一下来了劲头，欣然接受了这副担子。他上任后，对监狱进行大胆改革，尽力做好罪犯的帮教转化工作，他成了美国最具有影响的看守长。

人们往往都有逆反心理，你越不让他干什么，他偏干什么，尤其是在气氛激烈的情况下，对于那些好胜心强并且脾气暴躁的人，用“激将法”来达到用他的目的是最好的办法。

孟子说：“一怒而天下定。”将激将法用到沟通中，如果运用得巧妙，往往可以让人改变原来的立场，化解分歧，达到目的。

据说拿破仑不但用兵如神，而且机智幽默、擅长辞令。有一次，欧洲反法神圣同盟兵犯法国，来势汹汹。法国军队迅速展开一场激烈的防御战，拿破仑派手下两个屡建奇功的军团担任起艰巨的防御任务。没想到，防御部队的士气低落，结果被敌兵打得落花流水，四处逃窜。

拿破仑背着双手审视着逃军，沉默不语。良久，他终于怒声传令：“集合！全体士兵统统集合！”

垂头丧气的士兵们忐忑不安，小心翼翼地观察拿破仑的一举一动。

拿破仑双手抱胸，在队伍面前踱来踱去，步子越来越急促，皮鞋叩打着地面的声音越来越响，震得残兵败将们心惊肉跳。他们偷偷望着统帅，烦躁不安地等待训斥。拿破仑终于满怀悲愤地开始演讲：

“你们不应该动摇信心！你们不应该随随便便丢掉自己的阵地！你们知道，夺回那些阵地是多么的不容易，要付出多大的代价呀！”

看着士兵们惭愧地低下了头，拿破仑猛然回头命令道：“参谋长阁下，请你在这两个军团的旗子上写下这样一句话：他们不再属于法兰西军了。”

这下，全场一片哗然。把祖国的利益和自己的荣誉看得至高无上的士兵们，自然明白这句话的分量。他们羞愧难当，甚至有人下跪嚎哭道：“统帅，您再给我们一次机会吧！我们要立功赎罪，我们要雪耻啊！”

拿破仑见状，相信他的军队能以自己的英勇行为洗刷上一次的耻辱，不禁神采飞扬，当众振臂高呼：“对！早该这样了。这才是好士兵，才像拿破仑手下的勇士，这才是战无不胜的英雄！”

后来，面对反法同盟的疯狂进攻，恶战一场接着一场。可是，这两个军团异常骁勇，战斗力极强，几乎是攻无不克、战无不胜，多次重创敌军，建立了赫赫功勋。

“劝将不如激将”，意在说明在某些特定的环境和条件下，需激起某人的斗志，与其苦口婆心地正面劝说，不如故意给其刺激和贬低，从而激发其自尊心、自信心，获得重新振作的可能。需要注意的是，激将法并不是简单地讽刺或者挖苦对方，而是要“别有用心”地使用刺激性语言来激发对方的斗志和勇气，从而达到激将的目的。

事实证明，激将法是一种很有力的说服技巧，但在使用时要看清楚对象、环境及条件，不能滥用。同时，运用时要掌握分寸，不能过急，也不能过缓。过急，欲速则不达；过缓，对方无动于衷，无法激起对方的自尊心，也就达不到目的。

巧妙牵引，让对方主动说出你的想法

说服他人，尤其是高高在上的领导者、有权势者，必须因势利导、循循善诱，因为他们一般有心理优势，不会轻易采纳他人的建议。如果讲究说话策略，通过诱导，最后让对方自己说出我们想说的话，那么这就是向他人建议的较高境界。

苏联领导人斯大林在后期变得“唯我独尊”，刚愎自用的个性使他很难接受别人的意见，不能允许世界上有人比他高明。但是，他的一个下属，大本营总参谋长华西里也夫斯基，却往往能使斯大林在不知不觉中采纳他的正确的作战计划，从而发挥了自己的杰出才能。

在斯大林的办公室，斯大林与华西里也夫斯基谈天说地的“闲聊”中，华西里也夫斯基往往“不经意”地“顺便”说说军事问题，既不郑重其事，也不头头是道。可是奇妙的是，等他走了以后，往往使斯大林想起一个好计划。过不了多久，斯大林在军事会议上陈述了这个计划。大家都惊讶斯大林的深谋远虑，纷纷称赞，斯大林自然十分高兴，华西里也夫斯基本人也与大家一样显得惊异，好像从来没听说过这个计划，与众人一道表示赞叹折服。

华西里也夫斯基在军事会议上进言的方式更是令人啼笑皆非。他首先讲三条正确的意见，但口齿不清，用词不当，前后重复，没有条理。他的座位靠近斯大林，他只要使斯大林一个人明白他的意见就行了。接着他又画蛇添足地讲两条错误的意见。这会儿，他来了精神，条理清楚，声音洪亮，振振有词，必欲使这两条错误意见的全部荒谬性都昭然若揭才肯罢休。这往往使在场的人心惊胆战。

等到斯大林定夺时，自然首先批判那两条错误意见。斯大林往往批判得痛快淋漓，心情舒畅。接着，斯大林逐条逐句、清晰明白地阐述他的决策，华西里也夫斯基心里明白，斯大林正在阐述他刚刚表达的那几点意见，当然是经过加工、润饰了的。这样一来，华西里也夫斯基的意见，也就变成斯大林的决策，而付诸实施。

事后，有人嘲讽华西里也夫斯基太傻，华西里也夫斯基往往是笑而不答。只是有一次，他对过分嘲讽他的人回敬道：“我如果也像你一样聪明，一样正常，那我的意见也就会像你的意见一样，被丢到茅坑里去。我只想我的进言被采纳，我只想前线将士少流血，我军打胜仗，在我看来这比什么都重要。”

与其滔滔不绝地说服他人，不如将自己想出来的话灌输给别人。说话时，巧妙牵引，给对方一个铺垫，一点启示，一条线索，对方自然会理解你的想法，说出你想要说的话。

在工作中，如果想要自己提出的意见得到领导的尊重和认可，最好是主动隐身在领导的幕后进行策划，借用领导的嘴巴说出你的想法，一方面能使自己的想法得以采纳，计划得以实施，另一方面让领导在采纳的同时不致对你产生嫉恨，而对你产生信任。

美国第28任总统伍德罗·威尔逊，很有才能，也非常自负，对别人的意见往往瞧不起，要么不采纳，要么根本不予理睬，有一个人却是独一无二的例外，这个人就是他的助理豪斯。

豪斯有什么绝招呢?

有一次，豪斯被单独召见，他明知总统不容易接受别人的建议，但还是尽自己所能，清楚明了地陈述了一种政治方案，因为他苦心研究过，所以自认为方案相当切实可行。然而，这次进言的结果也没能例外，威尔逊总统毫不客气地对他说："在我愿意听废话的时候，我会再次请你光临。"

但是，数天之后，在一次宴会上，豪斯很吃惊地听到威尔逊总统正在把他数天前的建议作为自己的见解公开发表！这件事，使豪斯大彻大悟，懂得了向总统贡献意见的最好方法：避免他人在场，悄悄把意见"移植"到总统的心中，使这计划可以作为总统自己的"天才构思"而公之于众，使总统坚定不移地相信是他本人想出了这个好主意。

为了使一个好的计划被总统采纳，豪斯自愿牺牲"版权"，而把"版权"悄悄地转让给总统，这样，他的计划就能顺利地被总统采纳。

1914年春季，豪斯奉命赴法国做外交上的接洽。出发前，豪斯向威尔逊提出一项两国合作计划，威尔逊总统原则上同意了豪斯的计划，但态度相当谨慎，合作计划距离被正式批准还相当遥远。

豪斯到巴黎后不久，就寄回了他同法国外长的谈话记录。在谈话中，豪斯把自己想出的、经总统谨慎同意的计划，说成是“总统的创见”，并热烈赞扬说，这是威尔逊总统“天才，勇气，先见之明”的表现。看了记录，威尔逊总统毫不犹豫地正式批准了这个合作计划。合作计划的实施，给两国带来了巨大的利益。

豪斯为自己的计划得以实施由衷的高兴，而威尔逊总统也更加喜欢和倚重豪斯，但有一件事是永远心照不宣的：豪斯从来不表示某项计划是他想出来的。

若干年后，豪斯说道：“我不愿意称那些计划是我的，并不仅仅出于讨总统喜欢。我的计划充其量是一颗树种，要长成参天大树必须有土壤、水分、空气和阳光，只有总统才有这些条件。把树种变成大树的，公平地说，是靠总统，我只不过把种子移到了总统心中。”

豪斯采用这种巧妙的“种子移植”方法，把他的想法都变成了总统的创见，使他的计划大都得以实施。在威尔逊执政期间，他对威尔逊的影响，比当时成群的政治领袖加在一起都大。当人们知道了豪斯的秘诀时，称他为“移山倒海”的大师，并评价为：豪斯发明了“思想试管婴儿”，威尔逊则是这次伟大试验的母体。

当你正面无法直接说服领导采纳你的建议或计划时，不妨换个角度来进言，把构思移植到领导的头脑中，用领导的嘴巴说出你的想法，当建议变成领导的想法，领导不仅没有挫败感，其优越感还会大大增加，当然建议或计划也会得以顺利实施。

在日常工作和生活中，有些话直接对别人说不能达到应有的效果，或者是不便自己张口说的时候，不妨动动脑筋，想个办法让对方主动说出来。当然，这个方法一定要方法恰当、手法高明才能奏效。

一语中的，说服要抓住关键点

说服是一门技术，也是一门艺术。说服固然要以正确的思想为前提，但技巧也是极其重要的。在说服的过程中，如果不注意语言的技巧，一味地反复说理，只会引起对方的反感。这时，你不妨先理清思路，找到你的说服关键，在说服的过程中用简洁有力的语言向对方陈述你的观点，一语中的地让对方明白你的话语，从而达到成功说服的目的。

汉代著名丞相萧何是“汉初三杰”之一，他爱国爱民，对皇帝忠心耿耿。有一次，他向汉高祖刘邦请求将上林苑中的大片空地让给老百姓耕种。上林苑是专门为皇帝游玩打猎而设的大片园林，刘邦一听萧丞相居然要缩减自己的园林，不禁勃然大怒。他认为萧何必定收受了百姓的贿赂，才为他们说话办事的。于是，下令将萧何逮捕入狱。

当时的法官廷尉是个趋炎附势、暴虐残忍之人，只要皇上认定某人有罪，他就不惜用大刑使犯人服罪。如果萧何落入他的手中，后果不堪设想。就在这紧要关头，旁边的一位姓王的侍卫官上前劝告刘邦说：“陛下是否还记得原来与项羽抗争以及后来铲除叛军的时候？那几年，皇上在外亲自带兵讨伐，只有丞相一个人驻守关中，关中的百姓非常拥戴丞相。假如丞相稍有利己之心，那么关中之地就不是陛下的了。您认为，丞相会在一个可谋大利而不谋的情况下，去贪百姓和商人的一点小利吗？”

这几句话正中要害，说到了刘邦的心坎里。刘邦深有感触，认识到自己过于鲁莽和多疑，愧对萧何的一片忠心，于是当即便下令赦免萧何。

说服他人并不在于你滔滔不绝，说了多少话，而要看能不能说到点子上，只要一针见血，就能立竿见影，使人口服心服。

语言具有无穷的威力，关键就在于人们是否会使用好它。在说服的过程中，只要充分掌握事实，了解了相关情况，抓住要害，开门见山，一语中的，这样，才能成功说服对方。

秦朝末年，张耳在占据赵地后，号称武信君。此时，范阳令徐公仍不投降。因此张耳就委托蒯通去范阳，说服他投降。蒯通到达范阳，见了徐公就说："我是范阳一介草民蒯通。我分析当前形势，徐公你可能活不了多久了。我特意来给你吊唁来了。不过，如果你听我蒯通的话，那么你就会有一条生路，我这次来也是向你表示祝贺的。"徐公就说："你怎么会知道我活不多久了？"蒯通就说："你在范阳为官已经有十年的时候了。你为了落实秦国的法令，杀人家的父亲，使人家的孩子成为孤儿；你断人家的手足，黥人家的面孔，这样残忍的事情你做得够多的了。那些慈父孝子对你恨之入骨，但是他们为什么不用锋利的尖刀插到你的腹中把你杀死呢？那是因为他们害怕秦国的法律。如今是天下大乱，秦国的法律已经不起作用了，那些慈父孝子正在争着用利刃把你杀死。一来要化解他们对你的怨恨，二来杀你也可以得到名利。所以我蒯通知道你不会活多久了，所以就提前来给你吊唁。"徐公又问："那你怎么还祝贺我有一条生路呢？"蒯通说："武信君不嫌弃我是一介草民，向我请教战争问题。我对他说：'打了胜仗才能得到土地，攻取之后才能得到城池，这已经是落后的战法了。不战而得地，不攻而得城，一纸公文就能搞定千里。你们愿意听听这样的谋略吗？'他们的将领都很感兴趣。我就说，'以范阳令徐公为例，他可以整顿士卒坚守城池。

但是，人都是害怕死亡贪图富贵的。战到不行的时候他要投降。那时士卒就会产生怨气，很可能把范阳令就给杀了。这件事必然会传出去。其他地方的官员知道范阳令先投降也被杀害了，必然要固守。这样，其他城池就不好攻打了。现在不如以隆重的礼仪迎接范阳令徐公，一直把他迎接到燕赵接壤的地方。使其他城池的官员都知道，范阳令投降得到了富贵。这样，就会争着来投降。这就是我说的一纸公文可以搞定千里。’现在你要是听我的话投降武信君，不但可以生存，而且还可以继续享受富贵。”结果蒯通说服了范阳令徐公。

蒯通说话句句在理，为徐公陈述了利害关系，达到了预期的目的。

正所谓“射人先射马，擒贼先擒王。”解决问题时，一定要抓住主要矛盾，这样才能事半功倍。情商高的人，往往能抓住关键，一语中的，从而使对方迅速臣服。

在说服的过程中，要掌握以下几点：

1．要针对性强

这是说一定要找准说服对象的思想症结，对症下药，说到点子上，才能产生显著的说服效果。

2．要直冲要害

这是指说服语言应语句短促，语意明确，语气恳切，旗帜鲜明，一针见血，有响鼓重槌之妙。

3．要有震撼力

通常指涉及重大原则和立场，特别是对方切身利益等问题的话，一出口必定能给对方重重一击，震撼对方的心灵，促其权衡掂量，分析利弊，最终取其利而从之，做出正确的选择，产生豁然开朗的效果。

迂回说服，领导更容易接受

在语言表达中，有的时候直来直去地说话并不能取得很好的效果，而是需要采取“迂回”的手段来达到说话的最终目的。迂回之术不带刺，绕了一个弯后，让人不仅听明白了是怎么回事，最重要的是，人们能愉快地接受。这就要求我们在步入正题前，需要先来点“铺垫”，作些“迂回”，然后再一步一步导入中心，这样才会收到良好的效果。

我国古时候，有一个县官很喜欢附庸风雅，尽管画术不佳，但画画的兴致很高。他画的虎不像虎，反而像猫。并且，他每画完一幅画，都要在厅堂内展出示众，让众人评说。大家只能说好话，不能说不好听的话，否则，就要遭受惩罚，轻则挨打，重则流放他乡。

有一天，县官又完成了一幅“虎”画，悬挂在厅堂，召集全体衙役来欣赏。

县官得意地说：“各位瞧瞧，本官画的虎如何？”

众人低头不语。县官见无人附和，就点了一个人说：“你来说说看。”

那人战战兢兢地说：“老爷，我有点怕。”

县官：“怕，怕什么？别怕，有老爷我在此，怕什么？”

那人：“老爷，你也怕。”

县官：“什么？老爷我也怕。那是什么，快说。”

那人：“怕天子。老爷，你是天子之臣，当然怕天子呀！”

县官：“对，老爷怕天子，可天子什么也不怕呀！”

那人：“不，天子怕天！”

县官：“天子是天老爷的儿子，怕天，有道理。好！天老爷又怕什么？”

那人：“怕云。云会遮天。”

县官：“云又怕什么？”

那人：“怕风。”

县官：“风又怕什么？”

那人：“怕墙。”

县官：“墙怕什么？”

那人：“墙怕老鼠。老鼠会打洞。”

县官：“那么，老鼠又怕什么呢？”

那人：“老鼠最怕它！”来人指了指墙上的画。

故事中，被点名的差役没有直接说县太爷画的虎像猫，而是接二连三地抬出第三方，绕着弯说话。让县官在众人面前保住了脸面，又让自己避免了一场灾难。

故事中，被点名的差役没有直接说县太爷画的虎像猫，而是接二连三地抬出第三方，绕着弯说话。让县官在众人面前保住了脸面，又让自己避免了一场灾难。

迂回地表达反对性意见，可避免直接的冲撞，减少摩擦，使领导更愿意考虑你的观点，而不被情绪所左右。所以，与领导说话要想取得理想的效果，不仅要真诚相待，还要善于动脑，讲究一点谈话的艺术，尤其是当领导固执己见，谁去劝说他都不理不睬，泼水不进的时候，巧妙的办法就是避其锋芒，以迂为直。

有时，迂回可能要多走一些弯路，多废一些唇舌，多耗一些时间，但总比无功折返好。

“邹忌讽齐王纳谏”的故事，你一定听说过。邹忌，身长八尺有余，容貌飘逸倜傥。有一天，他问其妻妾：“我与城北的美男子徐公相比，谁更美些？”妻妾都说邹忌美。邹忌有些怀疑。第二天，他又问家中来访的客人：“我与徐公相比，谁更美？”客人们也纷纷称赞他美过徐公。邹忌有些相信了。过一段时间，邹忌见到了徐公，相比之下，自叹不如，深夜独思良久，才明白：“妻之美我者，私我也；妾之美我者，畏我也；客之美我者，欲有求于我。”于是，他向齐王进谏的时候也说了同样的道理。他说：“大王您作为一国之君，宫内妃嫔没有不偏爱您的，左右大臣没有不畏惧您的，全国子民也都有求于您，那么他们平时就会违心说您的好话，您就可能被蒙蔽了，要想听真话，就得鼓励进谏。”齐王听了他的话，就号召进谏，一时间门庭若市，几年后，齐国不发一兵卒，许多诸侯就纷纷前来朝贡。

邹忌推己及人，这番分析合情合理，入木三分，齐王焉会不听。这种方法很为后人称道。可见，在说服领导的时候，通过迂回的办法去表达自己的反对意见，并力求使领导改变主张，是十分奏效的方法。

有些时候，当领导的思想一时转不过弯来，对别人直言进谏大为不快时，你再直截了当参与进去，就可能把自己也卷进去。

小王大学毕业后如愿以偿地当上了一名记者，他平时非常喜欢看一些小资的文章和书，而且特别向往有自己的私人空间。上班的头几个月，他感觉自己的小日子过得不错，基本上不用加班，觉得很快乐，能随性随心的生活。

半年以后，报社有一段时间非常忙，领导就经常叫小王跑去现场采访。一开始小王还觉得挺新鲜，够刺激。可是后来就感到疲惫了、厌烦了，感觉有些枯燥和单调，在连加了几天班后的一天，他正准备下班回家，领导突然进来了："小王啊，你先别走，公司有一个非常重要的客户来了，你帮忙招待一下吧。"此时的小王怒火中烧，他也根本不懂领导让他接待公司的重要客户是给他锻炼的机会，同时也表示了领导对他的器重和认可。他就没好气地说："怎么又是我呀？我已经下班了。"这时，旁边的一位同事可被小王的举动震惊了，也吓坏了，赶紧跑去对领导说："我去接待吧，小王都加好几天班了。"

回到家里，小王躺到了床上，久久不能入睡，他回想下班前的那一幕，感觉自己说错话了，态度也不好，意识到自己有些过火了。但他在心里还为自己辩解找平衡，我已经加了三天班，难道领导没看见吗，他会理解我吧？

即使对领导有意见，在表达时也要尽量的委婉，心态和语调都要平和，万万不能单刀直入式的甚至带着火气式的表达，否则将会得不偿失。

过于直接的批评方式，会使领导自尊心受损，大跌脸面。因为这种方式使得问题与问题、人与人面对面地站到了一起，除了正视彼此以外，已没有任何回旋余地，而且，这种方式是最容易形成心理上的不安全感和对立情绪的。你的反对性意见犹如兵临城下，直指上级的观点或方案，怎么会使领导不感到难堪呢？特别是在众人面前，领导面对这种已形成挑战之势的意见，已是别无选择，他只有痛击你，把你打败，才能维护自己的尊严与权威，而问题的合理性与否，早就被抛至九霄云外了，谁还有暇去追究、探索其中的道理呢？

直接表达反对性意见会激起领导的不良情绪的反应，挫伤领导的自尊和脸面，造成不必要的冲突和摩擦。而迂回的手段则会为领导接受你的意见提供一个平和的环境。

迂回说服不会得罪人，是说服他人的最好方式之一。所以，在说服过程中，要认真体会语言的敏感程度，最好能把话说得委婉动听，这样，既达到了目的，又不至于使双方都难堪。

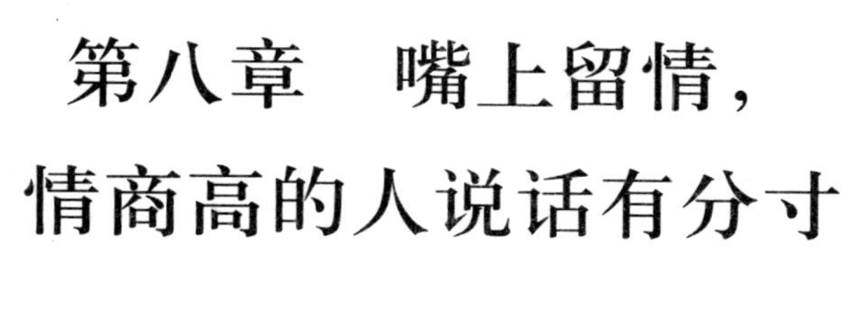

第八章　嘴上留情，情商高的人说话有分寸

言多必失，只有慎言才能少祸

俗话说："君子慎言，祸从口出。"在与人沟通的过程中，每说一句话之前，都要考虑一下你要说的话是否合适，不要口无遮拦，想说什么就说什么。人生的经验告诉我们：一定要管好自己的嘴巴，否则会祸从口出。

康熙皇帝在年轻时励精图治，创下不少功业。但到了晚年，由于年纪渐长，于是产生了一个怪脾气——忌讳人家说老。如果有谁说老，他轻则不高兴，重则给对方治罪。所以，左右的臣子们都知道他这个心理，一般情况下都尽量回避说老。

有一次，见天气风和日丽，康熙便率领一群皇妃在后花园的湖中垂钓，不一会儿，渔竿动，他连忙举起钓竿，只见钩上钓着一只老鳖，心中好不喜欢。谁知刚刚拉出水面，只听"扑通"一声，鳖却脱钩掉到水里又跑掉了。康熙长吁短叹连叫可惜，在康熙身旁陪同的一位年轻妃子见状连忙安慰说："看样子这是只老鳖，老得没牙了，所以衔不住钩子了。"

年轻妃子的本意是想安慰皇帝的，没想到她话音还未落地，康熙就变得龙颜大怒。他认为年轻妃子是说者有意，是在含沙射影地笑他没有牙齿，老而无用了，于是将那妃子打入冷宫，终身不得复出。

年轻妃子本意是想讨好和安慰康熙，没想到由于事先没有考虑到皇帝的禁忌，说出了不适宜的话。康熙由于上了年纪，体力和精力都有所下降，但又不肯承认这个现实，而且也希望其他人在客观上否认这个现实，故而一旦有人涉及这个话题，他心理上就承受不了。

说话之前，一定要经过大脑思考，因为“说者无心，听者有意”，不要想说什么就说什么，否则，就有可能把事情搞砸。

人与人之间的好感难得，恶感易成，与领导交谈交流，必须谨慎，否则一言失误，感情便会产生裂痕。也许你以为言者无惧则世上无人可惧，也许你以为心直口快可显气方刚，也许你以为掖不住话无伤大雅……也许到已没有也许时，你就该为你的“不慎”之语还债了！所以，说话要谨慎，如果口无遮拦，没有顾忌到别人的立场，就很容易伤害别人，从而使得别人讨厌你甚至于对你进行打击报复。

明太祖朱元璋出身贫寒，做了皇帝后自然少不了有昔日的穷哥们儿到京城找他。这些人满以为朱元璋会念在昔日共同受罪的情分上，给他们封个一官半职，谁知朱元璋最忌讳别人揭他的老底，以为那样会有损自己的威信，因此对来访者大都拒而不见。

有位朱元璋儿时一块光屁股长大的好友，千里迢迢从老家凤阳赶到南京，几经周折总算进了皇宫。一见面，这位老兄便当着文武百官大叫大嚷起来：“哎呀，朱老四，你当了皇帝可真威风呀！还认得我吗？当年咱俩可是一块儿光着屁股玩耍，你干了坏事总是让我替你挨打。记得有一次咱俩一块偷豆子吃，背着大人用破瓦罐煮，豆还没煮熟你就先抢起来，结果把瓦罐都打烂了，豆子撒了一地。你吃得太急，豆子卡在嗓子眼儿还是我帮你弄出来的。怎么，不记得啦！”

这位老兄还在那喋喋不休唠叨个没完，宝座上的朱元璋再也坐不住了，心想此人太不知趣，居然当着文武百官的面揭我的短处，让我这个当皇帝的脸往哪儿搁。盛怒之下，朱元璋下令把这个穷哥们儿杀了。这就是戳人痛处的下场。

常言道："人活脸，树活皮"。从心理学的角度讲，人人都有自尊心，维护自尊是人的天性。无论一个人的出身、地位、权势、风度多么傲人，也都有不能别人言及、不能冒犯的角落，这个角落就是人的"忌讳"。当你一句话击中对方的软肋，揭了对方的"疮疤"，只会让对方在面子上过不去，从而诱发了你与对方的矛盾。所以，要想与对方友好相处，就要尽量体谅对方，维护对方的自尊，避开言语"雷区"！

常言道："直言贾祸"，又道："三寸舌害六尺身。"其意就是劝导人们说话要"慎言"，不要"出口"太快，否则的话，什么时候被自己"不慎"的言语所害，自己都不知道。

《三国演义》里面，蜀汉建兴十二年，诸葛亮举兵伐魏。开始的时候，连战皆告捷。士气正旺。而当时只是大将军的司马懿则是坚守城池。不与蜀军正面交锋。两军在五丈原形成对峙。诸葛亮屡次击战鼓要求应战，司马懿却不理会。自此，陷入僵局。

聪明的诸葛亮，派遣了使者送信及女人的衣服给司马懿，讽刺他像个女人一样，畏畏缩缩，不敢决一雌雄，是一个胆小如鼠的男人。气得司马懿几乎吐血。但是，这司马懿也是一个有非凡才能的人物，他不动声色，反而笑着问使者："亮说我像女人，我就是女人。我像女人一样啰嗦地问一句，不知道亮最近吃睡如何？"使者在毫无警觉心之下，说出实情："我们丞相勤于政事。事情不管大小都要亲自过问，而且吃得很少。"

平常的一句话，司马懿听了却非常高兴。知道如此下去，诸葛亮肯定撑不了多久。就百般忍让诸葛亮的诸多挑衅与侮辱。甚至完全当没有听到。诸葛亮终于因为操劳过度，病倒在五丈原。蜀军伐魏大业痛失好局，只能班师回朝。最后，诸葛亮病逝，大业反而成全了司马懿。送信的使者，忘记了少说话，只是一句话，却间接地帮助了敌人。如果没有让司马懿得知诸葛亮的生活作息状况，惹气了司马懿派兵应战，以当时蜀军的气势，结局，就不至于三国尽归司马懿了。

与人交谈时，口无遮拦，很容易说错话，一旦说漏了嘴，再想要补救是很难的。我们常说“三思而后行”，实际上，在和人交流的时候，同样要做到“三思而后说”，嘴上要有个把门的，想好什么该说，什么不该说。否则，若因言行不慎而让对方下不了台，或把事情搞糟，那是最不合算的事。所以，说话时，特别要注意话到嘴边要留个“把门”的，绝不能图一时痛快，不顾后果地随口就说，过后又后悔莫及。要想成为一个受人欢迎的人，就要处处做个情商高的有心人——有口，更得有心。

少说多听，不要随意打断别人说话

在与人交谈的时候，谁都喜欢当谈话的主角，谁都不喜欢别人乱插话。想象一下，当一个人正兴致勃勃地讲一件事，四周也围满了听得津津有味的听众时，你突然插嘴：“喂，这是在昨天新闻上看到的事吧？”无故被你打断说话，说话的那个人绝对不会对你有好感，而且其他人很可能也觉得你不懂事。

随意打断别人的话，是最失礼的行为。即使你认为自己多么有学问、有见识、有智慧，也应该在与人谈话的时候少说多听，这不仅是对别人的一种尊重，更体现了你的内在修养。

小王有机会去丽江度假，旅游回来之后与朋友闲聊，刚好聊到这次假期的丽江之行，于是小王开始夸夸其谈，认为这是一次最有价值的旅游。朋友们听得大眼瞪小眼，谁都插不上一句话，但小王似乎并没有在意，仍旧口若悬河、高谈阔论，恨不得把丽江搬到朋友眼前，让朋友亲眼看看。

突然，一个朋友转移话题，说起了去年的西藏之行，并强调西藏之行才是真正意义上的旅行，接着这个人开始口若悬河地讲述他的经历。瞬间，小王有一种被冷落的感觉，而且觉得这个扯开话题的朋友非常讨厌。最终，小王一点儿也听不进对方的谈话，于是一次难得的朋友聚会就这样不欢而散了。

小王对后来打断他话题的朋友十分生气，但他不知道自己在滔滔不绝时同样被他人厌烦着。

培根曾说："打断别人，乱插嘴的人，甚至比发言者更令人讨厌。"那些不懂礼貌的人总是在别人津津有味地谈着某件事情的时候，在说到高兴处时，冷不防地半路杀进来，让别人猝不及防，不得不偃旗息鼓而退。这种人不会预先告诉你，说他要插话了。他插话时有时会不管你说的是什么，而将话题转移到自己感兴趣的方面去，有时是把你的结论代为说出，以此得意洋洋地炫耀自己的光彩。无论是哪种情况，都会让说话的人顿生厌恶之感，因为随便打断别人说话的人根本就不知道尊重别人。

有一个老板正与一个客户谈生意，一位朋友突然造访。朋友在来时的路上遇上件新鲜事，就忍不住插嘴说："哇，我刚才在大街上看了一个大热闹，一大群人围着一个人和一条狗……"老板伸出手指示意他不要再说，而他却越说越起劲。客户见谈生意的话题被打断，就对老板说："你先跟你的朋友谈吧，我们改天再来。"客户说完就走了。老板的这位朋友乱插话，搅了老板的一笔大生意，让老板很是恼火。

老板的朋友在老板跟客户谈生意的重要时刻插话，让原本的话题无法继续，最终引起了老板的不满，看来插话真是要不得啊！

无论你多么渴望一个新的话题，多么想发表自己的见解，都不要去打断说话者的话题，你要默默地将想说的话记在心中，直到讲话者说话结束为止，再发表自己的见解。讲话者最讨厌的就是别人打断他的讲话。因为这在打断他的思路的同时，又让他体会到你不尊重他。

袁华在镇上盖起了一套三层的楼房，当房子三层刚封顶时，几个朋友在他家吃饭。席间，来了一位专门安装铝合金门窗的销售员。

那位销售员一见到袁华，就马上双手捧上名片，向他推销自己的产品。袁华听后说："虽然我不认识你，但你刚刚的一席话的确打动了我，我觉得你的经验非常丰富，这个价格也适中……只是，在你来之前，我们厂里一名下岗钳工已经向我提起过这事了，说他下岗了，门窗安装之事让他来做……"

袁华的话还没说完，那位销售员便插嘴说："你说的是那个个体户老王吧？就他那点敲敲打打的小手段怎么能跟我们正规公司比呢？"

此言一出，袁华的脸就阴了下来，他冷冷地说："不错，他的技术是没你们好，也没有你们那先进的设备，但他已经下岗在家了，资金不够丰厚，只能这样慢慢完善。出于同事之间的交情，我也不能不给他做！"

那位销售员只好灰溜溜地走了。袁华回过头来对朋友们说："这个销售员太没眼力见儿了，我的话本来是想暗示他，做铝合金门窗的人很多，不光他一个上门来找业务，希望他能稍微降点价。没想到他那么粗暴地把我的话打断了。哼！我宁愿再多掏点钱，也不会跟这样的人合作。"

每个人都会情不自禁地想表达自己的愿望，但如果不去了解别人的感受，不分场合与时机地就去打断别人说话或抢接别人的话头，这样会扰乱他们的思路，要讲些什么反而都忘了，引起对方不快，有时甚至会产生不必要的误会。

不要无端地打断别人的谈话，需要插话也要学会适时地插话。每个人都喜欢别人从头到尾安静地听自己把话说完，以便借此展示自己的价值。所以，交谈时要专注于对方所讲的话题，等对方讲完以后，再开始你的话题。

即使你没听懂对方说的话，或是听漏了一两句，也千万别在对方说话途中突然提出问题，必须等到他把话说完，再说："很抱歉！刚才中间有一两句你说的是……吗？"如果你是在对方谈话中间打断，问："等等，你刚才这句话能不能再重复一遍？"这样，会使对方有一种接受到命令或指示的感觉，显然，对你的印象就没那么好了。

不要急于插话，要想清楚自己要说什么，怎么插话、何时插话比较合适。即兴插话、语无伦次地乱讲一通，对方会很扫兴。只有把要插的话想好、说到位，才能令对方信服。

任何人在讲话时都不希望被别人打断，如果你想让对方喜欢你，接纳你，就必须根除随便打断别人说话的陋习，当要打断别人时，提醒自己"多给别人一些表达的机会"。

言语退让，不强争无谓的胜利

生活中，很多人喜欢争辩，对一个问题，一个观点，争得脸红脖子粗，大有针尖对麦芒之势。或许一时争论的胜利，会让你觉得占了上风，但实际上你还是没有达到目的。为什么？如果你的胜利使对方的论点被攻击得千疮百孔，证明他一无是处，那又怎么样？你会觉得洋洋得意；但对方呢？他会自惭形秽，你伤了他的自尊，他会怨恨你的胜利。而且一个人即使口服，但心里并不服。因此，争论是要不得的，甚至连最不露痕迹的争论也要不得。如果你老是抬杠、反驳，即使偶尔获得胜利，却永远得不到对方的好感。所以，真正赢得胜利的方法不是争论，而是不要争论。

张玲伶牙俐齿，是辩论赛上的女状元，当她在台上口吐莲花般地辩论时，同学们忍不住为她的口才折服。然而，在生活中却没人喜欢她，因为她把她的辩论才能也用在了和同学的沟通中。

“不对，你的提法就是错误的！”

“太可笑了，你怎么会这么认为！你的观点太落伍了！”

“我的想法是绝对正确的，你不用再跟我争了！”

……

每一天，张玲都要为一些小事、为一些看法和同学争论个没完，一副“你不投降誓不罢休”的架势，同学们都有点害怕她了，她总能使轻松的聊天变成一场激烈的对抗，和她在一起总是提心吊胆，生怕一句话说错了让自己陷入一片枪林弹雨里。张玲身边的朋友越来越少，没有人喜欢和一门随时会喷火的大炮待在一起。

争辩不能起到任何作用。当人们面红耳赤地争辩时，说起话来就会不管不顾，也忘了是否会伤害对方。所以，遇到争论时，你最好能尽量忍在心里，不要爆发，用理智来抑制激情，这样才能使大事化小，小事化无。

19世纪时，美国有一位青年军官因为个性好强，总爱与人争辩，所以经常和同僚发生激烈争执，因此人缘奇差，不能跟别人很好地合作。林肯曾经因此处分这位军官，并说了一段深具哲理的话：“任何决心有所成就的人，绝不会在私人争执上耗时间，争执的后果，不是他所能承担得起的。而后果包括发脾气、失去自制。要在跟别人拥有相等权利的事务上，多让步一点。

而那些显得是你对的事情，就让得少一点。与其跟狗争道，被它咬一口，不如让它先走。因为，就算宰了它，也治不好你的咬伤。”

著名成功学大师卡耐基指出：普天之下，只有一个办法可以从争论中获得好处——那就是避免它。避开它！像避响尾蛇和地震一般。十有九次，争论的结果总使争执的双方更坚信自己绝对正确。不必要的争论，不仅会使你丧失朋友，还会浪费你大量的时间。

有一天晚上，卡尔参加一次宴会。宴席中，坐在卡尔右边的一位先生讲了一段幽默笑话，并引用了一句话，意思是“谋事在人，成事在天”。

他说那句话出自圣经，但他错了。卡尔知道正确的出处，一点疑问也没有。

为了表现出优越感，卡尔很讨嫌地纠正他。那人立刻反唇相讥：“什么？出自莎士比亚？不可能，绝对不可能！那句话出自圣经。”他自信确定如此！

那位先生坐在右首，卡尔的老朋友弗兰克·格蒙在他左首，他研究莎士比亚的著作已有多年。于是，他们俩都同意向格蒙请教。格蒙听了，在桌下踢了卡尔一下，然后说：“卡尔，这位先生没说错，圣经里有这句话。”

那晚回家路上，卡尔对格蒙说：“弗兰克，你明明知道那句话出自莎士比亚。”

“是的，当然，”他回答，“《哈姆雷特》第五幕第二场。可是亲爱的卡尔，我们是宴会上的客人，为什么要证明他错了？那样会使他喜欢你吗？为什么不给他留点面子？他并没问你的意见啊！他不需要你的意见，为什么要跟他抬杠？应该避免这些毫无意义的争论。”

人生之中，何必事事都要去争论，以赢取那无谓的胜利。但在时下这个喧嚣的社会，有太多人愿意参与到这样无休止的争论中去，发表一些自以为是的观点，可结果呢，也许一辈子也没有结果。更重要的是，这样做对你毫无意义，不但为自己树立了敌人，对你的人生也没有任何助益。正如睿智的本杰明·富兰克林所说的："如果你老是争辩、反驳，也许偶尔能获胜；但那是空洞的胜利，因为你永远得不到对方的好感。"

是的，永远不要与人进行无意义的争辩，那只会引起别人的反感。如果你与人争辩的动机，是出于想要证明自己是对的、为自己辩白或赢得听众的信服，那么你的行为太自私了，永远不会得到别人的欢迎。

所以，当你们要与人争辩前，不妨先考虑一下，你到底要什么呢？一个是毫无意义的"表面胜利"，一个是对方的好感。

人事部的宋经理是一位非常睿智的女人。她总能避免争辩，而让下属改正错误。最近公司要招聘一大批新员工，需要人事部给出一个具体的策划案。负责统计和订正公司岗位数量和各岗位员工数量的小王迟迟没有上交数据。宋经理催了一次又一次，他才把报表上交。可是这份报表做得非常粗糙，宋经理匆匆看了几眼就找出了基础错误。而这时离策划方案上交已经不足一周时间。小王的这种对工作不负责的态度将严重影响公司的正常运行。宋经理决定将小王叫到办公室狠狠地批评一番。

小王似乎已经做好充分的应对准备，没等宋经理开口，他就抢先说："这些数据太过繁杂，我已经尽力了。"

听完小王的话后，宋经理非常生气。她决定将以前的优秀报表都拿出来，好好羞辱小王一番。但是转念一想，这样做起不了任何作用。于是，她长出一口气，平静地说："我不是找你谈工作，而是随便聊聊。你马上就要结婚了吧？房子买好了吗？需要我帮忙吗？"

宋经理提到房子，小王幡然醒悟，对工作如此马马虎虎，怎么能升职加薪？于是，小王一改原来傲慢的神情，有些不好意思地说："如果可以，我想再核对一下数据。"

试想，倘若宋经理与刚开始傲慢的小王进行激烈的争辩，最终的结果很可能是小王在她的权威下屈服，随便修改一下报表，草草了事。对于需要精确数据的宋经理来说，这显然不是她所希望的结局。好在她能及时认识到争辩除了让事态变得更糟之外，并无任何好处。因此，她改变了路线，迂回地让小王意识到自己的错误。

古语说："用争夺的方法，你永远得不到满足，但用让步的方法，你可能得到的比你期望的更多。"情商高的人明白，避免争论能得到更大的利益。

得理饶人，不要咄咄逼人

人无完人，谁都有过失，谁都有做错事的时候，有时候，即使我们确实有理，也不能揪住别人的小辫子不放，在别人知错的情况下，还要逼迫别人当众认错，或非要他们对我们低头不可，这样做，不但会使对方有丧失尊严之感，还会进一步激化他内心的反感，即便没做出一些不理智的举动，也会使他们对我们厌而远之。

午休期间，周鹏和同事张伟在办公室里追赶着，用茶杯向对方身上泼水打闹。周鹏一不小心，一些水正好泼到同事小雅的头上，他见张伟正向自己发动"反攻"，于是顾不得那么多了，掉头就跑。

小雅感到自己新做的发型被弄湿了，顿时火冒三丈，怒冲冲地向周鹏追去，一把拉着周鹏，说要他去看看他"干的好事"。一些同事也都说周鹏和张伟在办公室里打闹太不像话。

周鹏也意识到了自己的错误，连忙放下茶杯向小雅道歉，小雅哪肯接受，依然火气冲天地说："一开始你为什么不主动向我道歉？""当时张伟追我追得很紧，我……""你什么你？我没兴趣知道你们的事，我只知道你当时没向我道歉！"小雅打断周鹏的话说。被小雅这么一说，周鹏窘得满脸通红，很小声地说："那我现在再次向你道歉还不成吗？""你的道歉话就那么值钱？你也不看看我的发型，被你糟蹋成什么样了？是我花1000块钱做的呀。"小雅指着自己的脑袋对周鹏吼道。

看到小雅得理不饶人的架势，整个场面都僵住了，周鹏愣在那一动不动。一旁围观的同事心都提到了嗓子眼，生怕控制不了场面，两个人大动干戈。这时，周鹏掏出钱包说："要不，我给你钱，再去重做一个发型吧。"

"谁要你的钱了，拿别人的钱我不习惯！你给钱，还要本小姐有时间！"小雅仍然不依不饶。

听小雅说罢，周鹏一句话都说不出来。一旁的张伟也出面主持公道："小雅，周鹏弄湿了你的发型没有及时向你道歉，是他不对，可人家现在不是向你赔不是了吗，而且他还拿钱让你重做发型，我看大家都是同事，就算了吧。"这时旁观的同事也附和着。小雅还是觉得心理不平衡，于是又要拉周鹏去办公室主任那说清楚。

无奈，两个人来到了办公室主任面前。了解情况后，办公室主任按照不准在办公室打闹的规则，给予周鹏50元罚款。

事后，张伟愤愤不平地说："什么人！一点道理都不讲！"其他同事也觉得小雅太过分了。就连平时和小雅相处不错的同事都说小雅"太小心眼了"。

这件事让同事们看到了一个心胸狭隘、蛮不讲理的小雅，之后，很多同事便慢慢地跟她疏远了。

“得理不让人，无理搅三分。”这是有些人常犯的毛病。如果在生活中得理不饶人，把一件不足挂齿的小事复杂化，把对方搞得下不了台，势必造成人际关系的恶化，更会给人留下固执己见、小肚鸡肠的不良印象。所以，对一些鸡毛蒜皮的小事或一些非原则性的问题，得理也不妨饶人，如此不仅可以化解矛盾，更可融洽人际关系。

有这样一则寓言故事：

一头大象，在森林里漫步，无意中，踏坏了老鼠的家。大象很惭愧地向老鼠道歉，可是，老鼠却对此耿耿于怀，不肯原谅大象。一天，老鼠看见大象躺在地上睡觉，心想到：机会来了，我要报复大象，至少，这个庞然大物，我可以咬它一口。但是，大象的皮特别厚，老鼠根本咬不动。这时，老鼠围着大象转了几圈，发现大象的鼻子是个进攻点。老鼠钻进大象的鼻子里，狠劲地咬了一口大象的鼻腔黏膜。大象感觉鼻子里一阵刺激，它猛烈地打了一个喷嚏，将老鼠射出好远，老鼠被摔个半死。老鼠忍着浑身的伤痛，对前来探望它的同类们说：“要记住我的惨痛教训，得饶人处且饶人！”

其实，很多时候，我们都会遇到这类事情。有些人会选择把小纷争放大，得理不饶人，最后闹得不欢而散，甚至损伤了自己的利益。而有些人却能够从另一个角度来考虑问题：既然事情已经发生了，我们何必斤斤计较呢？不如去包容他，体谅他，一来可以缓解矛盾，二来也能够体现出自己良好的修为，赢得他人的尊重。所以说，“得理让人”不失为一种成功的处世方式。

春秋时，楚庄王励精图治，国富民强，手下战将众多，个个都肯为他卖命。楚庄王也极力笼络这批战将，经常宴请他们。

一天，楚庄王又大宴众将。君臣喝得极其痛快，天色渐晚，楚庄王命点上蜡烛继续喝酒，又让自己的宠姬出来向众将劝酒。突然间，一阵狂风吹过，把厅堂里的灯烛全部吹灭，四周一片漆黑，猛然间，楚庄王听得劝酒的爱姬尖叫一声，楚庄王忙问何事。宠姬在黑暗中摸过来，附在楚庄王耳边哭诉：灯一灭，有位将军不逊，将手伸向妾身来抓摸，已被我偷偷拔取了他的盔缨，请大王查找无盔缨之人，重重治罪，为妾出气。

楚庄王闻听，心中勃然大怒，自己对众将这般宠爱，竟有人戏弄我的爱姬，真乃无礼之极！定要查出此人，杀一儆百！他刚要下令点灯查找，但又转念：这帮战将都是曾为我流过血、卖过命的，我若为了这点小事杀人，其他战将定会寒心，以后谁还会真心诚意地为我卖命呢？失去这批战将，我将凭什么称霸中原呢？俗话说，小不忍则乱大谋，还是放过这等小事，收买人心要紧。主意已定，他低声劝宠姬道：“卿且去后堂休息，我定查出此人为你出气。”

等那宠姬离开厅堂，楚庄王便下令说：“今日玩得甚是尽兴，大家都把盔缨拔下来，喝个痛快。”大家在黑暗中都不知原委，不明白大王为何让大家拔下盔缨。但既然大王有令，就只好照办了。那位肇事的将军在酒醉之中闯下大祸，听到庄王宠姬尖叫，才吓醒了酒，心想这次必死无疑。等庄王命令大家拔盔缨时，他伸手一摸，盔缨早已没有了，才明白楚庄王的用心。等大家都拔去盔缨，楚庄王才下令点上灯烛，继续畅饮。肇事的战将暗中望着楚庄王，下定了效死的决心。

自此以后，每逢战斗，都有一位冲锋陷阵、拼命地出击作战的战将，楚庄王细细查问，才知道他就是那位被宠姬拔掉盔缨的肇事者。

宽恕别人的过错，有容人之量，适时地放对方一马，会使事情更加圆满地解决。

人人都有自尊心和好胜心，在生活中，大部分人一旦陷身于争斗的漩涡，便不由自主地焦躁起来，有时为了自己的利益，甚至是为了面子，也要强词夺理，一争高下。一旦自己得了“理”，便决不饶人，非逼得对方鸣金收兵或自认倒霉不可。然而这次“得理不饶人”虽然让你吹着胜利的号角，但也成了下次争斗的前奏。因为这对“战败”的对方也是一种面子和利益之争，他当然要伺机“讨”还。其实，在这种时候，对一些非原则性的问题，我们何不主动显示出自己比他人更有容人之雅量呢！所以说，得理也让三分，是一种做人做事的大智慧，谁能做到这一点，谁就能少些麻烦，多些顺畅。

把话说到点子上，不要喋喋不休

在人际交往中，你是否会有这样的感觉，当你和一个人说话时，你总是会觉得对方没有在听你说话或是听得一头雾水。这说明你说话没有说到点子上，只有把话说到关键处，说到位，这样对方才会感受到你说话的分量，才会对你所说的话有所反应和关注。

讲话讲到点子上，不是一件容易的事。因为把一项任务、一件事情、一个问题用最简洁、最精练的话说出来，没有严密的逻辑、清晰的思路，是难以做到的。

说话说到点子上，就是要言简意赅，即主题突出、准确、透彻、明了，“一针见血”、“一语中的”。要达到什么目的，说明什么问题，表扬或批评什么人和事，表达什么样的感情，要求别人做什么、不做什么，都要讲得清清楚楚、明明白白，不能让听众听了如坠入云雾中，丈二和尚摸不着头脑。

王铮在大学里读的是室内设计专业，毕业后，他到了一家装修公司做室内设计师。做了半年之后，王铮发现建筑是利润很高的一个行业，便有了去考建筑师的念头。王铮经过多方打听，发现由于自己的专业和建筑并无太大关系，因此要想考建筑师的话，必须要先经历一段时间的学习。可是王铮一打听学费就有些退却了——他自己还没有能力支付，也不想再伸手向父母要钱。但是这个想法一直在王铮心中盘旋。他再三思量，决定找自己合租时的一个朋友借些钱。

虽然王铮了解这个朋友的薪资很高，但由于两人认识时间不长，他也不能确定对方是否会帮助自己。王铮思来想去，打算先请朋友吃饭，然后在酒桌上提出请求。王铮给朋友打电话的时候，朋友就已经感觉到王铮有求于己，便让他直接说出来，不用特意请自己吃饭。王铮却在电话里否认，连说只是随便坐坐。朋友如约而至，王铮却久久不进入主题。

“我最近有个想法，我觉得非常好，但是实现它有一定的困难……谁如果能帮助我，我一定给他最靠谱的保证，甚至押我的身份证给他都没问题……”王铮絮絮叨叨说了一堆，朋友还是不知道他想表达什么。而当最后王铮将自己借钱的数目说出来的时候，朋友已经丝毫耐心都没有了，只说了一句“我实在爱莫能助”，就结账离开了。

每个人的时间都是宝贵的，耐心也都是有限的。即使你想说明自己的情况，也要先将自己的意图简明扼要地说出来，让对方充分了解你对他有何要求，而不是一味听你铺叙当前的状况，最后听你得出结论。所以，说话要尽量表达得精练、简洁，不要绕来绕去地讲述其他的事情。

美国总统哈里·杜鲁门一生中最推崇简洁的语言，他曾说过：“一个字能说明问题就别用两个字”。所以，最会说话的人不是口若悬河、滔滔不绝的雄辩之士，而是那些善于把话说到“点子”上的人。这样的人才是真正懂得语言技巧的人，他们懂得用最简单的语言把意思表达到位，懂得在最短的时间内把话说到点子上。

简洁能使人愉快，使人喜欢，使人易于接受。说话冗长累赘，会使人茫然，使人厌烦，而你则会达不到目的。简洁明了的语言，一定会使你事半功倍。所以，我们在说话的时候，要追求的是用最凝练的话语来表达尽可能丰富的意思。

据说，有人曾去询问马克·吐温："演说是长篇大论好呢，还是短小精悍好？"马克·吐温没有正面回答，而是讲了一个有趣的故事：一个礼拜天，他到教堂去，适逢一位慈善家正用令人哀怜的语言讲述非洲慈善家的苦难生活。当慈善家讲了5分钟后，他马上决定对这件有意义的事情捐助50美元；当慈善家讲了10分钟后，他就决定将捐款减至25美元了；当慈善家继续滔滔不绝讲了半小时之后，马克·吐温又决定减到五美元；慈善家又讲了一个小时后，拿起钵子向大家哀求捐助，并从马克·吐温面前走过时，马克·吐温却反而从钵子里偷走了2美元钱。马克·吐温原本决定捐助50美元，最后却变成偷走2美元钱，似乎太不近情理，但细想起来，却是理所当然的。

鲁迅说过："时间就是生命，无端空耗别人的时间，其实是无异于谋财害命的。"那位慈善家本来只需5分钟就能讲完的话，却滔滔不绝地拉长到60分钟，致使他的说话形象一落千丈，说话风格令人生厌，这怎能不引起马克·吐温的反感，以至于恶作剧地从那位慈善家的钵子里偷走两美元钱。关于这一点，我们特别要注意。

不言则已，言必有中。事实上，说话的关键并不在于你用多么高深的长篇大论使对方崇拜自己，而在于将你要告知的信息准确地传递到对方心中，即便语言朴实无华，只要你观点论述正确，表述有条不紊，那么你的谈话定能直通对方心中。

有句话说得好："吹笛要按到眼儿上，敲鼓要敲到点儿上。"会说话的人，往往会给听者提供大量的思想火花。就像很多时候，话并不在于字的多少，而在于准确度与精确度如何。如果你能句句说到点子上，句句说到人心坎里，那么你的语言自然就会更出彩。

其实，真正打动人心的语言往往不是长篇大论，而是那些简洁有力的话语。所以，人们在谈话时应遵循简洁的原则，甚至要“惜字如金”。

古语云：“言不在多，达意则灵。”语言是传递信息和交流思想的工具，思想工作的技巧和表现手法主要体现在语言的运用上。要语不繁，字字珠玑，简练有力，能使人不减兴味；冗词赘语，絮絮叨叨，必令人生厌。因此，和别人交谈，说服别人时，要“筛选”、“过滤”出最精辟的，恰如其分地表情达意的语句，尽可能以节俭的语言表达出深刻的内涵。这样才可能更快、更准地说服别人，取得说服的成功。

满嘴跑火车，词不达意，说得再多也无济于事，反倒让人生厌。话不在多而在精，一个会说话的人，往往语言精练，句句都说到别人心里；不会说话的人，总是语无伦次，话说不到点子上。所以，话不在多而在精，精练的语言往往更能打动人心。

留有余地，话不要说得太满

《韩非子·说林下》有这样一段话：“刻削之道，鼻莫如大，目莫如小。鼻大可小，小不可大也；目小可大，大不可小也。举事亦然，为其不可复也，则事寡败也。”这段话的意思是以雕刻比喻为人处事的道理：鼻子刻大，还可以修得小一点，如果鼻子刻小，就没有办法补救了；同样的道理，眼睛刻得小，还可以再加大，如果把眼睛刻太大，就没法再缩小。说话亦如是，说话留有空间，便不会因为“意外”出现而下不了台，因而可以从容转身。

生活中很多尴尬是由自己一手造成的。其中有一些就是因为话说得太绝对造成的。凡事多些考虑，留有余地，总能给自己留条后路。这在外交辞令中是见得最多的。每个外交部发言人都不会说绝对的话，要么是“可能，也许”，要么是含糊其辞，以便一旦有变故，可以有回旋余地。话不说绝对是一个人成熟的标准。

小王在省城一所著名的大学读书的时候，就喜欢吹牛，同学们便对他敬而远之。毕业后，他去了一家生物制品有限公司，仍然没改掉身上的毛病。工作三年后，领导因其理论功底扎实、技术娴熟，又出自名牌大学，便提拔他做了部门主管。

领导提拔小王做了部门主管后，便在暗地里观察他的领导能力，没想到他将部门管理得有声有色，于是，领导便又给他升了一级，让他担任技术总监。

“五一”前夕，正巧赶上公司接的一个大项目马上就要交货了。领导十分重视这个项目，但按照目前的进度肯定是完成不了，便想到通过改进技术提高产量。领导开了几次会强调这次任务的紧迫性和重要性。在会上，领导试探着问小王：“小王，公司技术这块你最熟悉，你想一下，我提到的改进技术，能否在两个月内实现？”没想到小王不假思索地表态道：“用不了两个月，研发部门只需一个月就能完成。您放心好了，这件事情包在我身上。”领导疑惑地望着小王，点头微笑道：“好！那么，这件事情就由你全权负责吧！一个月后，我希望看到你的成绩。”

这时，坐在小王旁边的研发部主任用胳膊肘捅了一下小王，低声说："一个月哪行啊？"小王也没理会研发部主任善意的提醒，便拍着胸脯做了最后的表态。

两个月到了，小王没有完成任务，领导当着全公司人的面对他进行了批评，并撤掉了他的技术总监。

在这里，小王犯了话说得太满的禁忌。与人交谈，话里留下一点余地，不要把话说死，给双方都有回旋的余地，做到求同存异，这样的交流富有弹性，也符合人的理性，更容易取得好的结果。如果话语相逼，不留空间，把话说得绝对了，就等于把自己的后路给堵死了，双方的关系也弄僵了。

说话不留余地等于不留退路，"要么成功、要么失败"的简单逻辑已经不适合这个复杂多变的社会。为此付出的代价有时是你无法承受的。与其和自己较劲，不如改变一下说话方式，多用一些不确定的词句，给自己留条退路。

比如，对于别人的请求或者领导交代的任务，可以答应接受，但是不要说一些"保证没问题"之类的话，而应代以"我尽量，试试看"之类的字眼。这并非是我们不够热情或者没有上进心，而是生活中总免不了有这样或那样的意外，不在我们的能力控制范围内。说话留有空间，也是为了给自己留一条后路，当自己在意外之时避免陷入尴尬。而且，这样的回答，会让人觉得你更加谨慎，而因此更信赖你。

"初生牛犊不怕虎"，在为客户组织的策划会议上，两个新来策划公司不久的员工小王和小李提交了一个独特的策划，这个设计打破常规，表现了超前思维，得到了客户、公司领导的一致好评。眼看自己的创意得到了客户的赞赏，两人更加踌躇满志，更加激昂地阐述着自己的想法，还强调说他们这个设计一旦推向市场一定会获得成功。

设计部经理当即表示要小王和小李写一份详细的计划书出来，公司一定会认真考虑。此言一出，小王和小李欣喜若狂。作为刚进职场不久的新人，他们的策划能得到客户的重视，算是非常幸运的了，这对于二人今后的事业无疑是一种强大的支撑。两人信誓旦旦地向客户保证，一定会拿出完美的产品设计方案来。

设计方案出来了，经过客户、公司领导审批之后，决定将这个产品投入生产，并作为该公司下一季的主打产品进行推广。然而，新产品在制作的过程中频频出现问题，弄得客户、公司上下都非常紧张。总算挨到产品上市，市场反应却并不好，没有出现小王他们预想中的火爆销售的情况。事前对新产品过高的期望还造成了大量产品积压，直接影响了客户公司该阶段的销售业绩。

事后，当客户公司处理这个问题责任的时候，直将矛头指向了曾经夸下海口的小王和小李，认为他们是在有意欺骗客户对他们的信任。因为小王和小李曾经夸下的海口，他们甚至将自己公司负责这次项目指挥和产品研发人员的责任推得一干二净，要求策划公司做出高额赔偿。

最后，策划公司为了小王和小李的“海口”付出了昂贵的代价，而他们二人也被辞退。

小王和小李过分自信，在客户面前强调自己的设计一定能成功，把话说得太满，堵死了自己的退路。其实，很多尴尬是由我们自己一手造成的，其中一些就是因为说到做不到的缘故。

说话时，多些考虑，留有余地，要给自己留条后路。否则，君子一言，驷马难追，不仅会给人际关系造成不应有的损失，还会因此影响自己的前途和声誉。

美国前总统富兰克林这样说过：“我所说的话，一定竭力避免伤害别人情感，甚至我自己禁止使用一切确定的词句，如‘当然’‘一定’等，而用‘也许’‘我想’来代替。说话关系重大。你如果出言不慎，跟别人争辩，那么，你将不会获取别人的同情、别人的合作、别人的帮助、别人的支持、别人的赞赏。” 弓箭拉的太满就容易断，水缸里的水装得太满容易外溢，气球打得太满容易爆破，说话说得太绝容易出现尴尬局面。

总之，说话留有空间，不把话说得太满太绝，时刻为自己留一些余地，这是说话的一种策略。

情商高的下属不替领导做决定

和领导沟通最重要的一条：不要代替领导做决定。因为领导才是决策者，无论事情的大小都有必要听取他的建议。作为下属，你只需要摆正自己的位置，遇事多请教领导，并在征得领导的同意下根据其工作习惯和时间对各种事务进行酌情处理。如果你不顾自己的身份角色，说出一些不符合自己职场身份的言论，将会影响你的前途。

有个杂志社给一个作家做了一期专访，杂志出来以后，这个作家收到了一本，他想多要几本送给朋友，便打电话给杂志社主编。主编不在，杂志社里一个员工接了电话。“麻烦你转告一下主编，我希望多要几本这期杂志。”“这个啊，没问题！您直接派人过来拿就成，”员工爽快地说。

作家正打算驱车去拿杂志时，就接到主编的电话：“对不起！刚才我不在，杂志收到了吧？我刚才派人给你多送了几本过去。”停了一下，主编又说：“可是，对不起，我想知道是哪位员工说您可以立刻过来拿。”作家很奇怪，问道：“有问题吗？”“当然没问题，您要十本都可以，我只是想知道，是谁自作主张。”

事情的结果可想而知，那位自作主张的员工免不了受到上司的一番责备，在主编心目中的印象也肯定会大打折扣。

领导永远是决策者和命令的下达者，无论我们有多大的把握相信自己的判断力，无论你代替领导决定的事情有多细微，都不能忽略领导同意这一关键步骤。上例中的作家既然是点名找主编，作为下属就该转告，而不是替他做主。虽然只是一句话而已，但本来可以由领导卖出的人情，却被你无意挥霍了。想想看，领导能不为此反感吗？

作为下属，你可以给公司的运行提出自己的建议，但是最终的决定权在领导的手中，不要说出不符合自己身份的话。重要的是做好自己的工作，不要越级、越权管其他的事情。否则，遇上心胸狭窄的领导，会耿耿于怀，认为你不尊重他的领导地位。

小王在从事第二份工作时，曾经做了一件十分愚蠢的事儿。有天经理出差去了，公司里忽然接到由经理直接负责的贸易供应商打来的电话，对方催促说："那件事办得怎么样了？"因为小王平时一向帮经理办事的，非常明白其中的要领，所以自己就处理了。经理出差回来后，小王马上向领导汇报了这件事，原以为会受到领导的表扬，结果领导却对他大发雷霆——小王本以为自己很"识趣"，做了件好事情，没想到却惹怒了上司。原来，经理这次就是特地去跟另一家供应商谈合作，打算换掉打来电话的这家。这件事在秘密进行中，小王这么自以为是地帮经理处理好，却正好坏了领导计划很久的事。

不问过领导便为之，领导会认为你不尊重他，就算是芝麻大的小事也会引起领导的反感，更何况像小王这么严重的事件呢？

自作主张，替领导做决定是与领导相处的大忌，无论什么时候，只要你的领导没有授予你自己定夺的权利，你都不要替他决定任何事情，否则，吃亏的人肯定是你自己。

作为下属，你就应该找准自己的位置，说话办事要把握好尺度，千万不要替领导做决定。这样，才能够与领导和谐相处，并得到他的信任和赏识，在个人事业的发展上，也会少一些不必要的阻碍。

一天，李敏被派往韩国参加一个展览会，当时她非常紧张。她的韩语水平还可以，但缺少实战经验，也不知道专业术语。晚上，她把以前翻译时留下来的资料恶补一番，第二天早上，她大大方方地穿着旗袍站在展台前，毫不胆怯地用韩语和外商打招呼。

有外商到她们公司展位的时候，她没有冒充一个经验丰富的贸易人员，而是直率地告诉他们："我刚刚毕业，还有很多不懂的和不明白的，请多多关照。"

客户有什么问题，她都把它翻译成汉语，直接问她的上司，而没有自作聪明自己回答，因为她的答案可能是不正确或者是欠妥当的。等这个客户走了，下个客户再来的时候，如果问相同的问题，她即使不用把它翻译成汉语，也知道该怎么回答了。这样的回答肯定是正确无误的。

或许是她的诚恳感动了客户，有好几家客户约她们去他们公司商谈。展览会结束后，为了能够按时赴约，她主动向上司提出，由她在约定日期的前一天，先把路线走一遍，确定大体方位，以便准时谈判。第二天她们很轻松地就到了约定的地点，结果，谈判进行得很顺利。

上司从此把一些事情很放心地交代给李敏，这就是对她最大的嘉奖。

在职场中，情商高的人永远不会代替领导做决定，而是让领导帮他做决定。他们总是主动向领导请示和汇报，征求领导的意见和看法，把领导的意见融入到工作中去。这样既可以避免工作中犯错，又可以博得领导的欢心。

俗话说，职场如战场。每一个下属都应该在自己的职责范围内说话。

在讨论工作的时候，千万不要自以为是，和领导说出不该说的话。你必须牢记：领导永远是领导，是决策和命令的下达者，无论你有多大把握，无论你替领导决定的事情多么细微，都不要忽略领导同意这一关键步骤。否则，当领导意识到自己该拍板的事情被下属越俎代庖，他在心理上的排斥感和厌恶感，足以毁掉你长期积累所换来的领导对你的信任和认同。

第九章　高效沟通，情商高的人用脑袋说话

察言观色，说出对方的心里话

俗话说："出门看天色，进门看脸色。"所谓察言观色，意思是说一个人要经常观察他人的言语脸色，揣摩他人的意图，做到有的放矢。

察言观色是一切人情往来中操纵自如的情商技巧，也是了解他人的窗口。如果你的观察能力强，能够很好地察言观色，在社会交际中就可以做到知己知彼，减少不必要的摩擦和误解。

一个寒窗苦读十年的秀才过五关斩六将，终于凭自己的实力得到了自己想要的位置——县令。

当他得到这个位置时，第一个想到的就是要去拜见上司。由于是第一次去拜见上司，想不出该说什么话。沉默了一会儿，他忽然问道："大人尊姓大名？"

这位上司觉得很意外，也很吃惊，但还是勉强回答了。

接着秀才又不说话了，开始低头思考，想了很久，说："百家姓里面好像没有大人的姓啊。"

上司更加觉得不可思议，说："我是旗人。你不知道吗？"

秀才一听，突然站起来，说："可否请教大人是哪一旗的？"

上司说："正红旗。"

秀才说："正黄旗最好，大人怎么不在正黄旗呢？"

上司勃然大怒，问："贵县哪一省的人？"县令说："广西。"

上司说："广东最好，你为什么不在广东？"

县令吃了一惊，这才发现上司满脸怒气，赶快起身告辞。

第二天，县令接到上司的新令，他得到的职位要比原来小得多了。究其原因，便是因其不会察言观色。

察言观色，用心理学的角度来诠释，即"敏感度"，也就是情商中的"认识他人的情绪"。这是与人沟通的重要条件。只有在最短的时间内体察他人的喜怒哀乐，才有机会与他沟通。

在与人交谈中，情商高的人往往善于从交往的对象的面部表情来了解其内心的情绪变化，以做出相应的交际措施，而情商低的人却不善此道，十有八九会把事情弄得很糟，甚至使自己的利益受到损害。

清朝的巨贪和珅，就是深谙此道的高手。抛开他本人的品行好坏不说，我们不能不承认，他的沟通技巧、察言观色的本领确实已经登峰造极了。据说乾隆皇帝不用说话，只需一个眼神、一个动作，和珅就能马上猜到他需要什么。

和珅原是一名小小的侍卫，他的发迹很有些戏剧性：

一天，乾隆皇帝外出狩猎，仓促间求黄龙伞盖不得，乾隆顿时火冒三丈，喝问道："这是何人所为？"皇帝发怒，非同小可，一时间，各官员瞠目相向，不知所措，而和珅却应声答道："典守者不得辞其责！"他声音洪亮，口齿清晰，语言干脆。

乾隆皇帝不禁一怔，循声望去，只见说话人仪态俊雅，气质非凡，乾隆不禁更为惊异，叹道："若辈中安得此人！"问其出身，知是官学生，虽然学识不高，但毕竟乃读书人出身，这在侍卫中也属凤毛麟角了。乾隆皇帝一向重视文化，尤重四书五经，对一些读过四书五经的满族生员，当然更加另眼相看。所以一路上便向和珅问起四书五经的内容来。

这和珅原本就不是泛泛之辈，对四书五经也很有研究，居然对答如流。至此，和珅进一步引起了乾隆帝的好感，遂派其总管仪仗，升为侍卫。从此和珅官运亨通，青云直上。一次偶然的机遇，便为和珅铺平了升迁之路。

和珅在乾隆面前巧妙运用了几句话，便官运亨通。这充分表明他懂察言观色、善于沟通的能力。事实上，和珅后来就是凭着一套察言观色的本事、精明老练的言谈才赢得乾隆皇帝的信任，最终飞黄腾达，权倾朝野的。

其实，每个人在与别人进行交流的时候，他的表情、动作都会向对方传达很多的信息，所以，我们一定要学会如何察言观色，怎样看别人的脸色行事。察言观色是我们在人际交往中不可不备的技能。

有位心理学家曾讲过："在世界的知识中，最需要学习的就是如何洞察他人。"在与人交谈中，既要察言，又要观色，把它们结合起来，这对提高我们的情商和说话能力十分重要。如果我们每个人都能察言观色，及时地改变先前的决定，及时地退或进，及时地把自己的言行组合或分解，及时地控制自己的喜怒哀乐，那么，与他人关系一定会更加和谐。

有位女孩在一个陌生的城市里工作，周末闲得无聊，便去参加舞会来排遣寂寞。但当时她脸上长了许多"青春痘"，有点自卑，不敢与人接触，只好躲在一个角落里，结果舞会过半也没人来邀请她。

这一切都被一位细心的小伙子看在眼里，于是，小伙子便走过来，非常礼貌地请她“赏光”，女孩自然是又惊又喜。一曲终了，小伙子真诚地夸赞道：“你的舞跳得不错嘛，干吗躲在一边让人不敢请？”轻轻的一句赞美，令女孩深受感动。于是，片言只语间，两人熟了起来。

结交一个朋友并不难，友谊往往在不经意间产生。只要你懂得察言观色，善于打开别人的心扉，就会收到意想不到的效果。

“脸上表情，天上的云彩。”情商高的人具有察言观色的本领，他们能够根据对方的言行举止、喜怒哀乐等来分析自己的言行是否合理。这样的人往往比一般人具有更强的适应性，至少他们不会在对方高兴时泼一盆冷水，弄得大家不欢而散，更不会在对方愤怒时出言不逊，惹祸上身。

西汉初年，汉高祖刘邦打败项羽，平定天下之后，开始论功行赏。这可是攸关后代子孙的万年基业，群臣们自然当仁不让，彼此争功，吵了一年多还吵不完。

汉高祖刘邦认为萧何功劳最大，就封萧何为侯，封地也最多。但群臣心中却不服，私底下议论纷纷。

封爵受禄的事情好不容易尘埃落定，众臣对席位的高低先后又群起争议。许多人都说：“平阳侯曹参身受七十次伤，而且率兵攻城略地，屡战屡胜，功劳最大，他应排第一。”刘邦在封赏时已经偏袒萧何，委屈了一些功臣，所以在席位上难以再坚持己见，但在他心中，还是想将萧何排在首位。

这时候，关内侯鄂君已揣测出刘邦的心意，于是就顺水推舟，自告奋勇地上前说道："大家的评议都错了！曹参虽然有战功，但都只是一时之功。皇上与楚霸王对抗五年，时常丢掉部队，四处逃避，萧何却常常从关中派员填补战线上的漏洞。楚、汉在荥阳对抗好几年，军中缺粮，也都是萧何辗转运送粮食到关中，粮饷才不至于匮乏。再说，皇上有好几次避走山东，都是靠萧何保全关中，才能顺利接济皇上的，这些才是万世之功。如今即使少了一百个曹参，对汉朝有什么影响？我们汉朝也不必靠他来保全啊！你们又凭什么认为一时之功高过万世之功呢？所以，我主张萧何第一，曹参居次。"

这番话正中刘邦的下怀，刘邦听了，自然高兴无比，连连称好，于是下令萧何排在首位，可以带剑上殿，上朝时也不必急行。

而鄂君因此也被加封为"安平侯"，得到的封地多了将近一倍。他凭着自己察言观色的本领，享尽了一生荣华富贵。

一个人的心理活动虽然隐秘，但不可能永远潜藏着，总会以这样那样的方式显露出来。所以，只要善于揣摩对方的心思，感受对方的心情，就能以积极、主动的方式和对方交往，营造和谐的人际关系。

在人际交往中，许多人都希望得到他人的认可和赞美。所以当我们有求于人时，如果能够学会察言观色、投其所好，说一些让他高兴的话，即使再难办的事情，他也会助你一臂之力。而不懂得察言观色、攻心为上的人，则不容易达到自己的目的。所以，在说话之前，一定要看清对方的脸色，再决定自己到底要说什么话。

到什么样的场合，说什么样的话

俗话说得好，一句话使人笑，一句话使人跳。说话是否得体，要看身处的环境和环境中的人。假如一个人说话随便，不看周围的情况，说出不合时宜的话，就会很难堪，甚至会伤害到别人。

大文豪鲁迅先生有一篇散文《立论》，讲的是一家人家生了一个男孩，全家高兴极了。满月的时候，抱出来给客人看——大概自然是想讨点好兆头。一个人说："这孩子将来要发财。"于是这个人得到一番感谢。一个人说"这孩子将来要做官的。"于是这个人收回几句恭维。最后一个人说"这孩子将来要死的。"于是这个人得到一顿大家合力的痛打。

在这个故事中，孩子满月是喜事，主人这个时候愿意听赞美之词，尽管是信口之言，而说孩子将来必死虽然是有据之言，必使主人火冒三丈。这就是因为言语与场合和喜庆的气氛不相协调。

不看场合，随心所欲，信口开河，想到什么说什么，这是情商低、不会说话的一种拙劣表现。俗话说得好：到什么山，唱什么歌；在什么场合，说什么话。情商高人都深谙此道。我们虽然不一定需要那么高的说话技巧，但是，在适当的场合、对适当的人说适当的话的技巧还是非常有用的。否则，再好的话题，再优美的话语也收不到好的效果，有时甚至会适得其反。

周然和王丽是大学同学，毕业后又在一个公司上班，可以说是一对好姐妹，两人经常在一起玩，互相之间说话也没什么顾忌，还经常开一些别人看来是“不正经”的玩笑。有一次，两人都应邀参加一位老同学的婚礼。周然一看见王丽，又想逗她了，说：

“王丽，你怎么不把‘小白脸’带来呢？”

王丽见场上人这么多，怕影响不好，不想开玩笑，支支吾吾地说：“你这是什么话，我哪有什么‘小白脸’？”

周然嘿嘿笑道：“我跟你是什么关系，你那点事还能瞒得过我？”

“你瞎编什么呀，我对我老公忠心耿耿，怎么会找‘小白脸’呢？”

“得了吧，背地里卿卿我我，潇洒得很，一到了人跟前，就这么不爽快，连承认都不敢。”

王丽不敢应战，找个借口溜到一边去了。没想到，这事还没完，因为当时认识王丽的人很多，听了周然的话，都以为王丽真的找了情人，免不了有一番传说。一来二去，传到王丽的老公耳里，王丽老公可不干了，要找王丽算账。结果，两人打闹了大半年才把这个问题闹清楚。

就因为这件事，最后给这对好姐妹的关系蒙上了一层阴影。

可见，不注意场合只图自己嘴巴快活，不顾别人的“死活”，真是害人不浅啊！因此，在人际交往中，说什么，怎么说，一定要顾及场合、环境，才有利于沟通。不顾及场合的心直口快是不值得提倡的。

小马在一家公司做秘书已经多年了，一次，她想请一天假，于是她走进主管办公室便说："我想请一天假，是否可以？" 主管问她原因，她说："有人约我郊游钓鱼。"其实主管也是个钓鱼迷，但他还是很恼火地板着脸说："为什么非要明天，星期天不行吗？"小马解释说，是男友约他出去钓鱼，她男朋友星期天不休息，主管只好勉强答应她的申请，但是以后对她产生了工作不认真负责的成见。

公司的另一名同事小张吸取了小马的教训，有一次，也想请假和男友去滑雪，她没有在办公室和主管请假，而是在中午吃饭时的轻松氛围内，跟主管请假，于是主管笑眯眯地同意了她的申请，还认为她很有生活情趣。

由上述可知，你的谈吐，以及说话话题的性质必须跟所处的场合协调。因此，在不同的场合，面对不同人，不同的事，应该从不同目的出发，用不同的方式说话，这样才能收到理想的言谈效果。

在什么场合说什么话，是人们在长期交际实践中总结出来的经验。谈话双方对于话题的选择与理解、某个观念的形成与改变、谈话的心理反应以及交谈结果，无不与场合有直接联系。这就要求你必须估计场合影响，并有意识地巧妙利用场合效应。

"说话要注意场合"，这是提醒你说话时要注意所处的时间、地点和周围的情况，不要违背时境对你的限制，更不要超越具体时境这种限制。很多人都有过因说话行为与说话时境不和谐统一而产生过这样的懊悔："在那种情况下我不该那么说。"说话行为与说话时境必须保持统一，这是一条不可违背的规律。说出的话就如泼出去的水，想要再收回是不可能的事情，所以，说话时无论是话题的选择、内容的安排，还是言语形式的采用，都应该根据特定场合的表达需要来决定取舍，做到灵活自如。要注意场合的庄重与否、亲密与否、正式与否、喜庆与否。

说话要看场合，常见的有以下几种区分，我们要把握相关要点：

1. 自己人场合和外边人场合

常言说：对自己人“关起门来讲话”，可以无话不谈，甚至可以说些放肆的话，什么事都好办。但是如果对外边的人讲话，总要怀有戒心，“逢人只说三分话，未可全抛一片心”，办事嘛，通常是公事公办。

2. 正式场合与非正式场合

场合区分是很重要的，正式场合说话就应该严肃认真，事先要有所准备，不能胡扯一气。非正式场合，便可随便一些，像聊家常一样，便于感情交流，谈深谈透。现实生活中，有些人谈话味同嚼蜡，有人讲话俗不可耐，有些人说话文绉绉，就是没有把握正式场合与非正式场合的界限。

3. 庄重场合与随便场合

比如这句话“我特地跑来看你”，就显得很庄重；“我顺便过来看你”，就有点随随便便看你来了的意思，可以减轻对方负担。可是，在庄重的场合说“我顺便来看你”就显得不够认真、严肃，会给听者的心里蒙上一层阴影。在平常的日子里，明明“顺便看你来了”偏偏说成是“特地看你来了”，有些小题大做，让对方感到紧张。

4. 喜庆场合与悲痛场合

通常情况下，说话应和场合中的气氛相协调。在别人办喜事的时候，千万不要说悲伤的话；在人家悲痛的时候，你逗这个小孩玩，逗那个小孩玩，说些逗乐的话，甚至哼哼民歌小调，别人就会说你这个人太不懂事了。

做个会讲故事的人，没人能够忘记你

讲述故事是人们喜闻乐见的一种沟通交流的方式。故事具有连贯性和完整性，富有吸引力和感染力，它生动曲折的情节进程和丰富深刻的思想内涵，能够产生强烈的吸引力和深刻的启示力。如果我们在演讲或说话时，能插入一些小故事，就能增强语言的生动性和启发性。

故事讲得好，是说服他人接受自己观点的有力工具。主观色彩浓厚的言辞，往往流于极端而缺乏说服力，而罗列数据，往往让人左耳进右耳出，但是，如果把得当的言辞和翔实的数据融入精心挑选的故事，那就可以直指人心。

1939年10月，罗斯福总统和他的私人顾问萨克斯进行了一次颇具历史意义的交谈。

萨克斯是受到爱因斯坦等多位科学家的委托而来，他的目的是劝说总统对原子能研究提起重视。

萨克斯深知这次谈话的意义重大，于是一见面就先向罗斯福总统展示了爱因斯坦的长信，又谈了多位科学家对核裂变发现的备忘录。为了把事情讲清楚，萨克斯特意把科学家们的意见、专业名词、重要性都讲了出来，希望能立即得到总统的重视。

因为此时正是第二次世界大战刚刚爆发一个月的时候，萨克斯越说越急切，极想说服总统，可效果却适得其反，罗斯福越听越糊涂，似乎根本没意识此事到底有多么严重的影响。

萨克斯说得声嘶力竭，罗斯福却只是说：“这些都很有趣，不过政府若现在就干预此事似乎为时过早。”

这些话像是一盆冷水，浇灭了萨克斯的热情，他垂头丧气地打算辞别。罗斯福总统见他这般模样，觉得有些对不住这位老朋友，就邀请他第二天共进早餐。

又一次机会摆在面前，萨克斯整夜未眠，苦苦思索说服总统的办法。

第二天早上，萨克斯与罗斯福总统坐在餐桌旁。罗斯福见他还是一副很想说服自己的样子，就说：“今天别和我谈爱因斯坦的信，也别谈科学家们的看法，一句也别谈，只是吃早饭，好吗？”

萨克斯放下手中的咖啡杯，看了总统一眼，说：“那我就来讲个历史故事吧！英法战争时期，拿破仑在欧洲大陆上的优势在海上战争中却荡然无存。这个时候有位叫富尔顿的发明家找到了拿破仑，建议他把战舰上的桅杆砍断，撤去风帆，改用蒸汽机，用铁板换下木板。但拿破仑觉得船没有帆是不能走的，铁板换下木板船就会沉到海底去，所以认为富尔顿一定是个疯子，就把他轰了出去。”

萨克斯顿了片刻，继续说：“如果拿破仑当时能采纳富尔顿的建议，那么十九世纪的历史就要重写了。”

萨克斯讲完故事后，用深沉的目光注视着罗斯福总统，而罗斯福已陷入了沉思。

时间似乎停止了几分钟，然后罗斯福站起身来取出一瓶拿破仑时代的白兰地，斟了满满一杯递给萨克斯，说：“你赢了！”

萨克斯顿时老泪纵横。

萨克斯给罗斯福总统讲的这个故事，帮助美国翻开了原子弹制造历史的第一页。

如果不是这样一个生动的故事，那些关于核裂变的专业术语根本无法让罗斯福理解；如果不是这样一个真实的故事，可能萨克斯根本无法说服学法律出身的罗斯福总统。

正如同为美国总统的里根所说的："用故事或比喻诚诚恳恳地表达心意，要比用枯燥的事实或科学原理更能打动听众。"

一个有阅历的人，才会讲出有内涵的故事，属于自己的故事。莫言说，我就是一个擅长讲点故事的人。但会讲故事可不简单，一个好故事能引人思考，调动每个人大脑里本来就有的思维记忆，建立心理共鸣。

要想说服一个人是很难的，每个人都习惯于坚持自己的意见和主张，对于那些自信、自负的人，对于那些冥顽不化的人，更是如此。但是，在很多时候、很多的场合下，又必须要说服他。为了让人心悦诚服，于是，在说服对方时，人们便不得不积极寻求技巧，讲故事就不约而同地受到说服者的钟爱。

《战国策·燕策》中记录了一个关于讲故事的故事。

燕昭王在消除燕国内乱后当上了国君。因为内乱期间齐国乘机侵占了燕国的部分领土，因此燕昭王决心招纳天下有才能的人，夺回领土，振兴燕国。

燕昭王发出了广纳贤士的号召，但却没有多少人前来投奔他。于是，燕昭王就去向自己的客卿郭隗请教。

燕昭王问："我怎样才能召集到贤良的人来振兴燕国呢？"

郭隗没有直接回答，而是给燕昭王讲了一个故事：

从前有一位国君，想要一匹千里马，派出了不少人去各处探求，并宣称要以一千金的价格来买。可是三年过去了，千里马还是没有买到。

这位国君的手下有个很普通的人，自告奋勇请求去买千里马，国君同意了。

这个人用了三个月的时间，四处打听，终于找到某处人家有一匹良马。可是，等他赶到时，那匹马已经死了。但这个人并没有转身就走，而是花了500金把马的骨头买了回来，并郑重地献给了国君。

国君看了用500金买来的马骨头，自然很不高兴。

买马骨的人于是解释说："我这样做是为了让天下人都知道大王您是真心实意地想出高价钱买马，并不是用那高价来欺骗别人以取乐的。"

果然，此事一出，人人都在盛赞国君买千里马的决心，在不到一年的时间，就有人送来了三匹千里马。

郭隗讲完"千金买骨"的故事，又对燕昭王说："您要是真心想得到人才，也要像求买千里马的国君那样，让天下的人都知道您是真心求贤。您可以先从我开始，当人们看到像我这样的人都能得到重用时，比我更有才能的人就一定会来投奔您。"

故事是连接人与人之间情感的神奇的方式，通过故事，可以传神地将你的意念传达给对方、深深地影响对方。

一个生动的故事可以产生出巨大的说服力。在进行说服时，我们应该懂得多使用故事来帮助我们达到说服的目的。

战国时期，齐、楚、燕、秦、韩、赵、魏七国被称为“战国七雄”。“七雄”中，以秦国实力最强。

有一次，燕国与赵国因边界问题发生冲突。赵国想出兵征服燕国。当时正在燕国做官的苏代听到这一消息后求见燕王，请求到赵国去说服赵惠王，化解矛盾，求得和平。燕王同意了苏代的请求。

苏代很快来到了赵国。赵惠王知道苏代是来游说的，本不想见他，后来经过大臣的一番工作，还是接见了他。

苏代见了赵王，首先表示了自己的敬意，但他绝口不提燕赵间的边界问题，而是与赵王闲聊。他对赵王说：“大王，我来贵国的途中，曾见到一件有趣的事，不知您愿不愿意听？”

赵王很有些好奇，便笑了笑说：“先生都认为有趣，那肯定是有趣的，不妨讲一讲呀！”

于是苏代就慢慢地讲起来：“我来时，经过易水边，见沙滩上一只大蚌正在晒太阳，它把那两只贝壳缓缓地张开。没想到的是，它身旁正有一只鹬鸟偷偷地注视着，见这机会，赶忙将它那又长又尖的嘴啄了进去。说时迟，那时快，大蚌急忙收紧贝壳，一下子就钳住了鹬鸟的长嘴。鹬鸟迅速地将嘴往外拔，但无论怎么用力，大蚌都紧紧地夹住。鹬鸟生气了，它对大蚌说：‘今天不下雨，明天不下雨，马上就会有死蚌哟！’

大蚌也毫不示弱，也说道：‘今天不让你的嘴出来，明天还不让出来，很快就会有死鹬啊！’

蚌与鹬僵持着，谁也不让谁。这时正巧来了位渔翁，他见鹬不飞，蚌不动，高兴极了，随手就把它们逮起来，放在了自己的鱼篓里了。”

赵惠王听得津津有味，他好奇地问道："先生不简单呀，怎么能听懂这些动物的语言呢！"

苏代微微一笑，马上把话题一转，意味深长地叹了口气说："大王呀，现在贵国与燕国的形势也与这很相似啊！我担心你们僵持起来，只会有利于秦国。它会不费力气地坐收渔翁之利。大王可要三思啊！"

听到这里，赵王才明白苏代讲这个故事的真实意图。他点了点头，答应再认真考虑考虑，最后放弃了进攻燕国的打算。

通过讲故事说服别人，是一种技巧。人们不喜欢总是听到理论，还喜欢听别人讲故事。我们都是听着故事长大的，这是很简单的道理。在谈话的过程中，适当穿插一个小故事，能有效地调节谈话气氛，令人置身其中，感同身受。

其实，讲故事不单是一门不折不扣的艺术，还是一项成效强大的技巧，在商务谈判中，在课堂上，在个人交往中，在企业为顾客的服务中，在家庭生活中……插入一个关于自己或他人的真实故事，若恰当使用，就能赢得听众的心，产生更大的影响力，获得对方的追随和忠诚。与空洞的说教、令人生厌的大量数据相比，讲故事更能赢得听众的认可，起到事半功倍的效果。New Balance讲了一个李宗盛《致匠心》的故事，使其品牌格调又陡然升了一截；褚橙讲了一个褚时健老当益壮的故事，就将其他千千万万的橙子落下不知几条街；王石讲了一个登山的故事，为万科节省了三亿广告费；海尔只讲了一个砸冰箱的故事，从而让人们认识了海尔，相信了海尔产品的品质；可口可乐的配方故事让人永远记得它独特的味道……有什么比讲一个精彩的故事更具吸引力，更加引人入胜呢？因此，我们一定要学会讲故事。

保持适当的沉默，会收到事半功倍的效果

沉默是人们表达力量并使自己处于主动地位的一种技巧。许多人经常利用“沉默”这一策略来击败对手。他们可以制造沉默，也有方法打破沉默。当然，沉默并不是简单地一味不说话，而是一种成竹在胸、沉着冷静的姿态，尤其在神态上表现出一种运筹帷幄、决胜千里的自信，以此来逼迫对方沉不住气，先亮出底牌，从而达到自己的目的。

在洛克菲勒的一生中，曾经历过这样一件事情：一位不速之客突然闯入了洛克菲勒的办公室，直奔他的写字台，并用拳头猛击写字台的台面，大发雷霆地说：“洛克菲勒，我恨你！我有绝对的理由恨你！”接着那位不速之客恣意谩骂了几分钟之久。办公室所有的职员都感到无比气愤，以为洛克菲勒一定会拾起墨水瓶向他掷去，或是吩咐保安员将他赶出去。然而，出乎意料的是，洛克菲勒并没有这样做。他停下手中的活，和善地注视着这一位攻击者，那人越是暴躁，他就越显得和善！

那位无理之徒被弄得莫名其妙，他渐渐平息下来。因为一个人发怒时，没遭到反击，他是坚持不了多久的。于是，他咽了一口气，他是准备好了来此与洛克菲勒做争斗的，并想好了洛克菲勒要怎样回击他，他再用想好的话去反驳。但是，洛克菲勒就是不开口，所以他也不知如何是好了。

末了，他又在洛克菲勒的写字台上敲了几下，仍然得不到洛克菲勒的回应，不速之客只得索然无味地离去。而洛克菲勒呢，就像根本没发生任何事一样，重新拿起笔，抬起头来，轻轻地一笑，丢过去一个得意的眼色，好像是在说："干吗那么着急走啊？回来尽情地发泄吧！"然后，继续他手上的工作了。

如果一个人是处在情绪失控的状态下，那么，任何反驳的语言都是让他难以接受的。对他的无礼采取沉默的方式，便是给他最严厉的迎头痛击。这个故事说明了一个事实："沉默"的力量是何其的大，面对"沉默"，所有的语言力量都消失了！

沉默是一种行之有效的交流手段，它和语言相比，更富有理性，更富有智慧，也更富有内涵。当你遭受到别人的无端指责和恶意诋毁的时候，你不妨保持一下沉默，因为，沉默是金，沉默更是一种力量。当你保持沉默时，对方往往由于不知道你的底牌而感到无穷的压力，这时，他的意志也将会受到动摇甚至不战自溃；如果此时你进行了反抗和争辩，那么，你的愚昧行径必将给对方以可乘之机，这样一来，不但不会得到任何友善的结局，反而会使自己进一步陷入被动和尴尬的窘境，同时也会大大地诋毁自己的完美形象。

沉默有时候胜过激烈的争论，它可给对方以有力的还击，同时也会尽显沉默者的大度与智慧。诗云："此时无声胜有声。"默默无言反而会使对方摸不着边际，高深莫测，使其慑服，老子曰："大辩不言"也就是这个道理。沉默不是退缩，也不是懦弱的表现，而是一种美德，是一种智慧。

第二次世界大战结束之时，反法西斯的三位巨头，即英国首相丘吉尔、美国总统杜鲁门与苏联的斯大林在波茨坦进行会晤。在会议期间，杜鲁门别有用心地对斯大林说道：“美国已经成功研制出一种新式杀伤武器，其威力比最先进的导弹要大得多……”他的话语暗示出这种新武器就是原子弹，且不断重复着原子弹的杀伤力问题。说完之后，杜鲁门目不转睛地注视着斯大林的面部表情，渴望能够从那张沉稳得犹如一潭静水的脸上看出一些变化。然而，杜鲁门却失败了。坐在不远处的丘吉尔也在与其做着同样的事情，他从另外一个角度对斯大林的神态进行认真观察，但结果却与杜鲁门的一模一样。

这件事情过后，丘吉尔对杜鲁门说道：“自始至终，我一直在盯着他的一举一动，但他却没有丝毫的变化，似乎是在聆听你的谈话，仿佛对你们的新型武器早已略知一二。”原本，杜鲁门与丘吉尔准备以此要挟并恐吓斯大林，企图在战争结束时多得到一些好处，但见到斯大林无动于衷，不得不就此为止。

事实上，斯大林对于杜鲁门的暗示，听得明明白白，但他竭尽全力控制自己的情绪，以沉默的策略来消磨对方的锐气。显而易见，丘吉尔与杜鲁门之所以没有达到预期的目的，正是由于他们被斯大林的沉默不语所瓦解……由此可知，沉默可以取得意想不到的良好效果。在现实生活中，只要我们能够适当地运用沉默、不争辩的方法，就可以以弱胜强、以柔克刚。

晏子是春秋战国时期一位相当有才干的政治家。一次，齐景公命他去治理东阿，晏子非常高兴地接受了这个任务。可是三年后，许多人都来朝廷告晏子的状，景公非常恼怒，便将晏子召回来，准备罢免他的官职。

晏子没有急于为自己辩解，而是摆出一副谦恭的态度“认错”。为了有机会替自己澄清事实，晏子非常谦恭地说：“臣已知错，请大王再给臣三年的时间，臣一定会让别人对我赞赏有加。”景公见他言辞恳切，知错必改，就答应了他的请求。

三年过去了，果然称赞晏子的奏折不断被送到景公手上。景公大为高兴，召晏子入朝准备予以封赏。不料，晏子却诚惶诚恐地不肯接受。

在景公的一再追问下，晏子道出了缘由：“第一次我去东阿，施行有利于百姓的政策，遭到坏人的指责；我主张勤俭节约，尊老爱幼，惩治贪官污吏，于是在暗地里备受打击报复；权贵犯法，我也严加惩治，毫不宽恕，于是权贵们嫉恨我。他们对我恶语中伤，直至在背后告我黑状。”

晏子舒了口气继续说道：“第二次去的时候我就改变了做法。我拖延实施利民措施，坏人为此开心了；我释放鸡鸣狗盗之徒，无赖们为此高兴了；我偏袒权贵，即使他们犯法我也不予以惩治，权贵们为此无怨言了。于是这些人又到处颂扬我，传到您的耳里，您也信以为真了。三年前其实我该受赏，您却要处罚我；现在我该受罚，您却要封赏我。所以大王，这个赏我是万万不能接受啊！”

齐景公听后恍然大悟，知道了当初是自己冤枉了晏子。看到晏子是一位有德有才的良臣，就交给了他治理全国的重任。

事实胜于雄辩，我们在蒙冤时不如把争论放在一边，让事实说话。受得住委屈，方能保全自己，经得起冤屈，事理才能得到伸直。受不得委屈，只会丢人现眼，遭受更大的屈辱。

俗话说：“言语伤人，胜于刀枪；刀伤易愈，舌伤难痊。”遇到意见不合引发争执，沉默则能缓和双方的言辞冲突，利于化解矛盾。所以说，赢得争论的秘诀就是不做无谓的争论，学会保持沉默，这是以静制动的策略，是聪明人在言谈中明智的表现。

虚心求教，赢得领导的好感

古人言："三人行，必有我师焉。"同行的三个人之中，就肯定有自己值得学习的老师，更何况是工作中朝夕相处的领导呢！领导之所以是领导，是因为他必然有过人之处。向领导学习，不是因为他是领导，而是因为他优秀。他之所以能成为领导，一定有许多我们不具备的特质。

这一年，郑明获得了博士学位后，被分配到一家研究所工作，他成了研究所中学历最高的一个人。有一天，郑明闲来无事，就到研究所旁的一个小池塘去钓鱼，恰巧正副两位所长也在钓鱼。他只是微微点了点头，没有说话。

不一会儿，正所长放下钓竿，伸伸懒腰，噌噌噌从水面上如飞地走到对面上厕所。郑明眼睛瞪得都快掉下来了，水上飞？不会吧？这可是一个池塘啊。正所长上完厕所回来的时候，同样也是噌噌噌地从水上漂回来了。怎么回事？郑明又不好去问，自己是博士生哪！

过一阵儿，副所长也站起来，走几步，噌噌噌地飘过水面上厕所。

这下子博士更是差点昏倒：不会吧，到了一个武林高手集中的地方？

过了一会儿，郑明也内急了。这个池塘两边有围墙，要到对面厕所非得绕十分钟的路，而回研究所上又太远，怎么办？郑明也不愿意去问两位所长，憋了半天后，也起身往水里跨：我就不信本科生能过的水面，我堂堂的博士过不去！

只听“扑通”一声，郑明一下子沉到了水里。两位所长慌忙把他拉上来，问他为什么要下水。郑明尴尬地问：“为什么你们可以走过去呢？”

两所长一愣，然后相视一笑：“你不知道，这个池塘里有两排木桩子，由于这两天下雨涨水正好在水面下。我们都知道这木桩的位置，所以能踩着桩子过去。你怎么不问一声呢？”

郑明落水的原因，其实就因为他自恃高明，而不屑于向别人求教。在职场中，我们也常常发现有些下属恃才傲物，不愿请教领导，甚至不愿承认领导比他们懂得多。在遇到问题时，他们宁可向同事请教，也不愿意向领导请教。这种下属往往抱有这种心理：向同事请教，无伤大雅，大家无所谓，脸上也不会过不去；而向领导请教则不太好意思，那仿佛在向领导说明自己某方面是外行，这样会掉身价。

事实上，这是一种非常愚蠢的心理。很多公司的领导也是从小职员一步步走上去的，他们之所以能坐上今天这个位置，很重要的一点就在于他们勤学好问，对不知道、不清楚的事总要问个为什么，这也是他们成功的关键。

“如果一个人不停止问问题，世上就没有愚蠢的问题和愚蠢的人。”这是美国一家著名的电力公司的老板斯泰因麦兹不断告诉他的下属的话，他在忠告他的下属时说：“能真正从工作中成长起来的唯一方法便是多请教。我们之所以请教，那是因为我们不知道答案，而且我们也想知道答案。所以，一个时时产生问号的头脑是一笔很大的财富，它可以让平庸者走出事业的低谷，让成功者更加成功。”

小姚在北京工作几年了。他没有较高的学历，为了进入现在任职的公司，他做了很多的努力。因为得来不易，所以对这份工作十分珍视。

刚开始，小姚在工作中总是碰到各种各样的问题。小姚的领导工作上很有能力，但是在小姚看来，这位领导沉默寡言，很不好接触。小姚有时想，领导是不是想看看他到底有多大的潜力，小姚知道：论工作能力他很一般，论学历、家世他更是矮人一等。但是小姚并没有灰心、气馁，他觉得凭着自己的决心和毅力，什么困难都能克服。

一次，领导交给小姚一项工作，小姚实在是不得要领，就大胆地向领导请教，没想到领导非常热情，详细地讲解了小姚遇到的问题。小姚在领导的帮助下，圆满完成了任务，小姚的领导对他大加赞赏。

在与领导相处的时候，碰到不明白的问题，一定要真心实意地向他请教。请教的潜在含义，首先是尊重别人，佩服别人，然后才是需要得到别人的帮助。这在对方来说，有一种优越感，即使是对你有敌意的人，只要你用请教的姿态，他也会放下敌对情绪来帮助你。基于这种心理，在与领导交往时，你不妨做一个忠诚的听众，把他当成自己的老师，少说多听，做一个学生，给领导充分表现自己的机会，满足其为人师的欲望，让他在心理上有一种满足感和被尊重感，从而拉近和领导的距离。

文章和李叶是同时被一家单位录用的。但一年后，两个人的际遇却发生了不同的变化——李叶提升为部门主管，文章则调到公司下属的一家机构，地位明升暗降，因为没有任何实权。为什么？

原来，两人入职之后，领导各交给他们一件工作，并对两人说：“这件工作，你们可以全权处理。”

李叶接到任务后，经过周密分析调查，提出了若干方案给领导看，又向领导逐条分析利弊，最后向领导请教用哪个方案。这时，领导对他的分析已经很信服，当然采取了他所推荐的那个方案。

这时李叶又问：“领导，您觉得应该如何具体实施这个方案呢？”

领导说：“你自己放手干吧，年轻人比我们有干劲。”

李叶连忙说：“我刚来，一切都不熟悉，还得多听领导的意见。”

因为李叶的态度谦恭，意见又到位，领导很满意，当即给几个部门的主管打电话。让他们大力协助李叶的工作。因为有了领导的交代，李叶在实施自己的方案时又时时注意与各部门人员协调，他的工作完成得又快又好。

文章在接到工作任务后，做了精心的准备，方案也设计得十分到位。他一心投入工作。全然不记得要向领导请示一下。领导是开明的，既然说过他全权处理，自然也不干涉，但也没有和下面人交代什么。等到文章把自己的计划付诸实践，各部门人员见他是新来的。免不了有些怠慢，文章心直口快，与某人顶了起来，这可惹了麻烦，因为这人正是公司总经理的得力助手。后果可想而知，他的工作处处受阻，最后计划中途流产。

在执行任务的过程中，李叶懂得多向领导请教，因而获得了领导的支持和赞赏，最终顺利完成了任务，而文章的失败很大程度上就在于他不懂得多向领导请教。

虚心请教的态度是最受领导欢迎的。工作中，只要你把“请教”二字说出来，就能得到领导的热情回应。因为既然是“请教”领导，你必定是把领导当成了“专家”、“老师”，领导自然会很高兴。但有人因为害羞而不敢向领导请教，有人因为自傲而不愿向领导请教，有人害怕向领导请教会显出自己没水平……其实如此顾虑大可不必，多思勤问的人总是会得到领导的重视，一则，你的提问显出你对工作的热情和思考，领导在心里会对这样的下属产生好感，与你的关系也会因此变得更加亲近；二则，你的提问显出你的谦虚和诚恳，领导自然愿意和这样的下属说话，你和领导之间的距离也得以在比较顺畅的沟通中拉近。总之，遇到问题，如果你能主动和领导进行沟通，并虚心向领导请教，肯定能博得领导的好感。

与不同性格的人交谈的策略

有句俗话叫作“人上一百，形形色色”。人各有其情，各有其性。言辞表达的内容和方式要因人而异，符合接受对象的脾气性格，才有可能产生“同声相应，同气相求”的效果。在与别人交流时，情商高的人会因人而异，讲究“求神看佛，说话看人”。

两千多年前，孔子就注意针对学生的不同性格来回答他的问题。有一次，孔子的学生仲由问：“听到了，就可以去干吗？”孔子回答说：

“不能。”另一个学生冉求也问同样的问题：“听到了，就可以去干吗？”孔子的回答是：“那当然，去干吧！”公西华听了，对于孔子的回答感到有些疑惑，就问孔子说：“这两个人问题相同，而你的回答却相反。我有点儿糊涂，想来请教。”孔子答：“求也退，故进之；由也兼人，故退之。”孔子的意思是，冉求平时做事好退缩，所以我就给他壮胆；仲由好胜，胆大勇为，所以我要劝阻他，做事要三思而行。

可见，孔子诲人不是千篇一律，而是因人而异，因材施教，特别注意学生的性格特征，因此能够使学生听进自己的话。教育如此，与人说话也是如此。所以在与人交谈时，我们要注意观察对方的性格。

有位名牌大学中文系毕业的高材生，在人才招聘会上，想让某公司经理招聘其为办公室秘书，青年人在经理面前作自我推销时说话拐弯抹角，半天不切主题。她先说：“经理，听说你们公司的环境相当不错。”经理点了点头。接着，高材生又说：“现在高学历的人才是越来越多了。”经理还是点了点头，什么也没说。尔后，高材生又说：“经理，秘书一般要大学毕业，要比较能写吧？”高材生的话兜了一个大大的圈子，还是未能道出自己的本意。岂料，这位经理是个急性子，他喜欢别人与他一样，说话办事干脆利落。正因为高材生未能摸透经理的性格，结果话未说完，经理便托词离去，高材生的求职也化成了泡影。

一般来说，一个人的性格特点往往通过自身的言谈举止、表情等流露出来，如：那些快言快语、举止简洁、眼神锋利、情绪易冲动的人，往往是性格急躁的人；那些直率热情、活泼好动、反应迅速、喜欢交往的人，往往是性格开朗的人；那些表情细腻，眼神稳定，说话慢条斯理，举止注意分寸的人，往往是性格稳重的人；那些安静、抑郁、不苟言笑、喜欢独处、不善交往的人，往往是性格孤僻的人；那些口出狂言、自吹自擂、好为人师的人，往往是骄傲自负的人；那些懂礼貌、讲信义，实事求是、心平气和、尊重别人的人，往往是谦虚谨慎的人。对于这些不同性格的对话对象，一定要具体分析，区别对待。如他喜欢婉转的，就说流利的话；他喜欢亢直的，就说激切的话；他喜欢学问的，就说高远的话；他喜欢家常的，就说浅近的话；他喜欢诚恳的，就说朴实的话。说话方式与对方性格相投，自能一拍即合。

汤姆，40岁，不久前刚订婚。他未婚妻劝他学跳舞。这在他来说，或许太迟了，但是未婚妻的话又不敢不听。于是，汤姆就请了一位老师，这位老师或许说的都是实话，她告诉汤姆，说他的舞步完全不对，必需从头再学起。这使汤姆很灰心，因为他20年前已经学过跳舞了。汤姆无心再继续学了，就辞掉这位老师。

后来，汤姆又请了第二位老师。也许这位老师说的不是实在话，可是汤姆听了还是很高兴。她对汤姆说，你跳的舞步有点旧式，可是基本步子是对的，认为汤姆不难学会几种流行的新舞步。

第一个老师，完全打消了我的兴趣，第二个老师恰好相反，她不断地称赞汤姆，减少了我舞步上的错误，给了汤姆很大的信心。或许第二位老师说的是假话，或许她只想汤姆继续交钱，但是她确实使汤姆的舞步改善了很多，而且使汤姆内心充满激情。有时候就是这样，或许不需要太多的指导，只需要点燃汤姆心中的那团火。第二位老师的话鼓励了汤姆，给了汤姆希望，使他自己愿意改进。

从上面的例子可以看出：汤姆的性格适合鼓励，而不是从背面激励。所以，第一个老师用错了方法，使汤姆很难过；第二个老师了解汤姆的性格，知道应该适时地激励汤姆，所以汤姆对他产生了好感。

人际交往中，与人说话要因人而异，看准对方的性格特征，说出对方乐意听的话，获得对方的好感，赢得对方的信任，在交际场上你就可以始终处于胜利状态。下面来学习一下面对不同性格特征的人应该采取的说话策略。

1．与情绪型的人交谈的策略

情绪型性格的人一般是比较热情的，假如你要跟这样性格的人交朋友的话，他们会十分高兴。但这种性格的人的情绪别人很难驾驭，就像6月的天气一样说变就变。虽然多数情况下是高兴的，但说不定什么时候，不知道因为什么原因，脸色就晴转阴了。所以，跟这样的人交谈，说话要有所保留，不能让他感觉你对他很好，与他很亲昵，也不能让他觉得你对他漠不关心，过于冷落，要采取中和的态度，诚恳地交谈，以稳定对方的情绪。

2．与敏感型的人交谈的策略

敏感型性格的人对你谈话的内容，谈话的方式，谈话的语气，谈话地点的选择，甚至谈话时的一举一动都是十分敏感的。他们通常具有多疑的心理。与这种性格的人谈话不宜涉及家庭、婚姻、情感经历等，也不要涉及伤对方自尊的话题。比方说，你跟一个敏感型的胖妇人谈话，你只要涉及胖瘦的问题，她就会以为你是故意嘲笑她而伤害了她的自尊。因此，与这种性格的人最好避免闲谈，有时可能你不经意的一句话或一个小动作，都会让他感觉不舒服。他们会用放大镜去看待谈话中的每一个细节，而且得到的结论通常是悲观的。所以，交谈时千万不要对他表现出淡漠的态度，否则他会产生强烈的自卑感，以至于影响谈话的进程。

3．与任性型的人交谈的策略

具有任性型性格的人，他要星星，你给他太阳都不行，只要是他想得到的，就算赴汤蹈火也要实现自己的心愿。与这种性格的人交谈和与敏感型性格的人交谈有一个共同之处，就是要尊重对方，你对他稍不尊重，对他的心愿稍加诋毁，他可能更要达成心愿以证明给你看。他们最喜欢听到别人赞美的话语，但赞美一定要发自内心，阿谀奉承可能适得其反。还有一点值得注意的就是，与这种性格的人交谈要选择他们心情愉悦的时机，否则你就会捅上马蜂窝。

4．与忧虑型的人交谈的策略

忧虑型性格的人一般心理都比较封闭，有什么苦恼不愿说出来，因此整天沉浸在抑郁之中，心事重重，这种性格的人最需要的就是别人的关心。因此，跟这样性格的人交谈一定要语气柔和，真诚地表示你对他的关心，同时还要多听他们诉说心里的苦闷，做一个很好的倾听者，适当的时候，还可以给他们讲一些笑话，让他们沐浴点快乐的阳光。忧虑型性格的人自尊心也极强，与他们交谈时千万不要讥笑对方的羞怯心理，而是要积极引导他们不要把事情想得太复杂，不要想得太悲观，生活中还是充满快乐的。

5．与自信型的人交谈的策略

拥有自信的人一般都会成为成功人士。与自信型的人交谈，你会感觉像是在阅读一本关于成功的书籍，能够从中学到很多东西。所以跟这种人交谈，你可以做一个友好的聆听者，怀着谦虚的态度去学习经验，去感受自信者的魅力。

以上只是谈到了几种典型的性格类型，现实中很多人的性格是属于混合型的，即使同属于一种性格，不同的人在交谈中的反应也是不尽相同的。因此，我们必须学习一些方法和策略，跟不同的人交谈时都能采用适合的语气和谈话模式，从而把话说得漂亮，把事办得完美。

谦虚谨慎，不要口出狂言

人们常说“天不言自高，地不言自厚”。自古以来，谦虚是一种美德，虽然有人将其视为“虚伪”，但不谦虚的人还是很难获得大家的一致认同。我们心里面可以很自信，但多数时候还是要谦虚一些，尤其是要用谦虚的态度和人说话。

说话谦虚的人常常给人留下有礼貌、有素养、有深度的印象。面对陌生人时，飞扬跋扈只会让人退避三舍。而谦逊得体、不卑不亢的言谈举止能够充分体现自己的涵养和平易近人的性格，为对方带来亲切随和的感受，消除其胆怯、羞涩的心理；此外还能给其以较大的自由度和自信心，鼓励其大胆积极地将交谈展开、深入。

爱因斯坦，是德国伟大的物理学家。他对当代科学的发展起到了开天辟地的作用。人们称他为“20世纪的哥白尼”“20世纪的牛顿”。

在一次专为爱因斯坦举办的宴会上，有人向他说了一大堆赞美的话，但是他却说：“如果我相信你们说的好话都是真话，那我就是一个大疯子。正因为我不是疯子，所以才不相信。”

1952年，以色列提请爱因斯坦做总统候选人，他对前来的大使说：“关于自然我了解一点儿，关于我，我几乎一点儿也不了解。我这样的人，怎么能担任总统呢？”

大使说："每个以色列公民，全世界每个犹太人都在期待你呢！"

爱因斯坦说："那我要怎么办？我要使他们失望的。"

事后，他干脆在报上发表声明，正式谢绝。

爱因斯坦说："如果有谁自己标榜为真理和知识的裁判官，他就会被神的笑声所覆盖。即使你已经取得了很大的成功，也决不能自满，千万不要生活在过去的荣耀之中。"

后来，爱因斯坦接受了普林斯顿大学的聘书后，第一天被带去看自己的办公室时，行政助理问他需要什么设备。

他回答："一张桌子、一把椅子、纸和粉笔。哦！对了，还要一个大的纸篓，越大越好，因为这样子我才能把我所有的错误丢进去。"

这充分表现了这位伟人的谦虚。

所谓"自谦则人必服，自夸则人必疑"，才识、学问愈高的人，说话反而愈谦卑，希望自己能精益求精，更上一层楼。相反，那些妄自尊大，过分自负的人总是喜欢炫耀自己的才能，引起别人的反感，最终在交往中使自己走到孤立无援的地步，别人都敬而远之，甚至厌而远之。所以，我们应该戒骄破满，做人谦虚一些、说话谦虚一些。

在奥斯卡领奖台上，著名影星英格丽·褒曼在连获两届最佳女主角奖后，又因在《东方快车谋杀案》中的精湛演技，获最佳女配角奖。然而，与他角逐此奖的弗伦汀娜·克蒂斯也对这个奖项充满了期待，名单揭晓后她难以掩饰内心的落寞。

在接过奖杯发表获奖感言时，英格丽·褒曼却说："其实，我觉得弗伦汀娜·克蒂斯一直表现得比我更优秀，她也是我最喜爱的演员之一，真正的获奖者应是她。”紧接着，她把目光转向弗伦汀娜·克蒂斯，真诚地说：“原谅我，弗伦汀娜·克蒂斯，我事先并没有打算获胜。”

英格丽·褒曼这一句低调而谦逊的话语，马上消除了对方的心理隔阂。泪水瞬时从弗伦汀娜的脸上滚落，她们紧紧地拥抱在一起。

为了维护良好的人际关系，我们在说话的时候要考虑别人的感觉，不要调子太高，让对方感觉相形见绌，而要让对方在交谈时也会有优越的感觉。褒曼作为获奖者，没有喋喋不休地叙述自己的辉煌，没被胜利冲昏头脑，并为自己留下更大空间，对自己的对手推崇备至，维护对手的面子。无论这位对手是谁，都会感激英格丽·褒曼。她这种语言风格就像她的人一样，非常有魅力。

有一位女作家被邀请参加笔会，坐在她身边的是一位匈牙利的年轻作家。

女作家衣着简朴，沉默寡言，态度谦虚。男作家不知道她是谁，他认为她只是一位不入流的作家而已。

于是，他有了一种居高临下的心态。

“请问小姐，你是专业作家吗？”

“是的，先生。”

“那么，你有什么大作发表呢？是否能让我拜读一两部？”

“我只是写写小说而已，谈不上什么大作。”

男作家更加证明自己的判断了。

他说：“你也是写小说的，那么我们算是同行了，我已经出版了339

部小说了，请问你出版了几部？”

“我只写了一部。”

男作家有些鄙夷，问：“噢，你只写了一部小说。那能否告诉我这本小说叫什么名字？”。

“《飘》。”女作家平静地说。那位狂妄的男作家顿时目瞪口呆。

女作家的名字叫玛格丽特·米切尔，她的一生只写了一本小说。现在，我们都知道她的名字。而那位自称出版了339部小说的作家的名字，已经无从考查了。

人们都喜欢说话态度谦虚和善的人，讨厌态度傲慢、似乎高人一头的人。如果想得到别人喜欢，说话态度谦虚必不可少。不要目空一切、自以为是，适当使用敬语，请人评判自己的意见，这是态度谦虚的主要方面也是基本要求，做到了，也就讨得了别人喜欢。